KB267043

정부혁신과제 발굴을 위한 옛 제도 연구

옛 정부혁신과제 발굴을 위한 제도 연구

| 박병련, 임민혁 외 지음 |

한국학술정보㈜

이 논문은 2004년도 한국학술진흥재단의 지원에
의하여 연구되었음(KRF-2004-042-B00189)

■ 서문

　광복 이래 우리나라는 정부의 구조와 행정제도를 일제식민 당시의 제도와 관습을 일부 그대로 차용하였는가 하면, 다른 한편으로는 일본이나 미국 등을 통해 서양식 제도를 별다른 비판 없이 도입하였다. 그동안 사회경제의 발전과 학문의 진보 및 의식의 전환 등으로 그에 대한 반성과 함께 내부개혁 또한 완만하게 진행되어 왔다. 그렇지만 여전히 남아 있는 잔재와 그 뿌리는 정부가 추진하는 정부혁신의 걸림돌로 작용하고 있는 측면이 강하다. 그 폐해를 청산하고자 하는 노력과 함께, 글로벌화된 세계화 시대라 하더라도 국가의 역사적 문화적 정체성은 더욱 강조되고 있다. 따라서 정부의 구조와 행정제도의 혁신은 한국인의 정체성과 역사성에 맞는 방향으로 정비하는 지혜가 요청된다. 우리 역사 속에서 우리 문화와 사회적 토대를 반영했던 제도들의 본 모습을 연구를 통해 이해할 필요가 있는 것이다.

　이러한 취지로 행정자치부에서는 2004년 3월 25일에 옛제도연구기획단을 발족시켰다. 기획단의 구성은 행정자치부 행정개혁본부 본부장인 단장을 비롯한 관련 공무원 36명이 참여하였고, 자문위원 22명을 위촉하였다. 분야는 총괄지원, 관리시스템, 인사·윤리(지방포함), 국가상징, 참여·능률, 지방조직·주민참여, 조세제도, 재난관리 등 8개로 구성하였다. 운영은 기획단과 전문가 중심의 자문위원이 공동으로 연구하고 합동간담회를 실시하여 연구성과물을 도출하도록 하는 방식이었다.

옛제도연구기획단 발족의 목적은 첫째, 우리 역사 속의 국가운영 방식 등을 오늘날의 시각에서 재조명하고 체계화하며, 둘째, 이제껏 외국의 제도를 인용해온 관행을 넘어 우리의 문화와 체질에 더욱 적합한 선조들의 지혜를 되살려 정부혁신에 활용하기 위함이었다.

그 후 자문위원과 기획단의 간담회가 3차에 걸쳐 개최되었다. 그 자리에서는 각 분야별로 옛 제도에 관한 2~3개의 주제를 발표하고, 그 내용을 중심으로 자문위원들과 토론하는 형식으로 진행되었다. 그동안 발굴된 주제를 보면, 1차 간담회(2004. 3. 25)에서는 육조제도(六曹制度) 등 21주제, 2차 간담회(5. 25)에서는 의정부서사제(議政府署事制) 등 20주제, 3차 간담회(8. 5)에서는 조선시대 제조(提調) 제도 등 12주제 총 53개 주제였다. 그 과정에서 이상 논의된 주제 가운데 정부혁신에 유용한 옛 제도들을 선택하여 연구하고 그 결과물을 산출하는 것이 필요하겠다는 데에 의견이 모아졌다.

연구주체는 자문위원을 중심으로 선정하고, 그 지원방안으로는 두 가지의 길이 모색되었다. 한 방안은 행자부에서 정책과제로 발주하는 것이요, 다른 한 방안은 학술진흥재단의 연구지원사업에 신청하는 방식이었다. 전자는 광운대학교 산학연구단을 주무기관으로 선정하고 이대희 교수를 연구책임자로 하여 8개 주제의 연구가 추진되었다. 그 연구결과물은 2004년 12월, 행자부에 제출한 바 있다.

학술진흥재단의 협동연구지원과제에 신청한 공동연구 주제는 이책의 제목과 같이, 「정부혁신과제 발굴을 위한 옛제도 연구」였다. 소주제는 조선시대 정책결정과정과 언로(言路) 및 언론(言論) 시스템 연구, 조선전기 의정부-6조제와 그 현대적 계승, 조선 영·정조대(英正祖代) 도정(都政) 및 고과제(考課制) 시행과 현대적 의미, 대한제국 황제 즉위식의 상징적 함의, 조선후기 민의(民意) 수렴제도 연구, 조선시대 지방 자치와 주민 참여의 성격 및 오늘날의 활용 방안 연구, 조선시대의 조세감면제도 연구, 재해재난 분야 옛 제도의 현대적 의미에서의 재해석 등으로 8개 과제였다.

하나의 구체적인 주제를 각 분야의 전문가들이 심화 연구하고 나아가서 학제 간 교류와 다양한 의견수렴과정을 거쳐 도출된 결과를 정부혁신에 응용하는 방법은 중요하다고 생각한다. 일차적으로 기획된 위와 같은 연구주제들은 산발적인 것 같으나, 시기적으로는 시의적절한 것으로 보인다. 필자에 따라 그 과제명을 조금씩 변경하기도 하였지만, 이것은 연구과정에서 불가피하게 나타나는 현상 중의 하나임을 양해 바란다.

모쪼록 이 연구결과들이 법고창신(法古創新)의 정신을 살려 정부혁신에 유용한 참고자료로 이용되기를 기대해 본다.

2007년 11월
연구책임자 박병련 삼가 씀

조선후기 英祖代의 都政과 인사실태 －육조판서를 중심으로－ / 임민혁

高宗의 皇帝 登極儀에 나타난 상징적 함의 / 김문식

조선후기 民意 收斂에 관한 연구 / 이대희

조선시대의 지방 자치와 주민 참여 / 김현영

조선전기 전세(田稅) 개혁의 내용과 시사점 / 원윤희

조선후기 구빈(救貧)복지정책의 실패와 교훈 – 조선의 환곡(還穀)정책과 영국의 구빈(救貧)정책의 비교분석 – / 임승빈

朝鮮朝 政策過程의 特性과 含意*

박병련*

Ⅰ. 들어가는 말

정책(policy)에 대한 학문적 관심은 그렇게 오래되지 않았으며,[1]

---

* 본고는 일반적인 학술논문의 성격을 떠나 독자, 특히 공직에 종사하는 사람들에게 조선조 관료체제와 정책과정에 대한 이해를 돕고, 나아가 현대 정책과정의 적실성을 높이는 데 어떤 유용한 함의를 가질 수 있는가를 보여주기 위한 목적으로 구성되었다. 따라서 본인의 과거 논문은 물론 강의 노트에서 적절한 자료를 뽑아 이 목적을 위해 재구성하였다.

* 한국학중앙연구원 교수

1) 서구에서 정책과학(policy sciences)은 1950년대에 이미 그 형태를 갖추

정책학을 구성하는 중심개념들은 과거 역사적 사실의 분석을 목적으로 한 것이 아니라 현대국가가 당면하는 문제의 해결에 초점이 두어져 있다. 특히 냉전시대의 아시아-아프리카 여러 나라들이 '서구사회가 갔던 길(Western road)'을 택하려 하지 않고 '공산주의자의 길(Communist road)'을 선호했던 것[2]과도 관련이 있었다. 문제는 정책과학은 구체적 상황에서 일반원칙의 적용 가능성을 테스트하기 위한 기준 제공을 추구하는 만큼, 문제의식이 형성되는 토양의 차이가 있는 '정책'이나 '정책과정'의 개념을 역사적 사실의 해석에 도입해도 무리가 없을까 하는 것이다.

본고에서는 이 문제에 대한 천착은 유보하고, 일단 정책의제의 제기에서 형성, 채택, 집행, 평가에 이르는 '정책과정'은 고금동서를 뛰어넘는 보편적 과정임을 긍정하고서, 이 '틀'을 준거로 하여 조선조 정책과정의 특징적 측면을 분석해 보려고 한다.

조선조는 넓은 의미에서 이데올로기라 할 수 있는 유교주의를 국가운영의 기본으로 수용한 국가였다. 이것은 현대 민주주의 국가의 문제해결을 위해 형성된 '정책과정'의 개념을 무비판적으로 적용해서는 안 된다는 것을 의미한다. 오히려 그 유사성은 특정 이데올로기가 중심적 가치로 기능하는 국가의 정책과정과 유사한 점이 많다고 볼 수 있다. 이데올로기가 다른 세계에 대한 이해를 방해하는

없다 할 수 있으나, 한국에서의 정책학에 대한 관심은 1970년대와 80년대에 왕성하게 일어났다.

2) Daniel Lernner and Harold. D. Lasswell ed., *The Policy Sciences*, Stanford University Press(stanford, California) 1951, foreword.

'동굴'의 속성을 갖고 있음은 지적되고 있지만, '유교' 내지 '유교주의'는 '자본주의'나 '포퓰리즘' 또는 '파시즘'3)과 같은 차원에서 동일하게 취급하기 어려운 '그 무엇'을 갖고 있는 것으로 보인다. 그 한 가지 차원이 주장되는 정책가치가 어떤 사회화 과정을 거쳐 정책결정자에게 내면화되는가 하는 것이다. 단적으로 말하면 '종교성'과 '학문성'이 유교주의 내부에 공존하고 있다는 것이 일시적 '이데올로기'들과 다른 점이라 하겠다.

'대신들의 인품을 논하는 일4)'이나 '남자 주인의 사주에 따라 여자 주인을 노복과 간통했다고 무함한 비자(婢子)에 대한 형벌의 수준을 논하는 일5)'과 같은 '문제'를 전직 정승, 의정부, 육조, 양사의 고급 관료들로 하여금 논의하게 한 것이 조선조였다. 이것은 '무엇이' 정책문제가 되는가 하는 것이 한 시대의 가치관과 밀접하게 관련됨을 말해 주는 단적인 사례다.

조선조의 관료체제나 정책과정에 관한 얼마 안 되는 연구들은 대체로 관료체제의 제도적, 조직적 배열이나 형식적 과정에 주목하고, 어떤 성향의 사람이나 집단이 '무엇을' 문제로 삼고 어떤 성격의 '정책'을 만들어내는가에 대한 관심은 매우 부족했다.

다시 말하면, 기존의 연구에서는 조선조의 정책과정이 갖고 있는 동태적 측면6)에 대한 연구는 거의 이루어지지 못하고, 분절적인 관

---

3) Ernesto Laclau, *Politics and Ideology in Marxist Theory – capitalism – Fascism – Populism*, NLB 1977(London).
4) 『成宗實錄』 10년 5월 5일(庚申).
5) 『成宗實錄』 8년 7월 21일(丙戌).

청의 직능에 대한 분석이거나 조직도표와 같은 정태적 연구에 머무는 것이 일반적이었다.[7] 더구나 '유교국가'라 할 수 있는 조선조의 정책과정에서 '유교' 이념이 어떻게 관여되고 있는지에 관한 구체적 구명은 거의 이루어지지 못했다. 다만, 김운태의 조선조 정책결정과정에 관한 관심[8]을 필두로, 박병련이 비로소 유교라는 이념이 조선조의 정책과정과 어떻게 관련을 맺고 있었는가 하는 문제에 관심[9]을 확장하고 있다.

정책은 정치체의 정치과정의 산물이다. 여기에는 시대의 문제를 읽어내는 가치관과 각 정치집단의 이해관계가 관련되고, 정책결정과정의 제도화 수준도 영향을 미친다. 조선조의 정책결정과정은 우리나라의 역사적 특성과 정책문제를 이슈화하는 철학적 배경과도 깊은 관련을 갖고 있다. 따라서 조선조 나름의 독특한 정책과정을 나타내고 있었으며, 어떻게 보면 우리나라 정책결정과정의 '고유한 특성'을 드러내고 있는 측면이 강하다.

여기서 '정책과정'이란 이론적 '틀'에 따라 조선조의 구체적 정책과정을 살펴본다는 것은 이러한 이론 틀에 따라 조선조의 역사적

---

6) 조선조 정책과정의 동태적 측면에 관심을 보인 본격적 저술로는 金雲泰의 『朝鮮王朝行政史』(근세편)(1980)를 들 수 있다.

7) 丁時采, 兪尙根 등의 관료제도사 연구와 같은 것이다.

8) 金雲泰, "『經國大典』을 통해서 본 朝鮮王朝 政策決定過程에 관한 研究", 진단학회 편, 『진단학보』 제48호(1979).

9) 朴丙鍊, "儒敎理念과 朝鮮朝의 政策過程", 한국정신문화연구원 편, 『한국의 정치와 경제』 제1집(2001).

사실들을 조망해 보겠다는 의미이다. 사회과학적 이론 틀을 과거의 역사적 사실의 '발견'이나 '해석'에 적용하는 것은 상당한 주의를 요한다. 자못 이론 틀의 해석적 힘 때문에 '없는 사실'을 '있는 것'으로 잘못 보거나, 객관적 근거가 없는 비약적 해석으로 내달릴 수 있는 위험이 있기 때문이다. 그럼에도 불구하고, 분명하게 밝혀진 '시좌(視座)'에서 잘 조준된 '시각(視角)'으로 바라보고 해석하는 것은 새로운 시각에 기초한 또 다른 해석을 부정하는 것이 아니다. 시좌와 시각의 자유로운 이동이야말로 역사적 사실을 보다 정확하게 이해하는 데 기여하는 것이었기 때문이다.

조선조의 정책결정과정 역시 정책의제(문제인지)→정책형성→채택→집행→평가→피드백10)이라는 체제(system)론적 '틀'에 따라 논의할 수 있으나, 본고에서는 그러한 정책과정의 형식적 특징뿐 아니라, 정책결정참여자와 이념, 참여통로의 구체적 특징 등을 중점적으로 고려하면서, 조선조의 정책과정을 살펴보고, 전통시대의 정책과정이 현대 한국의 정치와 행정에 어떠한 시사점을 줄 수 있는가를 탐색해 보려고 한다.

---

10) 鄭正佶, "政策決定과 政策問題 探擇", 金雲泰 외, 『韓國政治行政의 體系』, 박영사, 1982, 253쪽.

Ⅱ. 조선 관료제의 기본 주형(鑄型)과 정책결정구조의 특성

1. 조선 관료제의 기본 주형

조선조의 정책과정은 유교권 국가의 기본모델인 '주관(周官)'과 '당제(唐制)'의 '틀'을 그 바탕에 도입하고 있지만, 그 정밀한 제도적 설계나 운영과정에 관한 것은 삼국시대 이래의 역사적 경험으로부터 나온 것이 많았고, 그것이 조선조 정책과정의 본질적 특성을 형성하였다.

즉 유교라는 동일한 정치사상을 배경으로 왕조가 성립하였다 하더라도 왕조건설의 구체적 과정이 상이함에 따라 관료제의 구성과 운용에서는 유의미한 차이를 나타내고 있음을 보여주는 데 조선조가 그 대표적인 사례이다.

중국대륙에서 일어났던 수많은 왕조들은 대개 격렬한 전쟁을 통하여 탄생하는 경우가 많았다. 즉 일방의 영웅이 수많은 참모와 수하를 거느리고서 다른 일방의 영웅이나 기존의 정부군과 자웅을 겨루어 상대를 제압하고서 새로운 왕조를 건설하는 패턴이 그것이다. 전국시대의 7개 국가의 경쟁이나, 진(秦) · 한(漢)교체, 송(宋), 요(遼), 금(金), 원(元)의 교체, 원(元) · 명(明)의 교체, 명 · 청(淸)의 교체 역시 내란과 전란을 통한 결과적 산물이었다.

이런 경우, 신흥왕조의 정책결정과정은 강력한 황제권(皇帝權)[11]을 중심으로 공신에서 관료로 전환한 집단의 적극적 참여라는 특징을 나타낸다. 예를 들어 명과 청이 비록 유교국가적 정치체를 구성했다 하더라도, 소위 '유자관료(儒者官僚, confucian bureaucrat)'의 정치적 발언권은 그렇게 강력하지 못했다. 명의 주원장을 도와 통일의 이데올로기를 제공하고, 중국의 진신(縉紳)과 지주계급의 지지를 이끌어냈던 소위 '금화학파(金華學派)'의 리더였던 유기(劉基)의 개국 후 녹봉이 400여 석에 불과했던 반면, 주원장의 심복이었던 이선장(李善長)의 그것은 몇 만 석에 이르렀던 것에서도 잘 알 수 있다.

원나라 역시, 칭기즈칸을 따랐던 공신이나 그 후예들이 갖고 있던 정치적 발언권은 야율초재 등 문신들이 갖고 있던 결정지분을 훨씬 능가했다.

그러나 우리나라는 삼국시대만 보더라도, 특정의 영웅이 정복을 통하여 왕조를 성립시키는 패턴이 아니라, 각 유력 부족집단의 연맹이라는 형태를 통하여 정치체를 형성했다. 고구려는 계루부, 소노부, 절노부, 순노부, 관노부의 5부족이 연합하여 만든 국가이며, 신라 역시 유력한 6촌이 연합하여 박혁거세를 추대하여 왕을 삼는 것으로부터 왕조건설이 시작되고 있다. 이런 경우, 국가의 중요 정책을 결정하는 방법은 각 참여세력들 간의 의견조정과 합의라는 형태를 띨 수밖에 없다. '상대등(上大等)'과 같은 관직이나, '화백(和白)', '정사암(政事巖)'과 같은 고사에서도 당시의 정책과정이 이루어지던 방식을 알 수 있거니와, '만장일치'를 추구하던 정책결정과정은 제 정치세력들의 막후절충과 공통의 목표에 대한 의견일치의 '틀'이 매

---

11) 『史記』, <秦始皇本紀>. "天下之事 無大小 皆決于上"

우 강력했음을 보여주는 것이다. 고려의 건국 역시, 각 지역의 유력한 호족들의 협력 위에 이루어졌고, 중앙관료제 내에서도 유력 씨족의 영향력은 쉽게 축소되지 않았다. 재추(宰樞)들로 이루어진 도평의사사와 같은 제도는 황제권이 강력했던 중국의 역대왕조[12])의 정책결정과정과는 상당한 차이를 보인다.

이처럼 한반도에서 성립한 왕조 관료제의 초기적 기능은 갈등하고 경쟁하는 부족 간의 이해의 조정이었다. 동시에 중심부족의 족장이나 왕은 권력의 중앙집중을 도모하는 경향을 보이고, 지방의 부족이나 호족집단들은 자신들의 정체성을 유지할 수 있을 정도의 권력 분산을 추구하는 속성을 가지고 있었다. 이 '중앙집권의 완성을 향한 끊임없는 정치적 지향'과 '지역적 이해관계를 보장하기 위한 분권화의 지향'이라는 상반된 방향의 힘이 한반도 왕조들의 관료제 구성의 '주형(鑄型)' 구성에 깊은 영향을 미치고 있다. 그 중요한 것을 들어보면, 첫째, 관료제도의 '이원적 구성'의 전통이다. 부족 간 연합을 통한 왕조 구성의 전통 때문에 부족을 대표하여 중앙의 고위관료에 진출하는 상층 관료단과 권력자의 신변잡사를 돌보거나 행정실무를 담당하는 가신(家臣)적 전통의 하층 관료단을 구분하는

---

12) 물론, 중국의 황제권도 어느 왕조, 어느 정권에서나 다 강력했던 것은 아니다. 특히 위진남북조(魏晉南北朝)시대의 경우 문벌정치가 이루어져서 황제권이 약화되었던 때도 있었다(張創新, 『中國政治制度史』, 北京 淸華大學出版社, 2005, 107~112쪽). 그러나 권력운용의 제도적 측면과 운영의 측면에서 볼 때 대체로 중국 역대 황제의 권력이 조선조의 왕권보다는 강력했다고 할 수 있다.

전통이 정착되었다. 조선시대에는 이것이 서리계층(衙前)과 조관(朝官)계층으로 이원화되어 나타났다.

둘째, 상층관료단의 정치적 영역의 존재와 맞물려 정책결정과정에 '합의제적 요소'의 끈질긴 존속을 들 수 있다. 이것은 부족적 전통이 강한 왕조의 운영에 있어서 갈등의 조정은 각 세력 간의 '합의' 외에 별다른 대안이 없었던 것에서도 하나의 원인을 발견할 수 있다.

조선조 관료제 내의 합의제적 요소는 이와 같은 전통적 요소의 전승과 무관하다고 할 수 없는 것이다.

셋째, 강력한 지역할거성이다. 지역적 경계는 한 집단을 다른 집단과 구별하는 중요한 기준이었다. 아울러 왕조의 상층관료들은 지역의 세력을 근거로 중앙무대에서 활동하는 패턴을 유지하였다.13)

이러한 전통적 요소의 전승은 관료제도의 구성형식을 당제(唐制)의 모델을 따랐음에도 불구하고 구체적 측면에서 많은 유의미한 차이를 나타내는 중요한 요인으로 작용하였던 것이다.

2. 유교적 관료제(Confucian bureaucracy)
– 그 의미와 조선 관료제

조선조 관료제의 특성은 그 관료제의 구성과 운영이 '유교적'이라는 데 있다. 그 가운데서도 관료계층을 구성하는 사람들, 특히 상층

---

13) 朴丙鍊, "傳統時代 韓國官僚制의 歷史的 展開過程" 한국정신문화연구원, 『정신문화연구』 제19권 1호(통권 62호), 1996. 3, 15~16면.

관료단을 구성하는 사람들은 거의 예외 없이 '유자(儒者)'였다는 점이다. 물론 조선초기와 조선후기의 '유자'는 그 성격에서 얼마간의 차이를 보이지만 그 본질적 성격이 '유자'라는 점에서는 차이가 없다. 특히 조선후기에 이르러서는 '무반(武班)'마저도 유자의 성격을 강조하는 경향을 보인다. 이들 '유자관료(confucian bureaucrat)'는 과거제도를 통하여 충원되었고, 문과는 유교경전 및 유교적 전문교양을 시험하여 정부에서 핵심역할을 할 인재를 선발하였다. 조선초기에는 유교경전과 문학뿐 아니라 경세의 능력과 행정실무를 겸한 인재를 최상으로 보았으나, 조선후기로 내려올수록 주자학에 관한 전문지식을 높이 평가하는 분위기가 주를 이루었다. 어떻든 유교적 사유체계 가운데 '덕(德)의 정치행정'을 강조하며 군주의 도덕적 행위와 신하의 충성을 '쌍무적(雙務的)'인 것으로 파악하는 것은 조선 관료제의 기본주형을 이론적으로 강화할 수 있는 배경이 되었다. 이것은 조선적 정치사회와 유교적 사유는 그 적합성이 매우 높았다는 것을 의미하는 것이다.

이처럼 당제 6부(部) 24사(司)체제와 전통적 특성의 계승, 그리고 유교사상은 조선조 관직체계를 구성하고 특징짓게 하는 세 가지 중심요소였다. 관직체계의 골간은 왕-의정부-육조체제(王-議政府-六曹體制)이다.[14] 그리고 60여 개의 속아문(屬衙門)이 있는데, 이것은 국가의 실무적 필요를 담당하는 관청으로 정책과정에서의 직접적 역할은 거의 없다. 속아문의 직무는 궁내용과 국왕의 사적

---

14) 韓忠熙, "朝鮮初期 議政府研究" 上, 下, 『韓國史研究』31, 1980.

용도와 관련 있는데, 막스 베버의 소위 가산관료제(patrimonial bureaucracy)적 특징을 나타낸다고도 볼 수 있다. 이에 비하여 각조의 본사(本司)가 담당하는 업무는 국왕 개인과 관련된 업무라기보다 국가사무(國家事務)적인 성격을 많이 가진다. 이 부분은 조선관료제의 기본성격과 관련하여 중요한 이론적 이슈를 생산한다. 속아문 체제에서 육조본사체제로의 비중 이동이라는 사실과 국왕의 지위를 왕실이라는 가족적 지위를 초월하는 최고통치자로 자리매김하는 것은 소위 '가산국가(家産國家)'의 모델을 벗어나는 제도적 사상적 기반을 갖춘 것으로 볼 수 있기 때문이다.

조선조 관료제에서 국왕의 지위와 권한만큼 포괄적이고 불분명한 것은 없다. 일면 무소불위의 권력을 소유한 것으로 이해될 측면이 있는가 하면, 현대 민주주의 국가의 수장(首長)에 비해서도 실질적 권한이 부족한 것으로 평가될 수 있는 측면을 공유한다.

조선후기 국왕의 지위에 관한 사상은 조선초기와 중국의 역대왕조와는 달리 가족내적 지위를 강조하는 흐름이 주자학의 강화와 함께 생겨났다. 국왕도 왕실가족의 일원이라는 것을 강조하는 것은 주자가례가 보편화되고 효를 앞세운 가족질서가 국가질서보다 앞서는 천리라는 신념이 지성계를 지배했던 것과 맞물린다.

16세기 사상사적 분기점에서는 국왕의 왕실 가족적 성격을 강조하는 논의[15]가 있는가 하면, 국왕의 국가통치자적 성격을 강조하는 입장[16]이 있었다. 가족주의적 '강상론(綱常論)'은 국왕이라도 피할 수

---

15) 李滉, 『退溪集』, 疏, <戊辰六條疏> 참조할 것.

없는 천리(天理)여야 한다[17]는 성리학적 보편론은 국왕이라도 부모
는 '섬김'의 대상일 수밖에 없다는 것이었다.[18] 이는 '국왕의 상위'
에 실질적 권력자로 '대비(大妃)'의 존재를 인정할 수밖에 없게 하였
던 것이다. 비록 '신모론(臣母論)'[19]은 광해군시대의 특수상황 속에
서 전개된 논쟁이나, 이것은 '국왕의 지위'에 관한 유자들의 관점에
관한 것 이상으로 유교국가의 성격을 결정하는 매우 중요한 논쟁이
었던 것이다. 이러한 입장 차가 왕실의 복제 문제에서도 충돌을 일
으키고 있다.

　의정부는 제도상으로는 영의정은 육조의 업무를 총체적으로 조율
하고, 좌의정이 이, 호, 예조의 업무를, 우의정이 형, 병, 공조의 업
무를 조율하는 것으로 되어 있지만 반드시 그렇게만 한정된 것은
아니었다. 사실 삼정승은 국왕의 스승이라는 관념적 관점이 녹아들
어 있었고, 따라서 실질적인 권한은 국왕의 권력행사 의지와 밀접하
게 관련될 수밖에 없었다. '육조직계(六曹直啓)'니 '의정부서사(議政
府署事)'니 하는 것이 그것이다. 어떻든 의정부는 법령이나 군국의
중대사에 관한 결정을 최종적으로 조율하는 기능을 가졌으며, 후일
비변사(備邊司)에 그 핵심적 기능을 빼앗기고 허설화(虛設化)되어

---

16) 曹植, 『南冥集』, 疏, <戊辰封事> 참조할 것.
17) 『光海君日記』 光海君 5年 6月 21日. 趙慶起의 상소를 참조할 것.
18) 『光海君日記』 光海君 9年 11月 17日. 進士 鄭澐의 상소를 참조할 것.
19) 군주에게는 그 부모라도 신하일 수밖에 없다는 논리로 국가의 공공성
　　을 강조하는 입장으로 '공천하(公天下)'사상의 논리적 변용이라 할 수
　　있다.

갔다.

　육조는 국가의 총체적 업무를 분장하여 관할하는 정부의 중심부서들로 구성된다. 각조 본사의 직무는 주로 낭관(郞官)이 관장하는 실무인 반면, 속아문은 주로 실무직 당하관이 관장하는데,[20] 각 부서의 고관(高官)이 도제조(都提調)나 제조(提調)를 겸하여 인사와 같은 주요업무를 통괄하게 하였다. 제조는 해당 각 아문에 상시 출근하여 아문의 운영을 통괄하고, 예하 관원에 대하여 아문이 속하는 해당 조(曹)의 당상관과 함께 고적(考績)과 포폄(褒貶)에 관여하였다.[21]

　그 외 국가정책에 대한 시비는 물론, 국왕의 판단을 비판 교정하며, 관료의 기강을 잡고 업무를 규찰하고 인물의 진퇴에까지 관여하는 부서로는 사헌부, 사간원, 홍문관의 삼사(三司)가 있다. 고급관료의 범죄 및 반국가사범을 주로 다루는 의금부와 왕명의 출납을 관장하는 승정원이 있으며, 국가에 유공한 인물들과 왕실과 관련한 인물들을 관리하는 종친부, 충훈부, 의빈부, 돈령부와 같은 특수부서가 설치되었다. 그 외 수도를 관할하고 일반 형사업무도 관장하는 한성부와 수도권 주요 지역의 방어와 행정을 함께 관할하는 개성부, 광주부 등이 있었다.

---

20) 이 경우 홍문관 같은 경우는 속아문이면서도 속아문적인 성격을 벗어나 있다. 즉 당상관이 아문의 수장이 된다.

21) 韓佑劤·李成茂 외, 『譯註 經國大典』－註釋篇－, 한국정신문화연구원, 1986, 86쪽.

Ⅲ. 조선조 정책의제(政策議題) 형성과정의 특징

1. 이슈(issue)의 제기와 체제(system) 내 진입과정

(1) 조선조 정책이슈의 특성

통치의 정당성을 담보하는 지배이념의 존재는 정책이슈의 제기를 근본적으로 제약한다. 그것은 이슈제기 단계에서부터 영향을 미치지만 구체적 정책결정에까지 영향을 미친다. 향촌에서 이름난 효자의 정려를 세워달라는 의제는 비교적 쉽게 정책이슈로 수용되고 또한 긍정적인 결정으로 종결되며, 자식이 부모에게 패악한 행위를 한 것에 대한 처벌의 문제도 쉽게 정치적 의제로 설정될 수 있는 것도 유교라는 지배이념의 영향이다.

조선조가 성리학을 통치이념으로 한 후, 점점 한당(漢唐)유학적 경향은 사라지고, 송대(宋代) 이학(理學)의 경향이 중심을 이루게 되었다. 송대 성리학의 학문적 체계는 명종, 선조 연간의 이언적, 서경덕을 거쳐 이황, 조식, 이이, 성혼 등의 학자들에 의해서 비로소 완전한 상태로 이해되었다. 그러나 조선후기는 성리학이 발전했던 송나라보다 더 철저하게 주자학을 신봉하는 사대부 정치의 왕조로 변하였기 때문에, 이학이 학문세계와 정치이념을 지배했던 송나라 정치문화를 보다 극단화시킨 형태로 나타났다.

송나라의 정책결정자들은 특별히 예의와 도덕규범을 강조했는데,

선(善)/악(惡), 의(義)/리(利), 그리고 군자(君子)와 소인(小人)을 나누는 의미론적 이분법이 유행했으며, 학술문화의 문제가 정치적 도덕적 문제로 전환[22]되었고, '붕당'과도 관련을 가졌다.

성리학, 특히 주자학의 학문체계가 조선의 학계에서 이해되기 시작하면서, 송대 성리학자들의 정치적 문제의식과 가치판단은 '조선화(朝鮮化)'의 과정 속에 철저히 용해됨이 없이 조선의 사림들에게 수용되었으며, 조선의 정치사회적 현실을 진단하고 처방하는 기준이 되었다. 심지어는 송대 유학자들이 희망사항으로 거론했던 문제와 대안들도 조선의 사림들에 의해 지속적으로 강요되었다.

특히 성리학의 조선적 변용을 생각했던 화담 서경덕과 남명 조식 계열이 학문적 정통성을 상실하고, '오직 주자의 말씀만이 타당하다.'는 입장을 견지한 퇴계 이황과 우암 송시열 계통이 학문적·정치적 정통성을 장악한 이후에는 이러한 경향이 더욱 강화되었다.

이처럼 학문의 송학화(宋學化) 경향은 정책의제 형성에도 깊은 영향을 미쳐서, 부인의 재가금지나 재가여인의 후손들에게 벼슬길을 제한하는 문제가 성종시대에 이미 논의되기 시작했다.[23] 또한 각종 서원에 대한 사액 문제, 유학자들의 문묘배향 문제, 서원에 향사하는 인물들의 위차 문제, 복제와 의례 문제, 유부녀의 간통 문제 등 군사적·경제적 맥락의 현안 문제들보다 학문적·도덕적 맥락에 있

---

22) 吳宗國 主編, 『中國古代 官僚政治制度 研究』, 北京: 北京大學出版社, 2004, 238~240쪽.
23) 『成宗實錄』, 8년 7월 17일(壬午).

는 문제들이 주요 국정의제로 등장하기도 했다.

그 가운데서도 지방 유림의 정치적 의사표현인 '유소(儒疏)'의 경우는 일반 백성들이 당면한 현실문제와 상관없는 이슈가 많았는데, 이것은 조선의 지식인이 주자학적 문제인식의 '틀'을 가지고 '의제'를 형성하고 있었음을 잘 보여준다. 극단적인 사례를 들면, 포은(圃隱) 정몽주(鄭夢周)를 모시는 영천의 임고서원(臨皋書院)에 여헌(旅軒) 장현광(張顯光)을 병향(竝享)하느냐, 배향(配享)하느냐의 의제와 같은 것이 사림의 중요한 문제가 되고 결국 중앙정부의 의제가 되었으며, 중앙의 고관들도 이러한 문제에 관여하게 되는[24] 체제였던 것이다. 이러한 현상은 이미 조선 사림이 조선의 당면한 현실 문제를 정책의제화할 수 있는 능력을 상실해 가고 있었다는 증거에 다름 아니다. 이것은 특정의 이데올로기가 어떻게 현실적 문제를 파악할 수 있는 안목을 방해하는가를 보여주는 좋은 사례라 할 수 있다.

이 시기의 중국은 이미 명을 거쳐 청나라로 진입하여, 도덕과 의리 위주로 논의되던 송학적 정치운영의 단점이 상당한 교정을 이룩하고 있었던 데 반하여, 조선은 오히려 정책의제 형성의 '송학화(宋學化)'가 심화되는 형태로 나타났던 것이다. 그러다 보니, 자연 정치와 정책이 조선의 현실을 개혁하는 것을 담보해낼 수 없었다. 더욱이 관념논쟁과 그에 기초한 붕당화의 진전이 이루어지면서, 중앙정부뿐만 아니라 지방의 향촌사회까지 끝없이 분열하게 하였으며[25]

---

24) 金堉, 『潛谷先生遺稿』 卷5, 啓辭, <臨皋書院配享位次啓>. "竝列而同享決不可爲也" 중앙 정부의 청요직에 있으면서 탁월한 경세적 감각을 가졌던 김육 같은 인물도 이런 문제에 관여치 않을 수 없었다.

이념과잉의 정치문화 속에서 타협 없는 정치투쟁과 향권장악을 위한 투쟁이 끝없이 전개되었던 것이다.

(2) 정책의제의 투입과 채택

조선조에서 정부체제에 정책의제를 제기하는 통로는 이 시기 세계 여러 왕정국가와 비교하여 볼 때 상당히 넓게 열려져 있었다고 할 수 있다. 정부 부서와 조관(朝官) 관료는 물론 전국의 유생(儒生)들로부터 서민에 이르기까지 모두 정책의제를 제기하는 것이 원칙적으로 가능하다. 즉 조선조는 국가와 사회의 문제에 대하여, 관직에 있는 "공(公), 경(卿), 대부(大夫)는 물론, 일반 백성인 사(士), 서인(庶人)과 장사꾼 및 여러 장인(匠人) 같은 천한 사람들도 모두 말하고 다툴 수 있는 것"을 이상으로 하였다.26) 따라서 정책의제의 제안은 정무직 관료가 중심에 있지만, 다른 조관과 재야의 사림들에게도 통로가 열려 있었으며, 백성들에게도 '소지(所志)' 등을 통한 간접적인 의제형성은 가능했다. 즉 백성들의 다양한 형식의 호소는 해당 지역의 관찰사나 어사에 의해 수용되어 장계(狀啓)나 서계(書

---

25) 중앙정권에서의 남, 북, 노, 소는 말할 것도 없이, 노, 소론의 정쟁으로까지 비화된 회니시비(懷尼是非)는 말할 것도 없이, 영남의 남인세력 내에서도 병호시비(屛虎是非), 한려시비(寒旅是非), 손이시비(孫李是非), 병배시비(竝配是非) 등 문중 간, 학파 간의 시비논쟁이 여러 지역에서 끝없이 전개되었는데, 현재까지도 반성을 통한 완전한 청산이 이루어지지 못했을 정도다.

26) 鄭道傳, 『三峰集』, 「經濟文鑑」下, <諫官>. "上而公卿大夫 下而至於士庶商賈百工之賤 莫不得以諫"

啓)의 형식으로 제기될 수 있었다.27) 백성들이나, 유림들이 관할관청에 자신들의 의견을 제안하는 방식이 '소지(所志)'라면, 군주를 상대로 직접 의견을 제시하는 것은 '상소(上疏)'의 형식을 통해서 하였다.

상소(上疏)는 조관(朝官)과 유림 공히 이용하는 의제형성의 방식인데, 조관의 경우, 현직이나 전직 관료 모두에게 단독으로 할 수 있는 권한을 주었던 반면, 일반 유림의 경우, 단독 상소는 관습적으로 허락되지 않았으며, 연명상소가 일반적이었다. 다만 전직 관직자가 포함되지 않은 연명상소(連名上疏)는 관습적으로 성균관의 인정(謹悉)을 받아야만 했다.

상소는 반드시 승정원을 거쳐서 등철(登徹, 御覽되도록 하는 것)되어야 하는데, 원칙적으로 중도에서 물리칠 수 없었다. 조선조의 경우 왕이 이러한 투입된 의제에 대해서 수의(收議)와 토론과정에 회부하게 되면, 제기된 정책의제는 채택된 것이다.

그 외, 국왕이 재이(災異)를 당하여 조관은 물론 재야의 지식인들에게 널리 의견을 구하는 '구언(求言)'의 형식이 있다. 이것은 국왕이 적극적으로 '상소'를 유도하는 것으로 유교권 왕조에 특이한 제도였다. 조관(朝官)의 경우, 정책의제화할 수 있는 형식은 계(啓), 차(箚), 소(疏), 의(議) 등이 있는데, 대개 계(啓)가 사실 위주의 보고문의 성격이 강하다면, 소차(疏箚)는 정치적 현안에 대한 주관적

---

27) 『成宗實錄』 16년 3월 25일(丙午). 사도순찰사(四道巡察使) 홍응(洪應)이 전라도, 경상도 백성의 신소(申訴)를 채택하여 서계(書啓)한 사례가 있다.

인 의견과 평가가 개재된 경우에 사용하는 것이 통례였다. 소와 차의 경우 명확한 구별의 기준은 없지만, 소가 보다 본격적이라면, 차는 간단한 경우에 사용하는 것이 일반적이었다. 물론 이러한 계, 차, 소, 의 등의 형식은 반드시 의제를 체제 내에 투입하기 위한 형식에만 사용되는 것은 아니며, 수의(收議)와 토론과정에서도 널리 사용되는 형식이었다.

정책문제화하기 위한 문제제기는 사람만이 아니라 관사(官司)의 견해로도 제기할 수 있으며, 관사 소속의 개별 관료의 자격으로도 가능했다. 이것은 조선조의 조관관료가 관사에 소속되는 관료로서의 지위도 갖지만, 개별 자격의 정무활동이 보장되는 정무관의 지위를 동시에 가지는 특징을 가지고 있었음을 말해 준다.[28]

지방의 경우, 관찰사나 수령이 국왕의 대리인으로서 지방의 입법, 사법, 행정을 포괄하는 업무를 수행한바, 원칙적으로 수령과 방백은 중앙의 특정관사에 소속되는 것이 아니라 국왕과 직접 연결되는 것이었다. 일반적으로 수령(守令)과 진장(鎭將)은 첩정(牒呈) 등으로 관찰사에게 문제를 보고하고, 그 문제가 국가적으로 중요한 경우에는 장계를 통하여 해당 중앙관서나 국왕에게 보고되었다. 대체로 도내(道內)에서 발생한 문제의 보고는 관찰사의 판단에 의해서 계문(啓聞)하였다.

일반적으로, 관찰사의 장계는 국방과 치안에 관한 일에서부터, 지

---

28) 朴丙鍊, "朝鮮朝 儒敎官僚制의 性格에 관한 연구", 서울대 대학원 박사학위논문, 1991 참조.

방군현이나 군진(軍鎭)의 보고에 근거하여 올리는 경우[29]가 많은데, 사안에 따라 승정원으로 바로 가는 경우도 있고, 업무의 성격에 따라 해당 중앙관청에서 검토한 후, 해당부서의 이름으로 소차(疏箚) 또는 계(啓)를 하는 경우[30]가 있다.

유림 상소라 할 수 있는 유소(儒疏)는 대개 서원 등에서 특정 이슈에 대한 공론을 발의한 다음, 소청(疏廳)을 설치하고 관련된 서원이나 지역 유림에게 통문을 보내 유림을 집합시킨 다음, 소문(疏文)을 검토하고 소두(疏頭)를 정하며, 배행(陪行)할 사람을 천거한 후 서울로 가서 상소를 접수시키는 절차를 밟았다.

2. 정책의제(政策議題) 형성과정의 특징

다원적 사회를 기초로 하는 민주국가에서는 다양한 부문과 집단의 이해관계가 상호 경쟁하면서 ‘문제’를 형성하고, 해결해야 할 체제의 문제로 전환시키고자 노력한다. 그리고 정책문제로 ‘채택’되는 과정[31] 또한 매우 동태적이다. 다원사회라고 해서 모든 부문이나 이익집단이 같은 영향력이나 권력을 가진 것도 아니기 때문에, 역시

---

29) “○○觀察使 某가 ○○僉節制使 某의 牒呈에 의거하여 아뢰기를 ……”과 같은 형식이 된다.

30) “刑曹에서 ○○관찰사 某의 啓本에 의거하여 아뢰기를 ……”과 같은 형식이 된다.

31) 鄭正佶, “政策決定과 政策問題 採擇”, 金雲泰 외, 『韓國政治行政의 體系』, 박영사, 1982, 253쪽.

사회적 지배세력이나 지배집단의 이해관계가 더 잘 반영될 수밖에 없고, 소외계층이나 조직화되지 못한 다수의 의견은 정책의제로 형성되기 어렵다. 현대사회에는 그 대안으로 '시민사회운동' 등이 활성화되고 있는데, 이들이 '권력화'하는 새로운 문제점도 대두되고 있는 것이 현실이다.

그러나 통로는 열려 있어도 일반의 백성들이 본인에게 당면한 문제를 정책문제로 채택시키는 것은 대단히 어려운 일이었다. 우선 정책문제로 채택되게 하기 위해서는 문서의 형식이 주된 것이기 때문에 일반적으로 글을 아는 유림(儒林)에게나 가능한 것이었고, 따라서 자연히 유림은 지방적 문제의 표출이나, 유림세계의 문제를 제기하는 중심에 있게 되었다. 일반백성이 제기하는 소장(訴狀)이나 정장(呈狀) 등도 글을 아는 사람이나 아전의 힘을 빌려야 했고, 그 외 '격쟁(擊錚)'과 같은 경우는 특수한 형태라 볼 수 있다.

사실상, 재야의 의견을 직접 중앙정부에다 채택을 요구하는 상소도 그렇게 용이한 것은 아니었다. 즉 상소의 경우도 조관관료나 대유(大儒) 혹은 유림의 집단회동32)의 경우에나 가능한 것이었다. 결국, 정책문제를 채택시키는 역할은 주로 조관(朝官)들, 그 가운데서도 정무활동이 보장되어 있는 관료들에게 집중되어 있었던 것이다. 조관들에게는 '민본'의 이념에 따라, 스스로의 안목으로 백성의 질고(疾苦)를 살피고 의제화(議題化)할 의무가 주어졌던 것이다.

---

32) 李樹健, "朝鮮後期 嶺南儒疏에 대하여", 『斗溪 李丙燾博士 九旬紀念 韓國史論叢』을 참조할 것.

그런데 이들 조관(朝官) 관료들이 '무엇'을 문제로 인식했던가는
각 시기마다 특징을 가진다. 특히, 조선전기의 소위 훈구세력들이라
할 수 있는 사람들이 집권한 태종, 세종, 성종에 이르는 시기에는
국방에 관한 문제, 행정의 효율을 높이는 문제, 백성을 위한 정책,
국가의 문물을 정비하는 사업 등이 정책문제로 제기되는 경우가 많
았던 반면, 소위 사림파가 집권한 선조 이후에는 문묘종사 문제, 예
제 문제 등 유교적 교의를 실천하거나, 유교이념에 관한 문제들이
중요하게 부각되었다. 즉 조선전기에는『經國大典』,『訓民正音』,『
東國通鑑』등을 비롯한 문물전장(文物典章)을 정비하는 사업과 북
방개척, 여진정벌, 대마도 정벌 등의 중요정책들이 결정된 반면, 선
조정권 이후로는 유교적 이념과 관련한, 명분확립에 관련한 문제가
주로 정책문제로 나타났다. 사림정권하에 붕당이 출현하여 토론문화
는 활발해졌지만, 정책문제 채택이 조선전기와 달리 백성의 삶과 직
결되는 의제설정이 이루어지지 못하고 정쟁으로 치달은 것은 유의
해 볼 점이다.

우리의 역사소비 방식에서 '사림(士林)'만큼 적극적으로 소비되고
'정의(正義)'의 위치에서 무비판적으로 긍정된 것은 드물다. 사림은
조선의 역사과정에서 '선(善)'을 담보하는 세력이며, 조선전기에도
그들의 정치적 의도가 성공하지 못한 것을 애통해하는 '공분(公憤)'
의 관념이 조선의 역사를 관류(貫流)하고 있었다. 이러한 과정에서
태종과 세조정권을 탄생시키는 데 기여한 소위 '훈구'는 부패와 탐
욕으로 가득 찬 '극복'해야 할 대상이었고, '부도덕'의 상징처럼 매

도되는 경향을 나타내는 것과 깊은 상관관계가 있다. 그러나 역설적이게도 사림집권 기간의 정책문제의 내용이 오히려 '백성의 삶'과는 동떨어진 것이 많았음은 사림정권을 무비판적으로 긍정하는 데 대한 성찰을 요구하는 부분이다.

Ⅳ. 정책결정의 과정과 참여자

새로운 정책의제를 제시하거나 제시된 정책의제를 논의하여 결정하는 절차적 형식은 일반적으로 '시사(視事)'라 통칭할 수 있는데, 대개 '상참(常參)'이 끝난 뒤에 이루어지는 것이 통례다. 그 내용적 형식은 임금이 각 부서에서 제기된 의제와 임금이 독단으로 결정하기 어려운 문제에 대해서 대신들에게 의견을 묻는 것33)으로 수의(收議)의 형식이 대표적이다. 임금이 의견을 물은 의제에 대해서 각 대신들은 자신의 의견을 정리해서 임금에게 제출하고 임금은 제출된 의견을 참작 조정하여 결정했다.

시사(視事)는 '조참(朝參)'이 있은 후에도 있을 수는 있으나, 한 달에 4번 이루어지는 조참은 의례적 성격이 강했다. 이에 반해 상참(常參) 후에 있는 시사(視事)는 의정대신들과 중요아문의 당상관, 경연관, 승지 등 소위 정무활동을 하는 핵심 관료들이 거의 매일

---

33) 吳允謙, 『楸灘先生遺集』, <議>. 여기에는 임금의 질문에 대책을 올린 여러 가지 '議'들이 수록되어 있다.

국왕을 만나 국사를 의논하는 정규의 정책결정회의라 할 수 있다.34) 상참에 참여하는 관료들이 사실상 국가 정책결정에 참여하는 핵심 구성원이다. 경연(經筵)의 경우도 중요한 정책결정의 한 제도라 할 수 있는데, 그 구성은 의정부와 육조의 경연관은 당연히 포함되며, 이에 더하여 홍문관과 승정원의 관료들이 당연직으로 참여하는 것이 특징이었다. 구체적으로 살펴보면, 중앙정부의 내직 당상관으로, 의정부에서 삼정승, 좌우찬성(左右贊成)과 좌우참찬(左右參贊)의 7명, 육조에서 판서, 참판, 참의의 19명(병조의 경우, 참지 1명이 더 있음), 한성부의 판윤, 좌윤, 우윤의 3명, 대사헌, 대사간, 승정원의 승지 6명, 홍문관 부제학, 성균관 대사성, 장례원 판결사 등이 해당된다. 내직 당하관으로 핵심 정무직 활동을 하는 관료로는 사헌부의 집의 1명, 장령 2명, 지평 2명, 사간원의 사간 1명, 헌납 1명, 정언 2명, 홍문관 전한 1명, 응교 부응교 각 1명, 교리 부교리 각 2명, 수찬 부수찬 각 2명을 들 수 있다. 즉 이들이 정책의제를 발의하거나 주어진 의제에 대한 토론에 참여하는 중심 관료라 할 수 있다.

그리고 시사(視事) 외에 국왕이 특별히 자문하거나 의견을 청취할 필요성이 있을 때는 '인견(引見)'이나 '소견(召見)'을 하는데, 그 주요 대상은 고위관료였지만 특별한 제약은 없었다.

특히 '인견'의 경우, 일찍이 정승을 지냈던 고관들도 대상이었다. 현대의 관료제나 정부조직의 운영에 있어서는 '자격제'보다 '임용

---

34) 『國朝五禮儀』四, 嘉禮, 朝參儀, <常參朝啓儀>.

제'적 성격이 우선한다. 즉 정년퇴임을 하거나 특정 정부에서 장차
관을 지낸 인물의 경우 극히 예외적으로 재등용되는 경우는 있어도
선거를 통해 집권한 새 정부에서 정치나 정책자문을 하는 지위가
제도적으로 보장되는 것은 아니다. 그러나 조선조의 관료들은 한 번
관료가 되면, 생명이 다할 때까지는 언제나 재임용될 수 있는 자격
을 갖춘다. 퇴직한 고관들도 국가의 중대사안이 있는 경우에는
시·원임(時原任)합좌회의에 참석하기도 하고, 인견이나 소견을 통
하여 군주의 자문에 응하기도 해야 했다. 그리고 건강이 허락하는
한 언제든지 재등용될 수 있는 길이 열려 있었다.

제기된 정책의제에 대해서는 개인의 의견을 개진하는 경우도 있
지만, 부서의 의견을 수렴하여 부서의 의견을 제시하거나 특정 대안
에 동의하는 사람들이 합동으로 의견을 제시하는 경우가 많다. 국왕
은 여러 의견들을 청취한 후, 하나를 선택하거나(允), 거절하고(不
允), 충분히 납득되지 않으면 결정을 미루기(留中)도 하였다.

그리고 특별한 문제로서 결정하기가 쉽지 않은 경우에는 해당 관
서에 계하(啓下)하여 전문적인 검토를 거쳐 의견을 내도록 하였다.

정치적으로 첨예한 문제인 경우, 국왕은 의정부와 육조의 판서 이
상과 공신, 부원군, 영중추부사 등의 고위 대신과 의논하여 결정을
하는 경우가 있는데, 이런 경우 대간들의 논박이 들어오는 경우가
많이 발생했다. 이때 국왕의 조정능력이 매우 중요해지는데, 세종의
경우 대신과 대간의 의견충돌을 잘 조정하여 정국의 안정을 이룩하
였지만 성종 이후, 대신(大臣)과 대간(臺諫)의 갈등은 정국을 혼돈의

지경으로까지 몰고 가기도 했다. 이처럼 정책결정에 대신과 대간이 상호 견제하고 협력해야 하는 구조는 국왕의 정세판단과 탁월한 조정능력을 필요로 하는 것이었는데, 언제나 성공적이지는 못했다. 성종 시기에 이 갈등이 한번 분출하면서 연산군대의 참혹한 사화로 연결되는 것도 이러한 구조와 무관하지 않았다. 당시 대신들은 국가적 차원의 권도를 인정하여 정치적 현실을 인정하는 경향이 있었으며, 인사에 있어서도 개인의 능력을 중시하고, 비소한 개인의 도덕적 하자는 관용하는 경향을 보였다. 반면 신진기예(新進氣銳)한 사림파들이 포진한 대간은 고관들의 도덕적 흠결을 결정적인 것으로 보아 타협하려 하지 않았다. 이에 훈구대신들은 신진 관료들을 '경박한' 습성을 가진 것으로 못마땅하게 생각했고, 사림파 관료들은 노성한 대신들을 '사람 같지 않은(不人)35)' 것과 같은 인신공격적인 용어도 서슴없이 사용하면서 배척하였는데, 조선조를 개국한 사대부 세력의 일차적 균열이라 할 수 있을 것이다.

이러한 상황에서는 국왕이 대간의 편에 서면 대신들은 의견 내기를 주저하게 되고, 정책은 당위적 논의에 따라 현실을 감안하지 못하는 경우가 생겼다. 또한 대신과 공신의 의견에 무게를 두면 대체로 기득권 계층에 유리한 결정들이 이루어지는 경향이 나타났다. 실제로, 성종은 훈구대신들의 권력을 견제하기 위해 대간의 기능을 강화시켰는데, 성종과 같은 현명한 국왕이 재위했을 때는, 대신의 권한을 견제하면서도 실무 경험이 원숙한 대신들의 견해를 반영하는

---

35)『燕山君日記』, 3년 1월 25일(丁卯).

경우가 많았다. 그러나 연산군이 즉위하자 바로 사림파의 훈구대신 공격은 절정에 이르렀고, 대간을 위시한 신진사림들의 도덕적 결벽증은 군주와 왕실의 도덕적 흠결에 대해서도 공공연히 비판적 입장을 표현하였다. 예를 들면, 무오사화의 주 피해자인 김일손이 "세조가 며느리인 권귀인(權貴人)을 침소로 불렀는데, 권귀인이 거절했다." "영응대군(永膺大君)의 부인이 절에 가서 불공을 드린 후, 승학조(學祖)와 간통했다."와 같은 풍문을 '사초(史草)'에 기록한 것 등은 이러한 경향이 구체적으로 드러난 것이라 할 수 있다.

조선조의 문반직 최고위급 관료들은 특정의 실무 분야를 관장하면서, 동시에 시사(視事)와 경연(經筵)에서 정무직 활동을 하면서 국가의 중요정책결정에 참여했다. 또한 관장하는 실무가 없으면서 품계가 높은 영중추부사와 같은 직위나 충훈부의 당상(堂上), 전직 대신들도 국왕이 필요하다고 인정하는 경우에는 국가의 중요정책결정에 참여할 수 있었고, 그 빈도도 국왕에 따라서는 매우 높았다. 그리고 소위 청요직(淸要職)이라 불리는 홍문관, 승정원, 사헌부, 사간원의 관료들처럼 품계가 낮아도 '정무활동' 자체가 직무인 관서도 있었다. 대체로 청요직을 거치지 않고는 대신의 반열에 오르기 어려웠던 것이 조선조의 관직운영방법이었다. 더구나 정무활동인 정책결정과정에서는 품계에 따른 엄격한 위계질서는 무시되었으며, 4~5품의 대간이 1품 정승을 논박하는 경우도 다반사였다. 더구나 학문적 능력과 식견(識見)이 중시되는 경연의 경우, 학문적 소양이 뛰어난 관료가 직위를 초월하여 큰 활약을 할 수 있었고, 조정의 정론

(政論)을 결정하는 중심에 위치할 수도 있었다.36)

그리고 이들 정책결정에 관여하는 핵심관료들은 거의 전부가 '문과(文科)'를 거친 문관이었다. 국방과 전쟁에 관한 정책도 이들 문관 위주로 결정되었으며, 전쟁의 경우에도 이들 문관이 최고사령관이 되었다.37) 문과는 시부(詩賦)를 포함하긴 하지만, 유교 경전에 관한 것이 중심이었고, 정치와 행정의 영역에서 국가의 공공성과 실용성을 강조하던 훈구유학에서 가족적 질서의 강조와 도덕적 윤리 확립을 강조하는 사림유학으로 변화하면서, 정치적 문제의 성격이 바뀌기도 했다. 특히 '산림(山林)'과 같은 존재의 등장은 조선 정치의 주자학화와 관료의 이데올로기적 성격을 강화했으며, 사상적 대립을 격화시켰다.

이러한 사상적 흐름은 학자관료의 기득권을 지탱할 수 있는 주자학적 사회를 '바른 사회'로 생각하고 서구의 근대화된 사회를 '사악한 사회'로 규정하는 '닫힌 관념'을 형성했고, 왕조의 명운을 개척해 나갈 수 있는 현실감각에 기초한 '정책'을 구상할 수 없게 했던

---

36) 중종조의 정암(靜庵) 조광조(趙光祖)의 경우 홍문관(弘文館) 부제학(副提學, 정3품)으로 경연참찬관(經筵參贊官)을 겸대할 때, 이미 정론(政論)을 이끌고 있었다.

37) 조선초기, 육진을 개척한 김종서(金宗瑞)와 성종조에 여진정벌을 담당했던 허종(許琮)도 모두 문관이었다. 임진왜란의 총 지휘자였던 유성룡(柳成龍), 이원익(李元翼) 등도 모두 문관 출신이었다. 다만, 세종과 같은 초기의 영명한 군주들은 무관들에게도 기회를 주고 중용했으니, 사군(四郡)을 개척한 최윤덕(崔潤德)은 무관으로 좌의정에 올랐던 예외적 사례다.

것이다.

　즉 조선조는 유교적 정치사상을 배경으로 당시로서는 수준 높은 절차적 합리성을 구현하였지만, 강력한 이데올로기에 의해 만들어진 정책결정 참여자들의 경직된 사고방식은 국가사회가 당면한 현실 문제를 적실하게 인식하고 정책의제화하는 것을 방해하였다고 평가할 수 있다.

V. 정책의 결정, 전파, 시행

　정책의제의 제기와 채택을 거쳐 수의(收議)와 토론의 과정을 거치면 국왕이 재결을 한다. 정책의 내용이 결정되면 국왕은 이를 따르거나(從之), 허락하는데(允之), 구체적으로는 '전교(傳敎)'의 형식으로 나타난다. 수의와 토론의 과정에서는 당상(堂上) 대신들의 역할이 무엇보다 중요하고, 당하 청요직에 있는 관료들의 역할은 상대적으로 제한된다. 다만 정책에 관한 비판의 길은 열려 있었다. 조선조의 대신들은 정무직 관료로서의 역할과 집행부서의 장으로서의 역할이라는 이중적 지위를 갖는 경우가 많았다. 즉 각 부의 판서는 구체적 정무논의에 참여할 수 있지만, 전교를 집행할 이조의 실무적 수장이기도 하였다.

　산출되는 정책은 국가사무의 전 영역에 걸쳐 있는데, 단순한 실무적 사안의 재결이 아닌 새로운 법의 제정이나 구법 개정의 경우에는 의정부의 역할이 중요하였다.

　태종 14년(1414) 10월 병신(丙申)일에 "새로운 법을 만드는 일은 반드시 의정부의 의의(擬議)를 거쳐 수판(受判) 시행할 것[38]"을 의정부가 건의하여 받아들여졌다. 이후로 각사의 입법에 관계되는 일은 반드시 의정부의 의의(擬議)를 거쳐야 하는 것이 『경국대전』에 정식화했다.[39]

　즉 해당 관사에서 입법이 발의되고 발의된 입법은 의정부의 의의를 거쳐 국왕의 재결을 거친 다음 사헌부와 사간원의 서경을 경유하여 예조가 공포하는 과정으로 정식화되었던 것이다. 이로써 보면, 입법과 법의 개정에 관한 것이 대신들의 중요한 직무였음을 알 수 있고, 조선초기의 의정부가 다루었던 업무는 형정(노비), 인사, 군사, 부역, 축성, 진제, 시무조진, 교육, 과거, 풍속, 입법, 의례, 사행, 통교, 경제, 국도운영, 불사 등에 걸쳐 있었고,[40] 이는 의정부가 국정 전반에 관한 정책결정에 참여하고 있음을 보여주는 것이다.

　『경국대전』에 이러한 과정이 규정되어 있었음에도 불구하고, 여러 가지 사정으로 입법의 과정이 그렇게 분명하지 않았기 때문에 의정부의 입법과 법사의 규찰, 육조의 집행이라는 기본원칙은 이후에도 계속 강조되었다.[41]

---

38) 『太宗實錄』 14년 10월 丙申. "議政府請 凡立新法 必報本府擬議 受判施行 從之……今後各司立法之事 必報政府……擬議受判施行"
39) 『經國大典』, 禮典, 依牒.
40) 韓忠熙, 앞의 논문, 123쪽.
41) 趙光祖, 『靜庵集』 권4, 經筵陳啓, <大司憲時啓> 2. "법의 변경과 개

그런데『경국대전』에 규정된 조문의 형식과 내용은 오늘날의 법률이 규정하는 방식과 규정내용의 성격에 비추어볼 때 다른 것이 많았다. 관료들의 '재량권'이 상당한 범위로 인정되었던 관계로 정책집행의 일관성이 유지되지 않는 경우도 있었으니, 전임자의 결정을 후임자가 인정하지 않는 사례도 나타난다.[42]

중앙조정의 정령이 지방관아에 하달되면, 지방관아는 하부기관에 '첩(帖)'이나 '전령(傳令)'을 발하고, 실무적 집행은 관아의 하급 행정직원이라 할 수 있는 아전(衙前)들이 담당했다. 이러한 집행과정에 대해, 일반 사족이나 백성, 심지어 노비에 이르기까지 '의견'을 피력할 수 있는 수단은 있었는데, '단자(單子)'나 '품목(稟目)', '상서(上書)', '서목(書目)', '첩정(牒呈)', '소지(所志)' 등[43] 다양한 형식의 피드백(feedback)이 가능했다.

유교 정치사상은 가르치거나 알려주지 않고 법이나 형벌로써 백성을 옭아매는 것은 '가혹한 정치(苛政)'라는 인식을 갖고 있다. 따라서 조선조는 결정된 정책의 내용을 일반 백성에게 널리 알리기 위한 제도를 갖고 있었다. 정책이 결정되면 전교의 형식으로 표현되

정은 삼공육경(三公六卿)의 할 바이고, 법사는 다만 규찰할 따름이다. 이조는 이조의 법을 집행하고, 형조는 형조의 법을 집행하는 것이 옳다.(法之變改　三公六卿之所爲也　若法司則只爲糾察而已　吏曹行李朝之法　刑曹行刑曹之法)"

42) 朴丙鍊, "朝鮮後期 書院의 特性과 行政官廳", 한국학중앙연구원 편,『龍山書院』, 2005, 196~197쪽 참조할 것.

43) 한국학중앙연구원(한국정신문화연구원) 편,『古文書集成』 50(1), 49, 196, 74, 408, 391, 830쪽 참조할 것.

고, 전교는 '조보(朝報)'에 실려 전국의 관청과 향교를 통해 전파되게 했다. 조보는 대개 파발마를 통해 해당관청이나 지방관청에 전달되는데, 하급관청이나 향교에서는 다시 등사하여 각 면이나 서원에 전달하는 체계를 갖고 있었다. 이러한 체계를 통하여 정책결정의 내용이 비교적 빠르게 전파될 수 있었던 것이다.

결정된 정책은 내용에 따라 각 해당부서에 내려져서 시행하게 되고, 특정 지방에 해당되는 것은 지방의 관찰사에게 내려져서 관할 부, 목, 군, 현으로 전달되고 해당 지방행정기관은 아전, 군교, 향청 등의 말단 집행기구를 동원하여 집행하였다. 정책이 정당하게 잘 집행되고 있는지를 감시 통제하는 업무는 일차적으로 관찰사의 업무였으며, 그 외 특수한 경우에는 사헌부의 감찰(行臺)이나 어사(御史)를 파견하여 조사 보고하게 하였다.

VI. 맺음말 – 조선조 정책과정의 독창성이 갖는 현대적 함의

조선조의 관료체제는 '유교적' 정치와 행정을 현실화하려는 정치행정체제의 핵심적 도구였다. 특히 당시의 세계사적 지평에서 조선조의 행정이 매우 발달되고 진보된 것임을 알 수 있는 것은 국정운영과 행정의 '객관성'과 '예측성'을 어느 정도 확보할 수 있게 하는 준거규범인 『經國大典』을 갖고 있었다는 점이다. 『경국대전』이 "이조봉건국가의 경제제도를 반영하여 봉건통치계급의 계급독재를 실현하는 무기[44])” “‘예치주의(禮治主義)’라는 이상을 표방하면서도 ‘법’이라는 수단을 중시하지 않을 수 없었던 어용통치이데올로기로서의 조선초기 유교·유학의 현실인식을 반영한 것[45])”이라는 성격규정도 있지만, 동양적 관료체제의 설계와 운영을 규정한 것으로서 당시로서는 ‘역사적 진보’를 담아낸 것임은 누구도 부정하기 어렵다.

유교적 ‘덕치(德治)’와 ‘예치(禮治)’를 표방하면서도 ‘법치’의 형식을 빌려온 것은, ‘주유종법(主儒從法)’이라는 유교가 현실정치와 교섭하는 속에서 파생된 통치원리를 반영한 것이었다. 그러나 이때의 ‘법’은 현대적 법치와는 개념과 운용에 있어서 차이가 있는 것으로 일종의 ‘국가 및 관료체제의 설계와 운영의 원칙’을 규정하고 있다는 성격이 강하다.

여기에는 중국적 관료제도의 틀뿐 아니라, 우리나라의 역사과정 속에서 형성된 인습 같은 것도 일정 부분 반영하였다.

이 『경국대전』 체제에서, 정책과정에 관련하여 생각해 볼 수 있는 것은 여러 가지가 있을 수 있지만 중요한 몇 가지를 들면, 첫째로 행정관청의 의사결정과정을 계선기능과 참모기능의 혼합을 통한 특수한 결정체제를 갖고 있다는 것이다. 이것은 현대 한국행정이 문제의 제안과 해결방안의 출발점을 대개 ‘기안자(起案者)’인 사무관 이하에게 맡기는 품의제‘(稟議制)’ 형태를 취하는 것과 달리, 판서,

---

44) 윤국일, 『經國大典研究』, “머리말”, 평양, 과학백과사전출판사, 1986; (재출판)서울, 신서원, 1986.

45) 조우영, “예와 법의 정치사상 – 경국대전 – ”, 한국·동양정치사상사학회 편, 『한국정치사상사』, 서울, 백산서당, 2005, 279쪽.

참판, 참의와 정, 좌랑이 합석하여 의논하고 합의한 후, 동시에 서결(署決)하는 형태를 취했다. 물론, 현대의 행정에서도 중요한 현안인 경우는 실, 국장 회의를 통해 방향을 정하고 해당 국과에서 기안을 하기도 하지만, 제한적인 것과는 차이가 있다.

둘째, 정책결정에 있어서 '공론'과정이 공개적이고, 즉각적이었다는 것이다. 중요현안이 대신들 중심으로 결정된 경우에도, 바로 대간들에 의해 문제점이 지적되고(반드시 정당한 지적이 아닐 경우도 많지만), 이에 따른 성찰과 재반론이 이루어지면서 즉시 국왕에 의해서 수정된 결정이 이루어질 수 있었다. 더구나 그 문제점에 대한 지적은 매우 자유스러웠고, 문제점을 지적하는 것 자체를 직무로 규정하는 '독특한' 제도 운영을 하였다. 더구나 문제점 지적을 특정의 관사(官司)만이 아니라, 관료라면 거의 누구나 혼자서 또는 여러 사람이 의견을 모아 의견을 투입할 수 있었다. 물론 이러한 구조가 조선후기, 관료들의 이념지향성과 편당성(偏黨性)이 강해지면서 극단적인 당쟁으로까지 비화되었지만, 관료제적 설계 자체에 책임을 돌리기는 어려운 것으로, 당시로서는 세계사에서도 유례를 찾기 어려웠다. 이것은 오늘날, 정책실패가 많은 경우 정책의 출발점에서 공개된 검토와 토론·비판이 결여된 것으로부터 나오고 있다는 점에서 볼 때, 참고할 만한 점이라 하겠다.

셋째, 경연제도와 같은 정책의 방향과 내용에 대한 보다 자유스럽고 심화된 검토를 할 수 있는 제도가 있었다는 점이다. '시사(視事)'가 아무래도 규격화된 논의를 할 수밖에 없었다면, 경연은 다분히 자유스러운 의견교환이 가능하였다. 더구나 전문적인 문제인 경우는 '특진관(特進官)' 제도를 활용하여, 해당 분야의 경험자나 전문가의 의견을 들을 수 있는 장점도 갖고 있었다. 현대에서도, 공식적인 국무회의를 떠나서도, 대통령이 비서진 위주의 비공식적 의견교환을 할 것이 아니라, 주 1회 정도라도 관련 장, 차관과 해당문제 관련 비서관 회의를 열어 '지시일변도'가 아닌 보다 자유스런 논의의 장을 갖는 것은 장차관의 업무파악을 독려할 뿐 아니라 해당 장차관의 능력을 살필 수 있는 좋은 기회가 될 것이다.

넷째, 조선조는 '인재의 풀'을 적극적으로 활용하였는데, 이미 대신의 자리를 거쳐 간 사람들의 의견을 수렴하는 데 인색하지 않았다. 국가의 중대한 일이나, 널리 의견을 수람해야 할 필요성이 있는 문제의 경우 '증경대신(曾經大臣)'들의 의견도 수렴하는 일이 매우 많았다. 오늘날은 한번 장관이나 국무총리를 거치고 나면, 자신이 겪은 국정경험이나 외교경험을 활용할 기회는 거의 차단된다. 물러나서 방관자의 입장에서 볼 때, 일의 맥락이 더욱 잘 파악되는 경우가 허다할 것인데 이런 경험이 활용될 기회가 거의 없는 것으로 보인다. 만약, 고위직을 거친 많은 사람들을 전부 활용하기가 어렵다면, 그룹별로 분야별로 '풀(pool)'을 만들어 놓고 수시로 의견을 수렴하는 것도 하나의 방안이 될 수 있을 것이다.

끝으로, 조선조 사관제(史官制)의 장점을 살려, 국정의 중요논의 과정을 완전한 기록으로 남기는 제도를 확실히 해둘 필요가 있다. 아첨배(阿諂輩)나 무능한 사람을 고위직으로 임용하지 않는다는 자신감 있는 정부라면, 토론과정을 기록으로 남기는 것이 부담스러울 것이 없을 것이기 때문이다.

이 외에도, 조선조의 정책과정에서 한번쯤 깊이 생각해 보아야 할 점은 도처에 있다. 우리는 일제를 거치면서, 전통적인 제도와 그 운영의 문제를 검토하고 성찰할 기회를 갖지 못하고서 모두 폐기처분하는 방식으로 거의 완전한 단절이 이루어졌다. 현재의 관료체제의 구조와 운영은 일제시대 운영방식의 잔재와 서구식 제도의 '뒤섞임'이 그 본질이라 해도 과언이 아니다.

조선조의 『경국대전』이 그래도 '민본'을 겨냥하여 70여 년의 숙고과정을 거쳐 성립한 것이었던 반면에, 오늘날은 정권만 바뀌면 행정개혁이라는 이름으로 '정부조직도(政府組織圖) 바꾸기'를 하면서 '자기 사람심기'를 도모하는데, 국가의 백년대계를 설계하기 위해서는 적어도 정권차원을 뛰어넘는 '숙고'가 이루어져야 할 필요성이 있음을 함께 인식하는 것이 필요하다. 그리고 그러한 '숙고'의 과정에는 필수적으로 전 시대의 '고뇌와 창의'를 깊이 이해하고 슬기롭게 계승하는 작업이 포함되어야 할 것이다.

朝鮮初期 國政運營體制와 國政運營

한충희*

1. 序 言

조선초기 정치의 주체세력은 왕을 정점으로 하고 議政府·六曹·承政院·三司 등과 그에 속하는 관료군이었다. 국정의 진행을 보면 대개 議政府署事制가 실시될 때에는 의정부가 국정을 주도하면서 육조는 미약하였고, 六曹直啓制가 실시될 때에는 육조가 국정을 주도하면서 의정부는 약화되었다. 그런가 하면 端宗代에는 의정

---

* 계명대 교수
** 이 글은 『朝鮮史研究 14집(2005. 10)』에 게재된 논문을 전재한 것이다.

부가 중심이 된 국정이 영위되게 되었지만 幼年의 단종 보필과 관련되어 의정부가 극대화되면서 국정을 천단하였다. 또 세조 14~성종 7년에는 육조가 중심이 된 국정이 영위되도록 되었지만 世祖의 질병·睿宗의 조서·成宗의 유년즉위 등과 관련되어 세조 초 이래로 의정을 역임한 원로대신이 院相이 되어 국정운영을 주도하였다.

그러면 조선초기의 국정운영체제와 국정운영의 실상은 어떠하였겠는가? 지금까지 '조선초기 국정운영체제와 국정운영'을 주제로 한 연구는 없었다. 그렇기는 하나 議政府,[1] 六曹,[2] 義興三軍府,[3] 院相,[4] 六曹屬衙門의 行政體系,[5] 權力構造[6] 등[7]을 주제로 한 연구와 관련되어 국정운영체계의 정비, 시기별 국정운영 등이 규명되었다. 그리하여 현재에는 '조선초기 국정운영체제와 국정운영'을 주제로 한 연구가 없음에도 불구하고 국정운영체제의 정비는 물론 그

---

1) 韓忠熙, 1980, 1981, 「朝鮮初期 議政府研究」 상, 하, 『韓國史研究』31, 32.

2) 한충희, 1998, 『朝鮮初期 六曹와 統治體系』, 啓明大學校 出版部.

3) 한충희, 1994, 「朝鮮初(太祖 2年~太宗 1年) 義興三軍府研究」, 『啓明史學』5.

4) 金甲周, 1973, 「院相制의 成立과 機能」, 『東國史學』12.

5) 한충희, 1983, 「朝鮮初期 六曹屬衙門의 行政體系에 대하여」, 『韓國學論集』10.

6) 한충희, 1991, 「朝鮮前期 權力構造研究」, 『國史館論叢』30.

7) 南智大, 1993, 「朝鮮初期 中央政治制度研究」, 서울대학교 대학원 박사학위논문, 鄭杜熙, 1989, 「朝鮮建國初 統治體制의 成立過程과 그 歷史的意義」, 『韓國史研究』67, 崔承熙, 1976, 『朝鮮初期 言官·言論研究』, 서울대학교 출판부, 2002, 『朝鮮初期 政治史研究』, 知識産業社.

운영상에 대한 개략적인 이해가 가능하다.

그러나 지금까지에 걸친 연구를 보면 국정운영체계의 정비, 국정운영실제가 개별적으로 규명되었을 뿐 체계·유기적으로 정리되지 않았고, 또 국정운영체제 때에 수행된 중요정사가 연관되면서 검토되지 않았다. 이에 따라 본고에서는 지금까지에 걸친 국정운영체계, 국정운영을 다룬 연구성과를 참고하고, 『조선왕조실록』의 국정운영체계·국정운영관계 사료를 검토하면서 태조 1년으로부터 성종 25년까지에 걸친 '국정운영체제와 국정운영'을 체계적으로 고찰하고자 한다.

먼저 국정운영체제의 정비과정을 議政府署事制·六曹職啓制의 실시 시기와 관련하여 '王-都評議使司·義興三軍府-六曹·百司', '王-議政府-六曹-六曹屬衙門', '王-六曹-六曹屬衙門'으로 구분하여 살펴본다. 이어 이들 국정운영체제하에서 영위된 국정운영의 실제를 위의 국정운영체제와 관련하여 '태조~정종 1년', '정종 2년~태종 13년', '태종 14년~세종 17년', '세종 18년~단종', '세조~성종 25년'으로 구분하고 그 각각을 의정부·육조가 국정을 수행한 受命·啓聞·擬議活動을[8] 비교하면서 살펴본다.

---

[8] 수명활동은 왕의 명을 받아 직접으로 집행하거나 육조속아문 등에 지시하여 수행한 활동이고, 계문활동은 법제적으로 규정된 정사를 직접으로나 육조 등(의정부)·육조속아문 등(육조)이 보고한 정사에 의거하는 상계·상소하는 활동이며, 의의는 국왕의 지시에 따라 국왕이 부의하거나 육조 등(의정부)·육조속아문 등(육조)이 상계·상소한 정사를 단독으로나 의정부·육조가 공동으로 논의하는 활동이다(한충희, 「조선초기 의정부연구」상, 112쪽).

이러한 연구를 통하여 조선초기 국정운영체제의 정비과정과 국정
운영체제의 운영상이 체계적이면서도 깊이 있게 규명되고, 조선초기
의 왕권과 관아기능 및 국정운영체제가 정치에 끼친 영향 등을 천
착하는 한 토대가 될 것으로 생각한다.

2. 國政運營體制의 整備

1) 王 - 都評議使司 - 六曹, 百司 등

조선은 개국과 함께 고려 말의 국정운영체제를 계승하여 都評議
使司가 왕을 받들고 六曹·百司를 지휘하면서 국정을 운영하는
'王 - 都評議使司 - 六曹·百司, 道'의 국정운영체제가 성립되었다.

태조 1년에 '王 - 都評議使司 - 六曹 등' 체제가 성립된 것은 「태
조즉위교서」에 "儀章法制는 한결같이 고려의 그것을 계승한다."[9]고
하였음에서 고려 말의 그것이 계승되면서였다고 하겠다. 그렇기는
하나 태조 3년에 趙浚·鄭道傳·南誾 등의 政權과 兵權 兼掌을
두고 殿中卿 卞仲良이 兵曹正郎 李薈와 주고받은 내용을 가지고
宜安大君 李和(태조 제)에게

---

9) 『태조실록』 권1, 1년 7월 정미.

　　"자고로 정권과 병권은 한 사람이 겸해서는 안 되는 것입니다. 병
　권은 종친이 관장하고 정권은 재상이 관장해야 되는 것입니다. 지금
　趙浚, 鄭道傳, 南誾 등은 이미 병권을 관장하고 있는데 다시 정권을
　관장하는 것은 실로 옳지 못합니다."10)

라고 말함으로써, 大臣의 병권 겸장에 대한 문제가 제기되었다. 이
때의 정·병권 분리 제기는 당연한 일이었지만 태조는 오히려 "이
몇 사람은 모두 내가 가장 믿는 신하이고 처음부터 끝까지 한마음
으로 나를 섬겨온 자다. 만일 이들을 의심한다면 누구를 믿을 수 있
겠는가?"11)라고 하면서 卞仲良을 수금하고 국문하게 하였다. 이것
은 결국 개국 초의 왕권과 민심이 안정되지 못한 상황에서 연유된
것이고 태조는 이들 훈신에게 정권과 병권을 맡김으로써 안주할 수
있었음을 보이는 것이라고 하겠다.

　또 태조 대에는 수십 명의 재상으로 구성된 都評議使司가 왕권
을 위축시키면서 국정에 큰 영향력을 끼쳤고, 동시에 정무의 번잡과
관기의 문란을 초래하였기에 태조 7년 4월에 諫官 朴信 등이 상소
하여

　　"고려 말에 벼슬이 濫授되면서 門下府와 中樞院의 재상수가 70명
　의 다수가 되었습니다. 전하께서 즉위한 후 그 수를 크게 줄였습니다.
　그러나 10년이 지나지 않아 그 수가 56명이 되었습니다. 원하건대 商

---

10) 『태조실록』 권6, 3년 11월 경자.
11) 『태조실록』 권6, 3년 11월 경자.

議職과 添設職을 없애소서."12)

라고 하면서 宰相의 감원을 주장하였고, 이를 계기로 商議 10·漢城
尹 1·藝文春秋館 大學士와 學士 각 2원이 감원되면서13) 40여 명
으로 축소되었다. 다시 2년 뒤에 門下府가 고려의 제도에 따라 商議
職 모두와 漢城府判事의 혁거를 청하였지만, "지금은 초창기인 만큼
시행할 수 없다"14)는 이유로 실행되지 못하였다. 그런데 이때는 태조
대와는 달리 태조 7년 8월과 정종 2년 1월의 양차에 걸친 왕자의 난
을 계기로 하여 靖安君이 정치·군사를 총관하면서 정종의 왕권을
뒷받침하였음에도 불구하고 여전히 실행되지 못하였다.

이를 볼 때 태조 1년에 '王－都評議使司－六曹 등' 체제가 성립
하게 된 것은 고려 말의 제도가 계승되기도 하였지만, 왕조 개창
초의 혼란을 방지하고 원만한 국정운영의 수행을 위한 공신·재상
중심의 정치가 불가피함에서 기인되었다고 하겠다.

2) 王－議政府－六曹－六曹屬衙門

정종 2년 4월에 당시까지 정치·군사를 주도하였던 도평의사사가
議政府로 개편됨에 따라 '王－都評議使司－六曹 등' 체제가 '王－

---

12) 『태조실록』 권13, 7년 4월 기묘.
13) 『태조실록』 권14, 7년 5월 정묘.
14) 『정종실록』 권4, 2년 4월 신축.

議政府-六曹 등' 체제로 전환되었다. 그 후 태종 14년에 六曹直啓制의 실시에[15] 따라 六曹 중심의 국정운영(王-六曹-六曹屬衙門, 道)체제로 전화되었다가 세종 18년에 議政府署事制의 실시에[16] 따라 다시 '王-議政府-六曹, 道 등' 체제로 복구되었으며, 세조 1년 '王-六曹-六曹屬衙門 등' 체제로 전환되기까지 운영되었다.

정종 2년~태종 13년에 '王-議政府-六曹 등' 체제가 성립하게 된 것은 도평의사사가 의정부로 개편되면서부터였다. 태조의 5남인 靖安君 李芳遠은 태조 7년에 정변을 일으켜 집권하고 이어 차기 왕위계승자로서 정종 대의 정치·군사를 주도함과 동시에 왕권강화와 정치안정·중앙집권을 위한 도평의사사의 약화와 병권의 집중을 도모하였다. 정안군은 집권과정에서 鄭道傳을 비롯한 開國功臣의 일부를 제거하였지만 정도전이 주장한 재상 중심의 정치와 병권집중책을 계승하여 실시하였다. 이 과정에서 정종 1년 11월에는 宗親·勳臣의 典兵을 크게 축소하였고,[17] 다시 정종 2년 4월에는 兼大司憲 權近 등이

"원컨대, 지금으로부터 수도에 머물러 있는 各道의 節制使를 모두 없애고 수도와 지방의 군사는 모두 三軍府에 소속시켜 국가의 군사

---

15)『태종실록』권27, 14년 4월 경신.
16)『세종실록』권72, 18년 4월 무신.
17)『정종실록』권2, 1년 11월 정묘. 이때 靖安公·益安公·懷安公·李佇·李居易·趙英武·趙溫·李天祐만이 전병에 참여하였고, 나머지는 모두 전병이 혁파되었다.

로 삼으소서. 그렇게 한다면 조정의 체통이 서고 국기가 안정되고 민심이 안정될 것입니다. 大殿과 世子殿을 숙위하는 군사를 제외한 개인을 숙직하는 군사는 모두 금지하소서."18)

라고 한 상소를 계기로 일체의 私兵을 혁파하고 내외의 군사를 義興三軍府에 집중함으로써 병권을 일원화하였다. 그리고 같은 날에 臺省에서

"원컨대, 지금으로부터 中樞院을 폐지하고 三軍府를 녹관으로 삼고, 문반 재상으로 군사를 지휘하기에 합당한 사람은 兼節制使에 제수하소서. 그 녹관은 중추원의 예에 따라 知三軍·同知三軍·僉書學士 각 1인을 두고, 그들은 문관이거나 무관이거나를 물론하고 지략이 있고 일을 판단할 수 있는 인물로 제수하여 都評議使司職을 겸하고 合坐하여 軍國重事를 토의하게 하소서. 무릇 군사가 있으면 도평의사사로 하여금 왕에게 보고하고 승인을 받아 삼군부에 공문을 보내어 처리하게 하면 재상이 명령을 내려서 국정을 처리하는 법에 합치될 것입니다."19)

라고 올린 交章도 관련되어 門下侍郎贊成事 河崙에게 관제 개정의 명이 내려졌다. 그에 따라 하륜 등이

"都評議使司를 議政府로 고치고, 中樞院을 三軍府로 고친다. 삼군

---

18) 『정종실록』 권4, 정종 2년 4월 신축.
19) 동상조.

부를 관장하는 자는 三軍府事에 전임하고 의정부에 참여하지 못한다. (하략)"20)

라고 올린 상소에 따라 의정부가 성립되었다. 그리고 이 개혁으로 법제적인 면에서 議政府와 三軍府의 기능 및 직제가 완전히 분리되어 의정부는 정치를 총관하고 삼군부는 군정을 총관하게 되었다. 그러나 삼군부는 태조 때와는 달리 의정부와 병립되는 기능을 발휘하지 못하였다.21) 여기에서 국정운영은 '王-議政府-六曹 등' 체제로 운영되게 되었다.

세종 18년에 '王-議政府-六曹 등' 체제가 복구되게 된 것은 태종 14년에 議政府署事制가 폐지되고 실시된 六曹直啓制가 다시 의정부서사제로 전환되면서부터였다.22) 이때 의정부서사제를 실시하게 된 것은 외형적으로는 세종이 의정부서사제를 부활시키면서 내린 전교에

---

20) 동상조.

21) 태조 대는 태조와 강비의 신임을 받으면서 정치를 주도하였던 鄭道傳 (장관인 判事)·南誾(節制使) 등에 의하여 장악되면서 도평의사사의 간섭을 배제하고 도평의사사와 양립하면서 군령·군정 기능을 전장하였다. 정종 대에도 정안군의 심복인 河崙·李茂(판사) 등에 의하여 장악되면서 군정을 총관하기는 하나, 정안군 중심의 정치·군사 운영으로 이전에 비해 그 기능이 약화되었다(한충희, 1994, 「朝鮮初(태조 2년~태종 1년) 義興三軍府研究」, 『啓明史學』5, 15~26쪽).

22) 『세종실록』권72, 18년 4월 무신.

"지금부터 태조의 成憲에 의거하여 육조는 각각 그 職事를 모두 먼저 의정부에 보고하고, 의정부는 이를 헤아려 가부를 결정한 후 啓聞하고 王늴를 받아 다시 육조에 내려 시행하라. 오직 이·병조의 除授, 병조의 用軍, 형조의 死囚 외의 刑決은 계속해서 그 조가 直啓하여 시행하되 그것도 즉시 의정부에 보고하며, 그중에 합당하지 못한 것이 있으면 의정부는 이를 살피고 논박한 후 다시 啓聞하여 시행하라. 이렇게 하면 거의 옛날에 재상이 국정을 전담한 뜻에 부합할 것이다."23)

라고 하였음에서 재상 중심의 정치도모가 그 배경이 된 것으로 보인다.

그러나 태종 14년에 육조직계제가 실시되면서 태종이 도모하였던 의정부 권한의 큰 폐단이 시정되기는 하나 국왕에게 정무가 폭주하여 국왕의 신체가 피로하게 되었으며, 권력이 육조에 나뉘어져 통일성이 결여되고 정무를 적시에 보고하지 못하여 정사가 많이 막히고 지체되는 폐단을 야기하게 되었다.24) 또 세종은 신병으로 의정부의 정무협조가 절실히 필요하였다.25) 즉 세종은 학문과 정사에 전념함으로써 文運의 융성과 함께 조선의 전성기를 이룩하였지만 개인적으로는 많은 질병으로 고통을 당하였다. 세종은 이미 少時에 一脚偏痛으로 10여 년간 고생을 하였고, 재위하여서는 운동을 하지 않고 학문에 힘쓰고 폭주하는 정사로 건강을 해치게 되어 背浮腫·

---

23)『세종실록』권72, 18년 4월 무신.
24)『태종실록』권27, 14년 4월 경신.
25) 최승희, 1974,「양반유교정치의 진전」,『한국사』9, 141쪽.

消渴·風疾·淋疾·眼疾 등으로 항시 고통을 겪었다.[26) 그 외에도 당시의 의정부에는 재식과 경륜을 구비한 黃喜·孟思誠·崔潤德·許稠·申槩 등이 있어 세종을 도와 세종전반기의 성세에 크게 기여하였다.[27) 이러한 상황에서 세종은 육조직계로 폭주하는 정사를 계속하여 처리하기는 어렵다고 판단하였을 것이고, 의정부의 기능을 보강하여 정무처결에 도움을 받음으로써 그러한 약점을 보완하고자 했던 것으로 보인다. 바로 이러한 상황에서 六曹直啓制가 議政府署事制로 전환되었다.

이를 볼 때, 정종 2년에 '王－議政府－六曹 등' 체제가 성립되게 된 것은 정권과 병권을 장악한 大臣·宗親·都評議使司의 지나친 권력을 약화하고 왕권을 강화하는 방향에서의 권력기구 개편에 따라 의정부가 성립된 것에서 기인되었다. 세종 18년에 '王－議政府 －六曹 등' 체제가 복구되게 된 것은 세종의 건강이 폭주하는 정사를 감당하기 어려워 재상의 정무협조를 절실히 필요로 하였고 의정부에 세종의 기대에 부응할 만한 인물이 포진한 것 등에서 기인되었다고 하겠다.

3) 王－六曹－六曹屬衙門

태종 14년에 '王－議政府－六曹 등' 체제가 육조 중심의 국정운

---

26) 최승희, 1967, 「集賢殿 研究」 하, 『역사학보』33, 40쪽.
27) 한충희, 위 「조선초기 의정부연구」 하, 95~96쪽.

영체제인 '王-六曹-六曹屬衙門 등' 체제로 전환되었고, 이 체제가 세종 18년에 '王-議政府-六曹 등' 체제로 전환되었다가 세조 1년에 '王-六曹-六曹屬衙門 등' 체제로 복구된 후 후대로 계승되었다.

태종 14년에 '王-六曹-六曹屬衙門 등' 체제가 성립되게 된 것은 의정부서사제가 육조직계제로 전환되면서 있게 되었다. 태종 14년에 육조직계제가 시행되게 된 것은 태종의 왕권강화를 위한 의정부기능의 약화와 육조 중심의 국정운영 도모에서 기인되었다. 태종은 재위 기간을 통해 왕권의 강화를 위해 의정부기능의 약화와 육조 중심의 국정운영을 도모하였으며, 功臣·外戚 제거 및 臺諫을 억압하고 군권의 장악에 유념하였다.

태종은 왕 5년에 六曹를 정3품아문에서 정2품아문으로 승격시키고 尙瑞司의 文·武班 인사권을 吏·兵曹로 귀속시켰으며,[28] 六曹屬司·屬衙門制를 정비하는[29] 등 육조를 정책관아로 정립시킴은 물론 그 직장을 명확히 하였다. 이와 동시에 의정부의 庶務權을 육조에 귀속시키고 육조가 直啓하면서 국정을 분장하는 육조 중심의 국정운영이 제기되었다. 이 정책은 당시는 실현되지 못하였지만 이후 8년, 13년, 14년에 걸쳐 지속적으로 제기되다가[30] 왕 14년에 天

---

28) 『태종실록』 권9, 5년 1월 임자.

29) 『태종실록』 권9, 5년 3월 병신.

30) 『태종실록』 권15, 8년 1월 임자; 권26, 13년 12월 신유; 권27, 14년 4월 경신(그 배경과 내용은 한충희, 위 「조선초기 의정부연구」 상, 126~127쪽 참조).

變이 계기가 되기도 하였지만 태종의 의지에 따라 육조직계제가 실시되면서 실현되었다.[31]

또 태종은 군사권을 강력히 장악하여 왕권의 기반으로 삼았다.[32] 功臣과 戚族을 과감하게 제거하였고,[33] 왕권에 배치되는 臺諫 활동을 억압하였으며,[34] 私田의 1/3을 下三道로 이급하고[35] 奴婢中分法을 실시하는[36] 등 신권을 억압·약화하면서 왕권을 강화하였다. 이 점에서 태종 14년에 실시된 육조직계제는 강화된 왕권을 토대로 육조를 직접으로 지휘하면서 국정을 총관하겠다는 태종의 의도에서 기인되었다고 하겠다.

세조 1년에 '王-議政府-六曹-六曹屬衙門 등' 체제가 '王-六曹-六曹屬衙門 등' 체제로 전환된 것은 세종 18년에 복구된 의정부서사제가 다시 육조직계제로 전환되면서였다. 세조는 즉위와 함께 의정부서사제를 혁파하고 육조직계제를 실시하였다. 이에 앞서 세조 1년 7월에 集賢殿直提學 梁誠之가

---

31) 『태종실록』 권27, 14년 4월 경신(그 실시 과정은 한충희, 위 논문, 128~129쪽 참조).

32) 한충희, 2001, 「朝鮮 太宗王權의 政治的基盤 研究」, 『大丘史學』63, 23~25쪽.

33) 한충희, 위 논문, 124~125쪽.

34) 崔承熙, 2002, 『朝鮮初期 政治史研究』, 知識産業社, 96쪽.

35) 韓永愚, 1969, 「太宗·世宗朝의 對私田施策」, 『韓國史研究』3, 54~71쪽.

36) 李樹健, 1969. 「朝鮮 太宗朝에 있어서의 對奴婢施策」, 『大丘史學』1, 11~48쪽.

　"(전략) 吏曹에 관제를 관장시키고, 戶曹에 전제와 공부를 관장시
키고, 禮曹에 儀注를 관장시키고, 兵曹에 병제와 진법을 관장시키고,
刑曹에 노비와 番上을 관장시키고, 공조에 輿地와 圖籍에 관한 정사
를 관장시키소서. 국가 중대사의 논의는 議政府에 맡기고, 왕명출납
은 承政院에 맡기고, 諫諍과 彈劾은 臺諫에 맡기고, 論思는 經筵官
에 맡기며, 任事는 六曹에 맡기소서."37)

라고 한 상소를 올려 의정부·육조 등의 사무관장 범위와 六曹任
事를 제기하였다. 그러나 세조는 이 상소에 영향을 받았다기보다는
의지에 따라 의정부에 전지를 내려,

　"上王이 幼沖하여 무릇 국정은 모두 大臣에게 맡겨 擬議하여 시행
했다. 이제 내가 천명을 받아 즉위했다. 군국의 서무는 모두 聽斷하
고, 祖宗의 옛 제도를 모두 복구하겠다. 지금으로부터 형조의 사형수
이외에 무릇 모든 서무는 육조가 각각 그 직으로 直啓하라."38)

고 하면서, 형조의 사형수 외의 모든 정사를 육조가 직계하도록 명
하였다. 그리고 육조직계제의 실시를 강력히 반대하는 예조참판 河
緯地에게

　"(세조가 하위지의 관을 벗기라고 하면서 말하기를) 冢宰가 국정을
총관하는 것은 임금이 죽은 제도이다. 너는 나를 죽었다고 생각하느

---

37) 『訥齋集』 권1, 論君道12事.
38) 『세조실록』 권2, 1년 8월 경술.

냐? 아니면 내가 유충하여 서무를 재결할 능력이 없다고 생각하느
냐?"39)

라고 하면서 극형에 처하려고 하다가 좌우의 간청으로 방면은 하였
지만 육조직계제를 강행하였다. 이때 하위지 등 많은 관료들이 반대
를 하였으나,40) 세조의 태도가 너무나 강경하고 세조 초의 무단적
인 분위기에 압도되어 세조의 의사대로 진행될 수밖에 없었다. 또
세조는 전제 왕권을 배경으로 정치를 천단하면서 『경국대전』의 편
찬, 五衛都摠府制와 鎭管體制의 확립,41) 保法의 시행,42) 職田制와
計出制入制의 실시,43) 集賢殿·經筵 폐지,44) 臺諫 탄압45) 등의 성
과를 이루었다. 이 점에서 세조 1년에 실시된 육조직계제는 비대해
진 의정부의 기능을 약화시키고 국왕 중심의 정치를 도모하려는 세
조의 의지에서 기인되었다고 하겠다.

이상에서 태종 14년과 세조 1년에 '王－六曹－六曹屬衙門 등' 체

---

39) 『세조실록』 권2, 1년 8월 임자.

40) 『세조실록』 권2, 1년 8월 임자. 하위지 외에 병조의 판서 李季甸·참
판 洪達孫·참의 李禮長, 호조판서 李仁孫·참판 權自愼, 형조판서
權蹲·참의 尹士昀, 이조참의 魚孝瞻, 공조참의 朴崝이 있었다.

41) 千寬宇, 1979, 「朝鮮初期 五衛의 形成」, 『近世朝鮮事研究』, 59～76
쪽, 車文燮, 1974, 「조선초기의 군사조직」, 『한국사』10, 100～108쪽.

42) 李成茂, 1973, 「15世紀 兩班論」, 『창작과 비평』8－2, 497～499쪽.

43) 韓永愚, 1974, 「왕권의 확립과 제도의 완성」, 『한국사』9, 206～210쪽.

44) 최승희, 위 『조선초기 언관·언론 연구』, 141～142쪽.

45) 최승희, 위 책, 142～147쪽.

제가 실시되게 된 것은 강화된 왕권을 토대로 육조를 직접으로 지휘
하면서 국정을 총관하겠다는 태종과 세조의 의지에서 기인되었다.

3. 王－都評議使司－六曹體制期의 국정운영

1) 太祖 1∼6년

태조 1∼6년의 법제적인 국정운영체제는 '王－都評議使司－六
曹・百司, 道'였다. 실제의 국정운영을 보면 도평의사사가 制度・
經濟・刑政・軍事・册封・赴役・人事 등 모든 분야에 걸쳐 활동
하였으며,[46) 또 도평의사사의 총 활동 수가 166건(수명이 78건, 계
문이 62건, 의의 26건)으로 육조 활동 56건(수명 13, 계문 43, 의의
0)이었듯이 대개의 정사는 이러한 체제하에서 영위되었다.

그러면서도 태조 2년에 義興三軍府가 설치되어 군정을 관장하고
그 장관인 判事 鄭道傳과 節制使 南誾 등이 태조의 신임을 토대로
군정은 물론 정치에도 큰 영향력을 발휘함에 따라 의흥삼군부가 도
평의사사에 양립하는 權府로 대두되었다.[47) 이에 따라 '王－都評議
使司, 義興三軍府－六曹' 체제로 국정이 영위되었다.

---

46) 한충희, 위 「조선초기 의정부연구」 상, 116∼117쪽 「표 9」.
47) 한충희, 위 「조선초(태조 2년∼태종 1년) 의흥삼군부연구」, 15∼23쪽.

〈표 1〉 태조 1년~태종 13년 議政府(태조 1~정종 1은
都評議使司)・六曹 정치활동[48]

		태조								정종			태종(1~13년)					
		1	2	3	4	5	6	7*	계	1	2*	계	1	2	3	4	5	6
수명	의정부	12	19	12	15	5	15	17	95	2	1	3	5	7	9	7	6	3
	육조	1	0	1	4	3	4	3	16	0	1	1	0	4	2	2	2	0
계문	의정부	10	13	23	6	5	5	10	72	3	7	10	13	14	13	17	14	31
	육조	7	6	21	2	5	2	7	50	5	7	12	3	8	9	3	9	15
의의	의정부	4	2	9	4	2	5	9	35	3	2	5	7	22	17	11	17	14
	육조	0	0	0	0	0	0	0	0	0	2	2	0	1	3	0	1	0
합계	의정부	26	34	44	25	12	25	36	202	8	10	18	25	43	39	35	37	48
	육조	8	6	22	6	8	6	10	66	5	10	15	3	13	14	5	12	15

		태종(1~13년)								합계	비고 * 정종 즉위, 태종 즉위년 포함
		7	8	9	10	11	12	13	계		
수명	의정부	5	2	11	12	8	11	7	93	191	
	육조	5	3	2	4	9	2	0	35	52	
계문	의정부	28	28	46	50	50	50	54	408	490	
	육조	14	17	13	12	46	32	28	209	271	
의의	의정부	23	15	26	34	30	31	35	282	322	
	육조	2	5	3	3	7	4	2	31	33	
합계	의정부	56	45	83	96	88	92	96	783	1,003	
	육조	21	25	18	19	62	38	30	275	356	

---

48) 『조선왕조실록』 태조 1년~태종 13년조.

2) 太祖 7년 ~ 定宗 1년

태조 7년에 정안군 이방원 주도하의 정변으로 의흥삼군부의 운영을 주도하던 정도전·남은 등의 살해와 함께 의흥삼군부가 약화되면서 다시 도평의사사가 중심이 된 국정운영, 즉 '王 - 都評議使司 - 六曹' 체제로 복구되었다.[49] 실제의 국정운영도 도평의사사가 經濟·人事·文敎·賑濟·制度 등 모든 국정에 걸쳐 활동하였고,[50] 도평의사사의 총 활동 수가 44건(受命 19·啓門 13·擬議 12)으로 육조의 25건(수명 4·계문 19 ·의의 2)을 압도하였듯이 대개의 정사는 이러한 체제하에서 영위되었다.

그러나 이 시기의 도평의사사 기능은 정안군(정종 2년 1월 이후 세자)이 정종을 추대하고 判尙瑞司事 등으로서 정치·군사를 주도하였으므로[51] 그 이전에 비해 크게 약화되었다.

---

49) 한충희, 위 「조선초기 의정부연구」 상, 118쪽.

50) 한충희, 위 논문, 116~117쪽 「표 9」 태조 7년~정종 1년조.

51) 한충희, 1998, 「潛邸期(1367~1400) 太宗研究」, 『大丘史學』56, 34~38쪽. 이 시기 정안군이 대유한 관직은 다음과 같다.
義興三軍府右軍節制使; 태조 7년 9월~정종 2년 2월, 兼判尙瑞司事; 정종 즉 9~1.2, 江原道東北面都節制使; 정종 1.11~2.2, 都督內外諸軍事; 정종 2.2~2.4, 條例詳定都監判事; 정종 1.10~2.2.

4. 王 - 議政府 - 六曹體制期의 국정운영

1) 定宗 2 ~ 13년

(1) 定宗 2년 ~ 태종 4년

정종 2년에 도평의사사가 의정부로 개편됨에 따라 법제적인 '王－都評議使司－六曹 등' 국정운영체제가 '王－議政府－六曹 등' 체제로 전환되었다. 실제의 국정운영을 보면 의정부는 군사·제도·형정·경제·천도·인사·문교·의례 등 모든 국정에 걸쳐 활발한 활동을 전개하였고,[52] 의정부의 총 활동 수가 142건(수명 28·계문 57·의의 57)으로 육조의 35건(수명 8·계문 23·의의 4)을 압도하였듯이(<표 1>) 대개의 정사는 이러한 체계하에서 영위되었다.

(2) 太宗 5 ~ 13년

태종 5~13년의 국정은 법제적으로는 '王－議政府－六曹 등' 체제로 운영되도록 규정되었다. 실제의 국정운영을 보면 의정부는 刑政·經濟·軍事·儀禮·制度·時務條進·人事·文敎·賑濟·外交 등 모든 국정에 걸쳐 활발한 활동을 전개하였고,[53] 의정부의 총

---

52) 뒤 「별표 1」 정종 2년~태종 4년조.
53) 뒤 「별표 1」 태종 5년~13년조.

활동 수가 641건(수명 65·계문 351·의의 225)으로 육조의 240건(수명 27·계문 185건·의의 27)을 압도하였듯이(<표 1>) 대개의 정사는 이러한 체계하에서 영위되었다.

그러나 이 시기의 육조는 왕 5년에 정2품의 정책아문으로 격상되고 屬司·屬衙門制의 정비와 함께 국정을 명확하게 분장하면서 활발하게 국정에 참여하였다. 또 태종은 지속적으로 왕권의 강화를 도모하고 의정부의 기능을 약화시키기 위하여 의정부가 중심이 된 국정운영체제(의정부서사제)를 육조가 중심이 된 국정운영체제(육조직계제)로 전환시키고자 하였다. 이에 따라 비록 육조가 중심이 된 국정운영체제가 실현되지는 못하였지만 의정부의 기능이 약화되고 육조기능이 크게 강화되면서 육조 중심의 국정운영이 실현되는 토대가 구축되었다.[54]

이상에서 정종 2년~태종 13년의 의정부기능은 정종 대에는 왕권이 미약하고 도평의사사 이래의 정치형태가 연장되면서 의정부가 국정을 주도하였고, 태종 대에는 점진적인 왕권의 강화 및 이와 관련된 육조 지위의 강화·육조 서무의 논의와 함께 의정부가 대소 국정을 주도하기는 하나 육조도 활발하게 국정에 참여하였다. 즉 태종 대에는 육조 서무가 단행되지는 않았지만 의정부가 약화되면서 국왕 중심의 정치, 즉 육조직계제를 실시할 토대가 조성되었다.

---

54) 한충희, 위 「조선초기 의정부연구」 상, 123~128쪽.

2) 世宗 18년 ~ 端宗 3년

(1) 世宗 18년 ~ 文宗 2년

세종 18~문종 2년의 국정은 법제적으로는 '王-議政府-六曹' 체제로 운영되도록 규정되었다. 실제의 국정운영을 보면 의정부는 군사·형정·인사·의례·제도·경제·외교·진제·문교 등 모든 국정에 걸쳐 활동하고 있으며(뒤 <별표 1>), 의정부의 총 활동 수가 1,609건(수명 79, 계문 1,566, 의의 964)이고 육조의 1,684건(수명 640, 계문 890, 의의 154)이었듯이 대개의 정사가 이러한 체계 하에서 영위되었다.

〈표 2〉 세종 18년~단종 2년 의정부·육조 정치활동[55]

		세종															문종	
		18	19	20	21	22	23	24	25	26	27	28	29	30	31	32*	1	2*
수명	의정부	3	4	2	1	0	0	12	4	5	8	3	9	9	4	7	4	4
	육조	19	36	20	55	35	21	32	74	80	43	20	26	34	23	45	52	25
계문	의정부	67	71	126	118	70	56	65	44	76	118	134	81	94	57	108	149	132
	육조	52	52	35	82	35	49	73	89	61	26	23	41	65	28	66	93	20
의의	의정부	52	54	44	52	36	38	44	70	59	29	43	30	56	51	108	102	96
	육조	4	4	3	17	13	9	11	11	14	11	10	2	8	2	13	17	5
합계	의정부	122	129	172	171	106	94	121	118	140	155	180	120	159	112	223	255	232
	육조	75	92	58	154	83	79	116	174	155	80	53	69	107	53	124	162	50

---

55) 『조선왕조실록』 세종 18년~단종 2년조.

		단종		합계	비고 * 문종 즉위년, 단종 즉위년 포함
		1	2		
수 명	의정부	0	0	79	
	육조	42	52	734	
계 문	의정부	132	139	1,837	
	육조	10	13	913	
의 의	의정부	136	73	1,173	
	육조	4	2	160	
합 계	의정부	268	212	3,089	
	육조	56	67	1,807	

　이 시기의 의정부가 중심이 된 국정운영은 세종 18년에 육조직계제가 의정부서사제로 전환되게 된 배경이 세종이 건강의 악화로 의정부대신의 정무협찬을 필요로 하기도 하였지만 의정부대신에 黃喜·崔潤德·盧閈 등 세종이 믿고 정사를 맡길 만한 유능한 인물이 재직하고 있었기 때문이었다.[56] 이 점에서 이 시기의 정사가 의정부가 중심이 된 체제로 운영될 것이 예상되었고, 특히 의정부는 세종의 건강악화와 관련되어

　"육조는 그 소장사무 모두를 먼저 의정부에 보고하고 의정부는 가부를 헤아린 연후에 계문하고 上旨를 취하여 육조에 還下해서 시행

---

56) 한충희, 위 「조선초기 의정부연구」 상, 96쪽. 황희 등의 세종대 의정 재직 기간은 다음과 같다.
황희: 우의정-8년 5월~9년 1월, 좌의정-9.1~9.7·9.7~13.9, 영의정-13.9~31.10, 최윤덕: 우-15.5~17.2, 좌-17.2~18.7, 노한: 우-17.2~19.7.

하게 하였으며, 오직 이·병조의 제수, 병조의 군사, 형조의 사수를
제외한 형결만은 계속해서 직계하여 시행하게 되었다. 그러나 이것도
즉시 의정부에 통보하고 합당하지 못한 것이 있으면 의정부의 審駁에
따라서 更啓한 후 시행하게 하였다."57)

라고 하였음과 같이 육조를 지휘하면서 대소 국정을 주도하였다.

(2) 端宗 즉위~2년

단종이 즉위한 이후에도 세종 18년 이래의 '王–議政府–六曹–
六曹屬衙門'의 국정운영체계가 계속되었다. 그러나 이 시기의 국정
운영은 이전과는 달리 단종이 13세의 유년이었고 정무재결의 능력
이 없음과 관련되어 의정부가 대소 국정을 전담하였다. 즉 의정부는
단종의 위임을 받아 육조의 모든 정사를 보고 받아 啓聞하였고, 大
小人事·大小科罪·特賜를 전장하였으며, 승정원을 통한 제신의
私事 上啓를 금지하면서 국왕의 면대를 독점하였다. 이러한 상황에
서 '黃標政事'58)라든가 "국왕은 손끝하나 움직일 수 없었다"59)라고
하였듯이, 의정부의 기능이 극대화되면서 의정부가 국정을 천단한

---

57)『세종실록』권72, 18년 4월 무신.

58)『단종실록』권2, 즉위년 7월 계사. 議政府堂上 每日詣賓廳 吏兵曹堂
上就議 所除臺省政曹沿邊將帥及守令 必書三人姓名 取其中可用者一
人 付黃標以啓 魯山但筆點之而已 時謂之曰 黃標政事.

59)『세조실록』권2, 1년 8월 임자. 史官李承召曰 (중략) 當魯山之時 倒
持大阿 授諸姦臣 人主不得而搖手 百官不假於承命 頤指氣使 莫敢誰
何 知有政府而不知有君之日久矣.

반면에 국왕은 허수아비로 전락되었다. 이어 단종 1년에 首陽大君이 주도한 癸酉政變이 성공한 뒤에는 이전의 皇甫仁·金宗瑞 등을 대신하여 수양대군의 천단이 계속되었다. 이 점은 의정부가 형정·인사·의례·군사·진제·제도·경제·문교·외교 등 모든 국정에 걸쳐 활동하였고, 의정부의 총 활동 수가 480건(수명 0, 계문 271, 의의 209건)이었으나 육조는 123건(수명 94, 계문 23, 의의 6)에 불과하였음에서 입증된다고 하겠다.

5. 王 - 六曹體制期의 국정운영

1) 太宗 14년 ~ 世宗 17년

(1) 太宗 14 ~ 18년

태종 14년~18년의 국정운영체제는 '王-六曹-六曹屬衙門' 체제로 규정되었고, 실제로도 육조의 총 활동 수가 637건(수명 90, 계문 484, 의의 63)으로 의정부의 254건(수명 30, 계문 107, 의의 117)을 압도하였듯이 대개의 정사는 이 체제에 의해 운영되었다.

그러면서도 의정인 河崙·李稷·南在·成石璘·朴訔·柳廷顯·韓尙敬 등이 학식과 경륜을 구비하고 태종의 신임을 받았음과[60]

---

60) 『태종실록』 14~18년조. 이들의 의정 재직 기간은 다음과 같다.

관련되어,

① 『태종실록』 권28, 14년 9월 정묘. "命議政府 議定奴婢數"
② 『태종실록』 권28, 14년 8월 무오. "召議政府六曹 議漕運及給
　田事宜"

라고 한 예와 같이 의정부는 단독으로나 육조와 함께 의의활동을
전개하였다. 의의된 정사는 위에서의 노비, 조운·급전사와 같이 당
시의 현안 사이거나 중요 국사였고, 의정부의 활동수가 육조를 압도
하였다. 또 의정부의 활동은 이전에 비하여는 위축되었지만, 刑政·
經濟·軍事·外交·時務開陳 등 정사를 활발히 참여하였다(<별표
1>). 이 점에서 중요한 정사는 의정부의의, 즉 '王－議政府－六曹'
나 '王－議政府·六曹' 체제로 결정하고 시행하는 경향이 현저하였
다고 하겠다.

하륜: 좌의정－12.8～14.4, 영－14.4～16.3, 이직: 판의정－14.4～14.6,
우－14.6～15.5, 남재: 좌－14.6～15.2, 우－15.11～15.12, 영－16.5～
17.4, 성석린: 영－15.10～16.5, 박은: 우－16.5～16.11, 좌－16.11 세
종 3.12, 유정현: 좌－16.5～16.11, 영－16.11～18.3, 한상경: 우－
16.11～18.6.

〈표 3〉 태종 14년～세종 17년 의정부·육조 정치활동[61]

		태종					세종											
		14	15	16	17	18*	1	2	3	4	5	6	7	8	9	10	11	12
수명	의정부	11	3	6	2	8	4	5	2	1	0	5	2	3	0	1	1	1
	육조	7	32	16	22	13	18	13	15	20	38	26	33	54	21	30	26	40
계문	의정부	25	23	18	11	30	26	9	9	22	7	6	5	10	9	16	9	6
	육조	81	93	91	92	127	142	112	127	112	269	213	230	152	99	144	150	204
의의	의정부	25	15	18	20	39	27	28	13	13	16	15	22	27	31	41	46	57
	육조	10	20	10	13	10	5	3	5	1	4	5	15	6	4	8	7	3
합계	의정부	61	41	42	33	77	57	42	24	36	23	26	29	40	40	58	56	64
	육조	98	145	117	127	150	165	128	147	133	311	244	278	212	124	182	183	247

		세종					합계	비고 * 세종 즉위년 포함
		13	14	15	16	17		
수명	의정부	3	0	0	0	2	60	
	육조	43	42	31	53	44	637	
계문	의정부	13	5	7	7	6	279	
	육조	195	134	185	177	157	3,286	
의의	의정부	113	86	108	78	56	894	
	육조	14	7	16	22	10	198	
합계	의정부	129	91	115	85	64	1,233	
	육조	252	183	232	252	211	4,121	

이에서 이 시기의 국정운영은 대개 법제적인 '王－六曹－六曹屬衙門' 체계에 의해 수행되었지만, 중대사는 국왕의 자문에 따라 의정부가 참여하는 '王－議政府－六曹－六曹屬衙門'이나 '王－議政府·六曹－六曹屬衙門' 체계로 운영되는 경향이 현저하였다고 하겠다.

---

61) 『조선왕조실록』 태종 14년～세종 17년조.

(2) 世宗 즉위~4년

세종 즉위~4년의 국정운영체계는 법제적으로는 '王-六曹-六
曹屬衙門' 체제로 영위되도록 규정되었고, 실제로도 육조의 정치활
동 총수가 573건(수명 66, 계문 493, 의의 14)이고 의정부가 159건
(수명 12, 계문 66, 의의 81)이었듯이 대부분의 정사는 이러한 체계
로 운영되었다.

그러나 의정부는 그 구성원의 자질과 그들에 대한 국왕의 신임,
세종의 신중한 국정운영 스타일과 관련되어,

① 『세종실록』 권9, 2년 9월 기묘. "全羅道觀察使請 修築碧骨堤
   訥堤 令政府六曹議之(하략)"
② 『세종실록』 권15, 4년 3월 무인. "命政府六曹 議變事"

라고 한 예와 같이, 왕명을 받아 육조와 함께 중요 국사의 의의
에 참여하였고, 그 의의활동 총수가 육조의 그것을 압도하였다. 이
에서 의정부는 국왕의 자문을 받아 중요 국정에 참여하는 경향이
현저하였다고 하겠다.

그런데 이 시기에는 세종이 재위하기는 하나 태종이 선위와 함께
"군사는 친히 聽斷하고, 국가의 중대사의 논의에도 참여하겠다."[62]
고 천명하면서 薨逝하기까지 병조를 親掌하면서[63] 군사는 물론 대

---

62) 『태종실록』 권36, 18년 8월 정해; 『세종실록』 권1, 즉위년 8월 정축
   세종총서.

소국정을 지휘하였다.64) 따라서 이 시기는 세종이 『태종실록』의 편찬을 두고 "己亥年(세종 1)으로부터 壬寅年(4)까지는 내가 비록 왕위에 있기는 하였지만 그간의 국정은 내가 모두 태종께 아뢴 후에 시행하였다."65)라고 하였듯이, 상왕인 태종 치세의 연장이었다.

이에서 이 시기의 국정운영은 법제적으로는 세종을 중심한 '王-六曹-六曹屬衙門' 체제로 규정되었지만, 실제로는 이러한 체제와 함께 상왕인 태종을 중심으로 한 '上王-王-六曹-六曹屬衙門' 체제가 병행되었다고 하겠다. 이에 따라 국정운영도 대개의 정사는 '上王-王-六曹-六曹屬衙門' 체제하에서 영위되었지만, 중요 국사는 '上王-王-議政府·六曹-六曹屬衙門' 체제로 영위되는 경향이 현저하였다고 하겠다.

(3) 世宗 5~17년

세종 5~17년의 법제적인 국정운영체계는 '王-六曹-六曹屬衙門' 체제가 계승되었다. 실제의 국정운영은 육조의 정치활동 총수가 2,911건(수명 481, 계문 2,039, 의의 121)이었고 의정부가 820건(수명 18, 계문 106, 의의 696)건이었듯이 대개의 정사는 법제적으로 규정된 '王-六曹'의 국정운영체계에 따라 수행되었다.

---

63) 『세종실록』 권1, 즉위년 8월 정미, 9월 갑술, 10월 기묘·무술.

64) 한충희, 1999, 「上王期(세종 즉위~세종 4, 1422) 太宗研究」, 『大丘史學』58, 102~107쪽.

65) 『세종실록』 권26, 6년 12월 임인.

그러면서도 세종이 중요한 국정은 학식과 경륜을 겸비한 의정부 대신에게 자문을 한 후 결정하기도 하였지만, 왕 7년 이후 신병으로[66] 인해 의정부대신의 정무협찬이 요청되었다. 이에 따라 의정부 의정은

① 『세종실록』 권33, 8년 9월 병오. "兵曹據咸吉道觀察使關啓 移船泊之事 命下議政府諸曹同議(하략)"
② 『세종실록』 권34, 8년 11월 을미. "令議政府六曹議 慶尙道加 設兵馬都節制使水軍都按撫處置使 因革便否(하략)"
③ 『세종실록』 권45, 11년 7월 갑술. "命김(영의정)黃喜(우의정) 孟思誠議 請免金銀堪爲使副使者(하략)"

라고 한 예에서와 단독으로나 육조와 함께 刑政·外交·軍事· 制度·經濟·人事·時務·文敎 등 중요 국사의 논의에 활발히 참 여하였다. 이 점은 의정부 의의활동(696건)이 육조의 의의 활동(121 건)을 압도하였음에서 잘 입증된다고 하겠다.

이에서 이 시기의 국정운영은 대개 법제적인 '王-六曹-六曹屬 衙門' 체계로 영위되었고, 중대사는 의정부가 중심이 된 '王-議政 府-六曹-六曹屬衙門'이나 '王-議政府·六曹-六曹屬衙門' 체 계로 운영되는 경향이 현저하였다고 하겠다.

---

66) 李崇寧, 1981, 「世宗大王의 學問과 思想 - 學者들과 그 業績 - 」, 『亞 細亞文化社』, 109~115쪽(18년 이후의 질병은 115~125쪽).

2) 世祖 1년 ~ 成宗 25년

(1) 世祖 1 ~ 14년

세조 1~14년의 법제적인 국정운영체계는 '王－六曹－六曹屬衙門' 체제였고, 실제적인 국정운영도 육조의 정치활동 총수가 1,917건(수명 764, 계문 1,018, 의의 135)이었고, 의정부가 794건(수명 81, 계문 234, 의의 479)이었듯이 대개의 정사는 법제적인 체제로 수행되었다.

그러면서도 癸酉政變과 세조추대에 참여하거나 주도하고 세조의 신임을 받은 靖難·佐翼功臣인 姜孟卿·鄭昌孫·申叔舟·權擘·韓明澮 등이 의정부대신에 진출하였다.67) 이들 의정은

①『세조실록』 권19, 6년 3월 무자. "序班張敬言 (명)副使求彩花席二十張 請於赴京宰相之行囑送 命議政府議之(하략)"
②『세조실록』 권19, 6년 2월 신유. "召領議政姜孟卿 右議政申叔舟 吏曹判書具致寬 都承旨尹子雲 藝文直提學姜孝文 議北邊事(하략)"

---

67) 이들의 의정 재직 기간은 다음과 같다.
　　정창손: 우의정－2.10~3.2, 좌－3.2~3.7, 영－4.12~5.11, 강맹경: 우－3.2~4.12, 좌－4.12~5.11, 영－5.11~7.4, 신숙주: 우－4.12~5.11, 좌－5.11~8.5, 영－12.4~성종 2.10, 권람: 우－5.11~8.5, 좌－8.5~9.9, 한명회: 우－8.5~9.8, 좌－9.8~10.1, 영－12.10~13.4.

라고 한 예와 같이, 단독으로나 육조와 함께 군사·형정·의례·외교·제도·인사·경제 등(<별표 1>) 중요 정사의 논의에 활발하게 참여하였다.

또 세조 14년에는 세조가 자신의 중병을 기해 국정운영과 왕권의 보호를 위해 원로대신의 국정협찬을 절감하고 院相制를 실시함에 따라[68] 院相이 육조·승정원을 지휘하면서 국정을 주도한,[69] 즉 '王－院相－六曹－六曹屬衙門'의 체제로 운영되는 경향이 현저하였다.

이에서 세조 1∼14년의 정치는 대개 법제적인 '王－六曹－六曹屬衙門' 체제로 수행되었고, 중대사는 '王－議政府－六曹－六曹屬衙門' 체계나 '王－院相－六曹－六曹屬衙門' 체제로 수행되는 경향이 현저하였다.

---

68) 그 배경에 있어서 金甲周는 「院相制의 成立과 機能」(『東國史學』12, 1973) 35쪽에서 『성종실록』 권60, 6년 10월 무인조를 제시하면서 명과의 현안외교처리를 위해 실시되었다고 하였다. 그러나 세조의 신병, 정변을 일으켜 집권하고 즉위한 경력, 의심이 많은 성격, 원상이 예종·성종 초에 남이옥사·구성군 제거 등을 주도하면서 왕권을 보호하면서 국정을 지휘하였다. 이 점에서 명과의 외교처리도 일인이 되었지만 보다 근본적으로는 세조가 자신의 사후에 야기될 왕권동요·정치혼란에 대비한 것에서 기인된 것으로 추측된다.

69) 김갑주, 위 논문, 60∼70쪽.

〈표 4〉 세조 1년~성종 6년 의정부 · 육조 · 원상 정치활동[70]

		세조 1~14													
		세 1*	2	3	4	5	6	7	8	9	10	11	12	13	14	계
수명	의정부	4	4	6	6	3	5	9	6	8	5	4	3	8	10	81
	육조	77	61	69	43	31	57	52	37	30	57	41	68	58	83	764
	원상															
계문	의정부	82	12	20	18	20	10	19	12	12	5	3	5	7	9	234
	육조	43	76	119	113	102	96	69	64	22	102	67	69	31	45	1,018
	원상															
의의	의정부	43	22	29	16	17	21	73	28	39	36	17	42	65	31	479
	육조	1	19	22	3	6	18	13	2	9	6	10	11	16	9	135
	원상															
합계	의정부	129	38	55	40	40	36	101	46	59	46	24	50	80	50	794
	육조	121	156	210	159	139	171	134	103	61	165	118	148	105	137	1,917
	원상															

		예종 1~성종 6								합계	비고
		예 1*	성 1	2	3	4	5	6	계		* 단종 3년, 예종 즉위년, 성종 즉위년 포함.
수명	의정부	14	3	3	2	9	4	3	38	119	
	육조	96	68	93	82	38	62	83	522	1,286	
	원상	14	14	3	2	2	2	3	40	40	
계문	의정부	12	3	2	13	4	9	7	50	284	
	육조	85	105	154	156	104	84	149	837	1,855	
	원상	46	71	21	11	8	24	12	193	193	
의의	의정부	24	2	2	3	0	3	11	45	524	
	육조	5	2	1	3	0	21	23	55	190	
	원상	143	110	30	23	25	42	72	445	445	
합계	의정부	50	8	7	18	13	16	21	133	927	* 세조 14, 예종 즉위,
	육조	186	175	248	241	142	167	255	1,414	3,331	성종 7년
	원상	203	195	54	36	35	68	87	678	678*	제외

---

70) 『조선왕조실록』 세조 1년~성종 6년.

(2) 睿宗 1년〜成宗 6년

예종 1년〜성종 6년의 국정운영은 법제적으로는 '王－六曹－六曹屬衙門'의 체제로 수행되도록 규정되었고, 실제로도 육조의 정치활동 총수가 1,414건(수명 522, 계문 837, 의의 55)이었고, 의정부가 133건(수명 38, 계문 50, 의의 45)이었듯이 대개의 정사는 이 체제로 수행되었다.

그러나 이 시기에는 세조 14년 이래의 원상제가 운영되었다. 원상은 총 활동 수가 678건으로 육조의 1,414건에는 미치지 못하였다. 그러나 원상은 성종 7년 輪對 때에 禮賓寺副正 宋克昌이 "殿下卽位之初 置院相 凡政事無不咨焉"[71]이라고 하였고, 실제로도 刑政·儀禮·軍事·人事·制度·外交·時務·經濟·文敎 등 정사에 활발히 참여하면서[72] 국정운영을 주도하였다. 이 점에서 이 시기에는 법제적인 국정운영체계와 '王－院相－六曹－六曹屬衙門' 체제가 병행되었다고 하겠다.

또 이 성종 1〜6년(엄밀히는 섭정이 종식된 7년 5월[73])에는 성종의 유년즉위로 인한 국정지휘와 왕권보호를 위하여 세조비 윤대비가 섭정이 되어 원상의 협찬을 받으면서 국정을 지휘하였다.[74] 이

---

71) 『성종실록』 권66, 7년 4월 임인.
72) 『조선왕조실록』 예종 1년〜성종 6년조. 분야별 활동 건수는 형정 151, 의례 87, 군사 70, 인사 69, 제도 61, 외교 50, 시무조진 34, 경제 30, 문교 23건 등이었다.
73) 『성종실록』 권67, 7년 5월 정사·신유.
74) 『성종실록』 권1, 즉위년 11월 무신; 권19, 3년 6월 갑신.

에서 실제의 국정운영은 '攝政(윤대비) - 王 - 院相 - 六曹 - 六曹屬衙門' 체제로 운영되는 경향이 현저하였다고 하겠다.

이에서 예종 1~성종 6년의 정치는 법제적인 '王 - 六曹 - 六曹屬衙門'의 체제와 섭정·대비를 중심으로 한 '攝政 - 王 - 院相 - 六曹 - 六曹屬衙門' 체제가 병행되면서 운영되었다. 그러면서도 국정의 성격과 관련되어 일상적인 정사는 법제적인 행정체제로 운영되었지만 중대한 국사는 원상을 중심으로 운영되는 경향이 현저하였다고 하겠다.

(3) 成宗 7~25년

성종 7~25년에는 법제적인 국정운영체제는 이전의 '王 - 六曹 - 六曹屬衙門' 체제가 계승되었다. 실제의 국정운영은 성종 7년에 윤대비의 섭정이 종식되고 성종의 친정이 시작되면서 육조가 중심이 된 국정운영체제가 복구되었다. 또 대개의 국정은 육조의 정치활동 총수가 2,434건(수명 731, 계문 1,171, 의의 532)이고 의정부의 활동 수가 1,971건(수명 135, 계문 141, 의의 1,695)이었듯이 법제적인 국정체계로 운영되었다.

그런데 이 시기에는 성종의 好學, 言官 우대와 관련되어 경연과 언론활동이 활발히 전개되고 경연석상에서 대소 정치가 논의되면서 의정부·육조를 주도한 훈구재상의 활동이 위축되고 왕권이 안정·강화되었다.[75]

---

75) 權延雄, 1982, 「朝鮮 成宗朝의 經筵」, 『世宗朝 文化研究』, 博英社,

또 성종 13년경 이후에는 성종의 의정 등 원로대신과의 현안·주요 국정 논의 방침에 따라

① 『성종실록』 권161, 14년 12월 정해. "命召領敦寧以上 議減別獻雜像及土豹皮貂鼠皮等物 鄭昌孫等僉議(하략)"
② 『성종실록』 권162, 15년 1월 경술. "兵曹啓 永安道五鎭人物 互相交流 其許接戶首 固宜痛懲 依前免役 (중략) 命領敦寧以上(하략)"

라고 한 예와 같이, 領敦寧府事 이상 議政·曾經議政에게 중요국정을 의의하게 한 후 결정하여 집행하는 경향이 현저하였다.[76] 이때 의정 재직자는 1,736건의 의의활동을 주도하거나 참여하는 등 육조의 의의활동(436건)을 압도하면서 의의활동을 주도하였다.

이에서 이 시기에는 대부분의 정사가 법제적인 '王－六曹－六曹屬衙門' 체제에 의하여 수행되는 가운데 경연관과 의정부대신 등의

62~66·79~87쪽.

76) 『성종실록』 13~25년조. 이 시기의 영돈령 이상에는 영돈령부사·영중추부사·3의정과 의정 역임자 등 10여 명이 망라되었다. 이들은 다음과 같다(재직 기간).
3의정: 윤필상(9.11~24.11), 홍응(10.8~23.4), 이극배(16.3~18.9, 24.1~), 노사신(18.9~), 허종(23.5~25.2), 윤호(25.4~25.10), 신승선(25.11~), 영돈령부사: 윤호(12.~25.4, 25.10~), 영중추부사: 이극배(12~15.10), 노사신(16.3~18.9), 증경의정: 윤사흔(7.8~16.5), 심회(10.8~24.1), 한명회(13.4~18), 이극배(18.9~24.1), 윤필상(24.11~).

활발한 정치참여에 따라 '王－經筵－六曹－六曹屬衙門(성종 7～25)' 체제와 '王－議政府(원로대신)－六曹－六曹屬衙門(성종 13～25)' 체제가 병행되면서 영위되었다고 하겠다.

〈표 5〉 성종 7～25년 의정부·육조 정치활동(『조선왕조실록』)

		성종															
		7	8	9	10	11	12	13	14	15	16	17	18	19	20	21	22	23
수명	의정부	5	3	12	4	3	7	4	12	8	10	5	4	5	12	15	12	5
	육조	41	48	75	45	24	69	40	35	43	35	19	20	32	42	35	23	25
계문	의정부	9	7	5	1	0	6	5	16	8	9	5	8	5	10	10	4	11
	육조	75	103	78	67	17	58	71	79	46	76	61	38	35	61	57	37	43
의의	의정부	9	10	15	69	22	48	137	100	104	118	99	105	112	112	142	122	94
	육조	11	15	17	22	6	25	49	47	28	42	20	23	35	28	32	34	33
합계	의정부	23	20	32	74	25	61	146	128	120	137	109	117	122	134	167	138	110
	육조	127	166	170	134	47	152	160	178	117	153	100	81	102	131	124	94	101

		성종			총계	비고
		24	25	합계		
수명	의정부	7	2	135	584	
	육조	31	32	731	3,440	
계문	의정부	18	4	141	3,031	
	육조	79	90	1,171	7,496	
의의	의정부	156	121	1,695	4,608	
	육조	36	29	532	1,113	
합계	의정부	181	127	1,971	8,223	태조 1～성종 25(태조 1～정종 1은 도평의사사)
	육조	146	151	2,434	12,049	태조 1～성종 25
	원상				678	예종 1～성종 6

6. 結 語 – 조선초기 정치운영의 특징

지금까지 조선개국으로부터 성종 25년까지에 걸친 국정운영체제
와 국정운영을 살펴보았다. 이를 요약하면서 조선초기 정치운영의
특징을 제시하면 다음과 같다.

조선초기의 법제적인 국정운영체제는 개국과 함께 고려 말의 도
평의사사가 중심이 된 ‘王－都評議使司－六曹, 百司, 道’ 체제가
계승되면서 성립되었고, 이후 왕권강화·국왕의 국정총람이나 의정
부의 대두 등과 관련되어 ‘王－議政府－六曹－六曹屬衙門’ 체제와
‘王－六曹－六曹屬衙門’ 체제가 교차되면서 운영되었다.

조선초기의 국정운영은 법제적인 행정체계, 의정부대신의 재식·
직질과 이들에 대한 국왕의 신임과 관련되면서 議政府署事制 실시
기에는 대개의 국정이 법제적인 행정체계로, 六曹直啓制 실시기에
는 법제적인 육조 중심 체계와 의정부·육조가 중심이 된 체계가
병행되면서 영위되었다.

태조 1년~정종 1년에는 대개의 정사가 법제적인 ‘王－都評議使
司－六曹 등’ 체계로 운영되었다. 정종 2년~태종 13년에는 대개의
정사가 법제적인 ‘王－議政府－六曹－六曹屬衙門’ 체제로 운영되
었다.

태종 14년~세종 17년에는 대소 정사가 법제적인 ‘王－六曹－六
曹屬衙門’ 체제와 ‘王－議政府·六曹－六曹屬衙門’ 체제가 병행되
면서 운영되었다.

세종 18년~단종 2년에는 대개의 정사가 법제적인 '王－議政府－六曹－六曹屬衙門' 체제로 운영되었고, 특히 단종대에는 의정부가 대소 국정을 전단하였다.

세조 1년~성종 25년에는 대개의 정사가 법제적인 '王－六曹－六曹屬衙門'의 체제로 운영되면서 세조 14년~성종 6년에는 '王－院相－六曹－六曹屬衙門' 체제, 성종 13년경 이후는 '王－議政 등 元老大臣－六曹－六曹屬衙門' 체제가 병행되면서 운영되었다.

이상에서 조선초기의 법제적인 국정운영체제는 국왕을 중심한 '왕－육조' 체제와 의정부가 중심이 된 '왕－의정부－육조' 체제로 규정되었다. 그러나 실제의 국정운영은 의정부가 중심이 된 체제 때에는 물론 국왕이 중심인 체제 때에도 국왕의 의정부 정무협찬 인식, 의정의 학식·경륜과 이들에 대한 국왕의 신임에 따라 의정부의 의의활동을 통한 활발한 국정참여가 행해지면서 '왕－의정부－육조' 체제가 병행되었다.

요컨대 조선초기의 국정운영은 법제적으로는 국왕 중심이나 의정부 중심의 행정체제에 의해 영위되도록 규정되었지만, 실제로는 의정부가 중심이 되거나 중대국사가 의정부를 중심으로 운영되는 등 의정부가 국왕을 받들고 육조를 지휘하면서 국정을 영위하는 경향, 즉 의정부가 중심이 된 국정운영 경향이 현저하였다고 하겠다. 조선초기 의정부의 정치활동 분야와 육조의 정치활동 수·경향을 표로 제시하면 별첨과 같다.

〈별표 1〉 정종 2년~성종 25년 의정부 정치활동 분야[77]

| | 정종 2~태종 13 | | | | | | | | | | | | | | | 태종 14~세종 17 | | |
	정 2*	태 1	2	3	4	5	6	7	8	9	10	11	12	13	계	태 14	15	16
刑政·奴婢		3	4	1	10	9	9	13	8	22	27	17	14	17	155	20	27	19
軍事		3	12	7	2	2	1	5	6	4	21	4	9	10	86	8	1	2
儀禮·服制	1		2	1		3	3	4	5	3	9	16	4	4	55	1	1	2
人事	1	1	1	2		1		6	2	5	2	4	6	8	39	5	1	1
外交				3		1	1	1	4		3	2	1	5	21	2	1	0
制度·立法	1	4	3	4	7	2	7	3	1	3	1	1	7	9	53	3	0	1
經濟·田制		3	9	5	2	6	8	10	2	15	12	17	14	13	116	7	1	6
賑濟·救療		3	1	1		3	1	1		3	1	2	5	2	23	0	0	1
教育·科學·風俗 등	1	2		1		1	4	2	2	2	1	4	5	3	28	4	0	1
時務條陳		2	3	4	4	3	5	6	1	6	2	3	4	5	48	2	3	3
기타	6	4	8	9	10	6	9	5	14	20	17	18	23	20	169	9	6	6
합계	10	25	43	39	35	37	48	56	45	83	96	88	92	96	793	61	41	42

---

77) 한충희, 위 「조선초기 의정부연구」 상, 122~123쪽 「표 12」, 131~134
쪽 「표 13」, 138쪽 「표 14」, 141쪽 「표 15」, 『조선왕조실록』 성종 10~
25년조.

<table>
<tr><th rowspan="2"></th><th colspan="18">태종 14~세종 17</th></tr>
<tr><th>태
17</th><th>18*</th><th>세
1</th><th>2</th><th>3</th><th>4</th><th>5</th><th>6</th><th>7</th><th>8</th><th>9</th><th>10</th><th>11</th><th>12</th><th>13</th><th>14</th><th>15</th><th>16</th></tr>
<tr><td>刑政·奴婢</td><td>10</td><td>25</td><td>9</td><td></td><td>1</td><td>8</td><td>7</td><td>5</td><td>5</td><td>5</td><td>9</td><td>18</td><td>7</td><td>13</td><td>20</td><td>11</td><td>10</td><td>14</td></tr>
<tr><td>軍事</td><td>3</td><td>5</td><td>13</td><td>5</td><td>5</td><td>4</td><td>3</td><td>3</td><td>6</td><td>10</td><td>7</td><td>6</td><td>7</td><td>6</td><td>11</td><td>14</td><td>36</td><td>16</td></tr>
<tr><td>儀禮·服制</td><td>1</td><td>4</td><td>4</td><td>10</td><td>3</td><td>5</td><td>2</td><td>4</td><td>1</td><td>5</td><td>0</td><td>5</td><td>3</td><td>9</td><td>14</td><td>8</td><td>1</td><td>2</td></tr>
<tr><td>人事</td><td>1</td><td>2</td><td>2</td><td>0</td><td>1</td><td>1</td><td>0</td><td>0</td><td>3</td><td>0</td><td>0</td><td>2</td><td>9</td><td>4</td><td>11</td><td>8</td><td>2</td><td>7</td></tr>
<tr><td>外交</td><td>5</td><td>9</td><td>6</td><td>3</td><td>2</td><td>3</td><td>4</td><td>3</td><td>3</td><td>6</td><td>6</td><td>6</td><td>14</td><td>12</td><td>35</td><td>10</td><td>32</td><td>18</td></tr>
<tr><td>制度·立法</td><td>0</td><td>0</td><td>2</td><td>1</td><td>2</td><td>2</td><td>1</td><td>1</td><td>1</td><td>2</td><td>6</td><td>4</td><td>6</td><td>6</td><td>9</td><td>11</td><td>6</td><td>4</td></tr>
<tr><td>經濟·田制</td><td>5</td><td>4</td><td>4</td><td>2</td><td>2</td><td>3</td><td>1</td><td>2</td><td>4</td><td>4</td><td>0</td><td>5</td><td>2</td><td>2</td><td>7</td><td>6</td><td>4</td><td>2</td></tr>
<tr><td>賑濟·救療</td><td>0</td><td>1</td><td>3</td><td>0</td><td>1</td><td>3</td><td>0</td><td>1</td><td>0</td><td>2</td><td>5</td><td>3</td><td>1</td><td>0</td><td>1</td><td>0</td><td>1</td><td>2</td></tr>
<tr><td>教育·科擧
·風俗 등</td><td>1</td><td>0</td><td>1</td><td>0</td><td>0</td><td>1</td><td>1</td><td>0</td><td>0</td><td>1</td><td>1</td><td>3</td><td>3</td><td>5</td><td>6</td><td>6</td><td>1</td><td>1</td></tr>
<tr><td>時務條陳</td><td>2</td><td>1</td><td>3</td><td>4</td><td>1</td><td>0</td><td>3</td><td>1</td><td>2</td><td>1</td><td>4</td><td>1</td><td>0</td><td>1</td><td>7</td><td>4</td><td>11</td><td>10</td></tr>
<tr><td>기타</td><td>5</td><td>26</td><td>10</td><td>14</td><td>6</td><td>6</td><td>1</td><td>6</td><td>4</td><td>4</td><td>2</td><td>5</td><td>4</td><td>6</td><td>8</td><td>13</td><td>11</td><td>9</td></tr>
<tr><td>합계</td><td>33</td><td>77</td><td>57</td><td>42</td><td>24</td><td>36</td><td>23</td><td>26</td><td>29</td><td>40</td><td>40</td><td>58</td><td>56</td><td>64</td><td>129</td><td>91</td><td>115</td><td>85</td></tr>
</table>

<table>
<tr><th rowspan="2"></th><th colspan="2">태종 14
~세종 17</th><th colspan="15">세종 18~ 단종 2</th></tr>
<tr><th>세
17</th><th>계</th><th>세
18</th><th>19</th><th>20</th><th>21</th><th>22</th><th>23</th><th>24</th><th>25</th><th>26</th><th>27</th><th>28</th><th>29</th><th>30</th><th>31</th><th>32*</th></tr>
<tr><td>刑政·奴婢</td><td>5</td><td>251</td><td>17</td><td>12</td><td>20</td><td>23</td><td>15</td><td>12</td><td>17</td><td>12</td><td>21</td><td>10</td><td>9</td><td>14</td><td>16</td><td>16</td><td>19</td></tr>
<tr><td>軍事</td><td>17</td><td>188</td><td>16</td><td>20</td><td>25</td><td>24</td><td>19</td><td>20</td><td>23</td><td>23</td><td>12</td><td>15</td><td>14</td><td>13</td><td>21</td><td>13</td><td>36</td></tr>
<tr><td>儀禮·服制</td><td>5</td><td>90</td><td>16</td><td>11</td><td>26</td><td>19</td><td>13</td><td>10</td><td>10</td><td>8</td><td>7</td><td>15</td><td>24</td><td>17</td><td>22</td><td>16</td><td>39</td></tr>
<tr><td>人事</td><td>2</td><td>62</td><td>15</td><td>18</td><td>18</td><td>12</td><td>14</td><td>8</td><td>7</td><td>13</td><td>23</td><td>15</td><td>20</td><td>14</td><td>10</td><td>6</td><td>35</td></tr>
<tr><td>外交</td><td>11</td><td>191</td><td>4</td><td>3</td><td>20</td><td>20</td><td>4</td><td>9</td><td>25</td><td>21</td><td>14</td><td>16</td><td>7</td><td>2</td><td>14</td><td>11</td><td>20</td></tr>
<tr><td>制度·立法</td><td>4</td><td>72</td><td>15</td><td>16</td><td>22</td><td>21</td><td>15</td><td>3</td><td>13</td><td>10</td><td>6</td><td>19</td><td>16</td><td>23</td><td>20</td><td>20</td><td>19</td></tr>
<tr><td>經濟·田制</td><td>3</td><td>75</td><td>7</td><td>23</td><td>12</td><td>20</td><td>8</td><td>12</td><td>7</td><td>4</td><td>17</td><td>14</td><td>18</td><td>7</td><td>15</td><td>6</td><td>21</td></tr>
<tr><td>賑濟·救療</td><td>2</td><td>27</td><td>12</td><td>13</td><td>3</td><td>7</td><td>5</td><td>4</td><td>3</td><td>3</td><td>11</td><td>24</td><td>48</td><td>8</td><td>6</td><td>5</td><td>4</td></tr>
<tr><td>教育·科擧
·風俗 등</td><td>2</td><td>38</td><td>4</td><td>4</td><td>5</td><td>8</td><td>5</td><td></td><td>3</td><td>3</td><td>8</td><td>4</td><td>1</td><td>7</td><td>3</td><td>3</td><td>10</td></tr>
<tr><td>時務條陳</td><td>4</td><td>68</td><td>5</td><td>2</td><td>2</td><td>2</td><td>4</td><td>0</td><td>0</td><td>1</td><td>2</td><td>0</td><td>4</td><td>1</td><td>5</td><td>1</td><td>2</td></tr>
<tr><td>기타</td><td>9</td><td>170</td><td>11</td><td>7</td><td>19</td><td>15</td><td>4</td><td>9</td><td>13</td><td>20</td><td>19</td><td>23</td><td>19</td><td>14</td><td>27</td><td>15</td><td>18</td></tr>
<tr><td>합계</td><td>64</td><td>1,232</td><td>122</td><td>129</td><td>172</td><td>171</td><td>106</td><td>94</td><td>121</td><td>118</td><td>140</td><td>155</td><td>180</td><td>120</td><td>159</td><td>112</td><td>223</td></tr>
</table>

	세종 18~단종 2					세조 1~14											
	문 1	2*	단 1	2	계	세 1*	2	3	4	5	6	7	8	9	10	11	12
刑政·奴婢	27	35	47	56	398	31	6	11	15	17	7	12	14	6	3	7	10
軍事	48	19	18	30	409	13	2	9	6	4	11	46	16	14	15	8	26
儀禮·服制	16	45	24	25	363	15	8	11	4	4	1	6	2	12	2	2	1
人事	28	29	63	27	375	14	1	2	1	1	0	3	2	5	2	0	3
外交	10	16	5	5	226	8	7	0	5	5	9	17	4	4	3	1	1
制度·立法	27	20	14	16	315	16	2	3	2	0	4	4	1	4	4	0	2
經濟·田制	25	8	13	8	245	6	3	0	2	1	1	2	3	2	7	2	2
賑濟·救療	18	21	21	13	229	9	1	1	1	2	0	2	0	0	2	1	1
敎育·科擧 ·風俗 등	11	3	10	5	104	7	2	0	2	1	0	1	2	2	2	1	0
時務條陳	8	6	7	2	54	0	1	0	1	2	0	0	1	1	1	0	0
기타	37	30	46	25	371	10	5	18	1	3	3	8	1	9	5	2	4
합계	255	232	268	212	3,089	129	38	55	40	40	36	101	46	59	46	24	50

	세조 1~14			예종 1~성종 6								성종 8~25						
	세 13	14*	계	예 1*	성 1*	2	3	4	5	6	계	성 7	8	9	10	11	12	13
刑政·奴婢	16	12	167	12	2	0	3	2	1	3	23	3	7	11	17	3	13	49
軍事	32	7	209	6	0	0	0	0	1	5	12	2	1	4	12	3	5	14
儀禮·服制	0	11	79	4	3	0	0	1	4	6	18	2	2	3	1	1	2	4
人事	7	4	45	6	2	1	5	0	3	2	19	5	0	3	16	6	12	15
外交	6	3	73	2	0	0	1	9	6	1	19	2	4	2	7	4	6	25
制度·立法	4	0	46	9	0	2	2	0	0	1	14	3	2	2	4	0	1	11
經濟·田制	1	1	33	0	0	1	1	1	0	1	4	0	0	1	1	1	3	3
賑濟·救療	0	0	20	1	0	0	0	0	0	0	1	0	0	1	2	1	2	2
敎育·科擧 ·風俗 등	0	0	20	4	0	1	3	0	0	0	8	1	1	0	0	0	0	2
時務條陳	9	6	22	2	1	2	1	0	1	1	8	1	0	3	0	0	3	0
기타	5	6	80	4	0	0	2	0	0	1	7	4	3	2	14	6	14	21
합계	85	50	794	50	8	7	18	13	16	21	133	23	20	32	74	25	61	146

	성종 8~25													총계	비고
	성 14	15	16	17	18	19	20	21	22	23	24	25	계		
刑政·奴婢	16	23	28	23	31	48	47	45	16	26	46	45	497	1,491	
軍事	14	14	7	19	21	12	12	14	41	10	34	12	251	1,155	
儀禮·服制	38	10	6	1	4	7	4	7	3	2	1	5	103	708	
人事	14	26	26	18	14	16	30	54	42	37	48	31	413	953	
外交	21	17	17	11	12	4	3	5	6	10	19	12	187	717	
制度·立法	6	5	9	11	5	7	8	7	3	4	7	6	101	601	
經濟·田制	4	5	16	8	10	8	6	7	3	4	5	5	90	563	
賑濟·救療	0	4	13	6	3	5	7	4	9	5	8	3	75	375	
教育·科擧·風俗 등	0	5	2	4	2	6	2	5	5	1	1	3	40	238	
時務條陳	0	0	3	1	6	0	0	1	0	2	1	1	22	222	
기타	15	11	10	7	9	9	15	18	10	9	11	4	192	989	
합계	128	120	137	109	117	122	134	167	138	110	181	127	1,971	8,012	

<별표 2> 조선초기 이, 호, 예, 병, 형, 공조 정치활동 수
(『조선왕조실록』)

	태종 5~13										태종 14~세종 17								
	태 5	6	7	8	9	10	11	12	13	계	태 14	15	16	17	18*	세 1	2	3	4
吏曹	2	6	0	1	1	0	4	1	0	15	10	14	16	3	8	11	14	11	11
戶曹	0	2	1	1	2	4	9	1	2	22	28	27	17	26	16	16	12	22	13
禮曹	5	7	7	13	8	11	35	31	10	127	27	24	34	44	63	81	86	73	67
兵曹	3	0	3	2	5	3	6	1	4	27	15	19	15	18	28	36	6	26	22
刑曹	2	0	9	7	2	1	7	4	14	46	16	55	33	31	32	18	7	11	13
工曹	0	0	0	0	0	0	1	0	0	1	0	0	0	4	1	2	2	4	6
2~6曹	0	1	1	0	0	0	0	0	0	2	1	1	0	1	2	0	0	4	1
합계	12	15	21	25	18	19	62	38	30	240	98	145	117	127	150	165	128	147	133

	태종 14~세종 17														세종 18~단종 2			
	세5	6	7	8	9	10	11	12	13	14	15	16	17	계	세18	19	20	21
吏曹	33	25	47	34	11	20	17	24	34	28	30	23	27	451	5	4	5	16
戶曹	89	50	56	26	14	23	11	19	32	12	15	33	23	580	7	15	1	11
禮曹	102	83	80	58	35	44	73	64	77	83	89	91	78	1,456	15	16	15	54
兵曹	39	39	57	38	19	47	34	51	52	26	72	79	53	791	20	19	9	46
刑曹	45	41	35	51	42	35	44	85	851	31	23	25	26	750	28	38	28	23
工曹	1	6	3	1	2	3	4	1.4	6	2	1	1	2	55	0	0	0	4
2~6曹	2	0	0	4	1	0	0	0	0	1	2	0	2	28	0	0	0	0
합계	311	244	278	212	124	182	183	247	252	183	232	252	211	4,111	75	92	58	154

	세종 18~단종 2											문1	2*	단1	2	계	세조 1~14	
	세22	23	24	25	26	27	28	29	30	31	32*	문1	2*	단1	2	계	세1	2
吏曹	8	9	17	22	19	8	7	8	3	9	12	12	8	9	18	199	28	32
戶曹	6	1	12	12	11	8	5	1	5	0	14	19	4	15	11	158	20	8
禮曹	26	22	34	66	42	17	19	15	35	11	52	44	23	15	14	535	24	47
兵曹	21	33	26	38	57	20	10	3	12	3	40	72	8	12	15	464	31	38
刑曹	21	11	25	33	26	23	12	41	49	29	5	12	5	4	9	422	17	27
工曹	1	3	0	3	0	4	0	1	2	0	1	3	2	1	0	25	1	2
2~6曹	0	0	2	0	0	0	0	0	1	1	0	0	0	0	0	4	0	2
합계	83	79	116	174	155	80	53	69	107	53	124	162	50	56	67	1,807	121	156

| | 세조 1~14 | | | | | | | | | | | | | 예종 1~성종 6 | | | | |
	세 3	4	5	6	7	8	9	10	11	12	13	14*	계	예 1*	성 1	2	3	4
吏曹	54	29	20	35	20	17	19	31	20	13	8	22	348	33	33	44	34	13
戶曹	21	12	23	27	15	16	4	40	37	21	28	33	305	31	45	38	56	26
禮曹	54	30	25	25	26	27	9	33	27	34	23	32	417	47	38	66	59	32
兵曹	55	60	56	66	47	32	17	41	19	45	28	32	567	38	23	31	34	23
刑曹	23	24	12	17	26	11	9	20	15	32	18	18	269	35	35	57	53	48
工曹	0	4	2	1	0	0	2	0	0	2	0	0	14	1	1	1	5	0
2~6曹	3	0	0	0	0	0	1	0	0	1	0	0	7	1	0	1	0	0
합계	210	159	139	171	134	103	61	165	118	148	105	137	1927	186	175	238	241	142

| | 예종 1~성종 6 | | | 성종 7~25 | | | | | | | | | | | | | | |
	성 5	6	계	성 7	8	9	10	11	12	13	14	15	16	17	18	19	20	21
吏曹	29	23	242	27	24	33	16	9	29	17	21	17	21	8	12	18	22	24
戶曹	42	41	310	15	29	25	16	7	27	27	13	12	26	26	16	6	14	11
禮曹	37	71	397	22	51	43	34	5	26	38	60	33	49	20	20	22	28	14
兵曹	25	45	257	26	33	23	32	13	29	29	43	34	23	15	20	19	36	35
刑曹	31	72	366	35	27	43	24	9	27	33	15	7	18	18	9	23	19	23
工曹	3	3	15	1	1	3	0	3	2	0	1	1	0	0	1	1	1	2
2~6曹	0	0	2	1	1	0	10	2	12	17	25	11	23	9	3	15	15	14
합계	167	255	1,404	127	166	170	132	48	152	161	178	115	160	96	81	104	135	123

| | 성종 7~25 | | | | | 총계
태종 5~성종 25 |
	성 22	23	24	25	계	
吏曹	11	16	21	27	373	1,628(13.4%)
戶曹	9	15	23	22	339	1,714(14.1%)
禮曹	14	11	28	34	552	3,484(28.7%)
兵曹	38	30	45	30	553	2,659(22.0%)
刑曹	6	16	15	21	388	2,241(18.5%)
工曹	0	1	3	2	23	133(1.1%)
2~6曹	17	14	15	14	219	262(2.2%)
합계	95	103	151	150	2,447	12,121(100%)

<별표 3> 조선초기 이, 호, 예, 병, 형, 공조 정치활동 경향(『조선왕조실록』, 합은 육조 합동활동)

		태조~태종 4								태종 5~세종 17								태종	
		吏	戶	禮	兵	刑	工	合	計	吏	戶	禮	兵	刑	工	合	計	吏	戶
受命	수	1	0	2	1	0	0	0	4	0	1	0	0	0	0	0	1	6	23
	%								7								8		
啓聞	수	5	1	15	0	28	0	1	50	0	0	5	0	6	0	0	11	48	80
	%								93								92		
擬議	수	0	0	0	0	0	0	0	0	0	0	0	0	0	0	0	0	6	14
	%																		
합계	수	6	1	17	1	28	0	1	54	0	1	5	0	6	0	0	12	117	117
	%								100								100		

		태종						세종								문종	
		禮	兵	刑	工	合	計	吏	戶	禮	兵	刑	工	合	計	吏	戶
受命	수	34	15	28	4	8	118	159	185	265	252	170	26	15	1,072	15	20
	%						14								22		
啓聞	수	213	84	146	5	24	600	330	361	1,359	702	780	38	12	3,582	9	12
	%						73								73		
擬議	수	35	15	4	0	34	108	22	38	97	79	18	4	10	268	3	4
	%						13								5		
합계	수	282	114	178	9	66	826	541	554	1,721	1,033	968	68	37	4,922	27	36
	%						100								100		

		문종						단종								세조			
		禮	兵	刑	工	合	計	吏	戶	禮	兵	刑	工	合	計	吏	戶	禮	兵
受命	수	34	26	4	3	0	102	31	30	29	25	11	1	0	127	149	95	149	150
	%						34								34				
啓聞	수	58	68	12	4	3	166	3	0	13	9	11	1	0	37	151.	157	227	341
	%						55								21				
擬議	수	6	19	1	0	2	35	2	1	3	9	0	0	1	10	22	21	17	56
	%						12								6				
합계	수	98	113	17	7	5	303	36	31	45	37	22	2	1	174	322	273	393	547
	%						100								100				

		세조				예종								성종 1~25				
		刑	工	合	계	吏	戶	禮	兵	刑	工	合	계	吏	戶	禮	兵	刑
受命	수	142	7	25	717	24	27	22	26	22	1	1	123	344	207	220	222	132
	%				39								54					
啓聞	수	95	9	5	985	12	22	27	20	11	1	2	95	148	299	534	344	527
	%				54								42					
擬議	수	15	0	4	135	2	1	4	2	1	0	0	10	57	80	110	129	24
	%				7								4					
합계	수	252	16	34	1837	38	50	53	48	34	2	3	228	549	586	864	695	683
	%				100								100					

		성종 1~25			합계							
		工	合	계	吏	戶	禮	兵	刑	工	合	계
受命	수	17	15	1,157	729	588	755	717	509	59	64	3,421
	%			32								29
啓聞	수	15	18	1,885	706	932	2,451	1,568	1,616	73	65	7,411
	%			52								62
擬議	수	4	186	590	114	159	272	303	59	12	237	1,156
	%			16								10
합계	수	36	219	3,622	1,549	1,679	3,478	2,588	2,184	144	366	11,988
	%			100								100

조선후기 英祖代의 都政과 인사실태

- 육조판서를 중심으로 -

임민혁*

1. 머리말

영조가 생전에 남겨놓은 엄청난 양의 어제문은 문체와 내용이 매우 독특하다. 그렇지만 그 글들에서 일관되게 호소하는 핵심 주제는 孝悌와 忠이었다. 숙종과 그의 비 그리고 경종과 그의 비인 황형과 황수, 사친인 숙빈최씨에 대한 그리움뿐 아니라 그들에게 효와 子道, 悌를 다하지 못한 한탄과 회포를 끊임없이 필설로 표현하였다.[1]

---

* 한국학중앙연구원 연구원

[1] 한국학중앙연구원 장서각에는 영조어제류 약 5천 점 이상의 필첩이 소

이러한 영조의 정신적 고뇌와 정서는 삼종혈맥인 자신의 정치적 정통성을 확고히 하면서 인륜의 근본인 효제를 다하는 모습을 보임으로써, 군부일체론에 근거한 신하들의 충성을 요구하고 왕권과 왕실의 안정을 도모하고자 한 데서 출발하였다.

효제는 영조가 탕평정치를 표방하며 내세운 君父一體의 정국운영 논리였다.2) "조종조로부터 전수한 心法은 곧 요순의 효제의 도"라 한 바와 같이, 영조가 繼述하는 선왕의 뜻은 효제의 도였다. 이것이 영조 연간에 단행된 都政의 대원칙이요 기본방향이기도 하였다. 이 뜻을 체득한 銓官이라야 붕당의 장애를 극복하고 현량하며 효렴한 인재를 정선할 수 있다는 것이 영조의 인사철학이었다. 영조는 이러한 뜻을 도정에 임한 銓官들에게 수시로 신칙하거나 친림하여 이를 명토 박아두고자 하였다. 벌열들의 자의적 인사남용을 견제하는 한편, 영조 자신이 원하는 인재를 선발하고자 하는 의도에서 인재 선발방법을 개선하거나,3) 中批4) 혹은 加望, 적장천5) 등의 방법을 활

장되어 있다. 시문, 산문, 훈유문 등으로 구성된 이 어제들은 영조의 정치적 욕구와 의지 및 심리적 갈등, 각종의 소회 등을 읽을 수 있는 소중한 자료들이다. 『英祖·莊祖文集』(1997)과 『英祖文集補遺』(2000)에 그중의 일부가 수록되어 있어 이를 참고할 수 있다.

2) 임민혁, 「조선후기 영조의 孝悌 논리와 私親追崇」(『朝鮮時代史學報』 39, 2006. 12) 참조.

3) 車長燮, 『朝鮮後期閥閱研究』(일조각, 1997) 참조.

4) 『英祖實錄』 卷65, 英祖 23年 正月 11日(辛丑).

5) 적장천에 대해서는 任敏赫, 『朝鮮時代 蔭官研究』(한성대출판부, 2001) 158~165면 참조.

성화하기도 하였다.

그렇지만 영조 연간의 도정은 순탄하지만은 않았다. 轉動政(散政)이 일반적으로 단행되는 가운데, 도정의 開政은 銓官들의 의견 불일치 등 여러 사유로 몇 주 내지 수개월을 지연시키기 일쑤였다. 개정한다고 해도 이조 三堂上이 受由와 牌招不進, 未差 등의 이유로 정사에 참여하는 예가 매우 드물었다. 그리하여 참의에 의한 단독 揭政으로 '出緊任' 곧 긴급한 직임만을 내도록 하기도 하였다.

이러한 政事의 실제는 영조 연간뿐 아니라 조선시대 인사행정의 일반적인 행태였다. 그렇지만 영조 연간의 인사행태는 독특한 원칙 곧 탕평을 견지하면서 단행되었다고 하는 사실에 주목할 필요가 있다. 탕평의 인사원칙에 내포되어 있는 인사원리와 그 실제가 도목정사에서 어떻게 구현되었는가 하는 점은 매우 흥미로운 관심거리가 될 만하다.

따라서 본고에서는 영조 연간의 인사원칙과 정치적 배경 및 관리선발방법의 특징 그리고 『政事册』[6]을 중심으로 한 인사행정 현황과 그 실제로서의 육조판서의 인사실태 등을 살펴보고자 한다. 특히 육조판서의 인사실태는 육조판서가 당파의 각 세력이 각축하는 관계 속에서 정부의 실질적인 권력을 분점하여 행사하는 실세의 한

---

6) 『政事册』(보경문화사, 1989년 영인본)은 이조에서 행한 인사의 제반사항을 연대순으로 정리해 놓은 인사자료철이다. 여기에 수록된 내용들은 이조의 보고사항인 吏批, 傳旨, 망단자와 낙점, 加資 등에 관한 것들이다. 수록 시기는 영조 11년(1735)부터 고종 31년(1894)까지이지만, 이 기간 동안의 모든 인사기록을 망라한 것은 아니다.

부류라는 측면에서 의미 있는 분석결과를 보여줄 것으로 기대한다. 대상 자료인 『정사책』의 성격상 특정 시기에 한정됨은 불가피하며, 이 자료를 통해 육조판서 후보자의 출신과 현황, 성관별·당색별 분포, 인재풀, 인물별 薦望 횟수 등을 살펴볼 것이다. 다만, 인사과 정에서의 여러 논의와 대립, 갈등 등은 이 자료로는 언급할 수 없 는 한계점을 지니고 있음을 양지하기 바란다.

이 글은 특히 영조 연간의 도정과 인사실태가 오늘날의 우리들에 게 어떠한 시사점을 주며, 그것이 갖는 현재적 의미는 무엇인지를 결론을 대신해서 논의해 보고자 한다.

2. 영조의 인사원칙과 왕권강화

영조의 인사정책은 붕당 척결을 목적으로 불편부당한 인사를 배 제하는 것이었다. 당파의 고른 안배에 따른 인재등용으로 집약되는 이 인사정책은 왕실과 왕권의 안정 및 강화에 긴요한 요구사항이었 다. 물론 '곧은 사람을 등용하고 굽은 사람을 물리친다'[7]는 유학의 가르침을 인사의 기본원칙으로 채택하는 일은 논란의 여지가 없는 당연한 것으로 받아들여졌다.

영조의 인사원칙은 영조 4년 7월에 친히 都政을 행하면서 내린 하교에 잘 드러나 있다.

---

7) 『英祖實錄』 卷1, 英祖 即位年 11月 1日(辛丑).

"임금이 이조판서 尹淳과 병조판서 趙文命에게 앞으로 나오라 명하고 하교하기를, '오늘 이 당에서 開政하는 뜻을 경들은 아는가? 이 당(필자주: 魚水堂)은 인조께서 세워서 신하들을 引接하고 治道를 강론하셨으며 先朝에서도 전에 인접하신 때가 있었으므로 이 뜻을 받들어 행하는 것이니, 이는 다만 한때 繼述하는 일일 뿐이 아니다. 인조께서 전후에 懸板하신 것이 모두 벽에 걸려 있으니, 入侍한 신하들은 起坐할 때에 우러러보라. 남쪽 벽에 '풍운의 기회가 부합하여 임금과 신하가 기쁨을 같이하니 하늘과 땅이 서로 형통하여 태평한 기상이 있다.[風雲契合 魚水歡同 天地交泰 太平有象]'는 16글자가 있다.'고 하였다".8)

이날의 親政은 어수당에서 열렸다. 이 어수당은 인조 당시에 설립된 건물이었다. 인조는 이 당에서 신하들을 인접하고 치도를 강론하였으며, 그 뒤 숙종 혹은 경종 역시 그 뜻을 계승하여 시행한 적이 있었다. 영조가 이 어수당을 친정의 장소로 선택한 것도 역시 그 뜻을 계술하고자 하는 다분히 의도적인 것이었다.

어수당의 앞뒤 벽에는 현판이 걸려 있었다. 영조는 신하들에게 앉거나 일어설 때마다 이 현판을 우러러보라고 명한 사실이 흥미롭다. 그 현판의 내용은 "바람과 구름이 부합하니 임금과 신하가 기쁨을 함께하고, 하늘과 땅이 사귀어 크게 형통하니 태평한 기상이 있다."고 하는 4언시였다.

이 시를 영조가 굳이 강조하고자 한 이유는 무엇일까? '風雲契合'은 구름이 용을 따르고 바람이 호랑이를 따르니 같은 소리로 서

---

8) 『英祖實錄』 卷18, 英祖 4年 7月 7日(丙辰).

로 감응하기 때문이라는 뜻이다.9) 龍虎가 소리로 서로 응하는 바, 풍운으로 相感함을 用으로 삼아서 君臣이 遇合하는 도리가 있음을 말한 것이다.10) 이는 천지와 군신의 親親 관계를 나타내는 것으로서, 군신은 父子 혹은 魚水에 비유되기도 하였다.11)

천지교태는 泰卦 象의 첫 문구이다. 이 '泰小往大來吉亨'은 천지가 사귀어서 만물이 통태하고 상하가 사귀어서 그 뜻이 같아지는 것을 말한다.12) 그 傳에, "陽氣가 아래로 내려오고 陰氣가 위로 올라가서 사귀어 음양이 화창하면 만물이 생성되니, 이는 天地의 通泰함이다. 인간의 일로 말하면 大는 君上이고 小는 신하이니, 군주가 정

---

9) 『周易』 권1. "九五에 말하였다. '나는 龍이 하늘에 있으니, 大人을 만나봄이 이롭다는 것은 무슨 말인가?' 공자께서 말씀하셨다. '같은 소리는 서로 응하고 같은 기운은 서로 구하여, 물은 습한 곳으로 흐르고 불은 건조한 곳으로 나아가며, 구름은 龍을 따르고 바람은 범을 따른다. 그리하여 聖人이 나옴에 萬物[萬人]이 우러러본다. 하늘에 근본한 것은 위를 친히 하고 땅에 근본한 것은 아래를 친히 하니, 각기 그 類를 따르는 것이다.'"(九五曰 飛龍在天利見大人 何謂也 子曰 同聲相應 同氣相求 水流濕 火就燥 雲從龍 風從虎 聖人作而萬物覩 本乎天者 親上 本乎地者 親下 則各從其類也)

10) 『紫巖易傳』 권1. "風雲之於龍虎以聲應也 (중략) 風雲以相感爲用 有君臣遇合之道"

11) 『童溪易傳』 권2.

12) 『周易』 주역상경. "彖曰 泰小往大來吉亨 則是天地交而萬物通也 上下交而其志同也 內陽而外陰 內健而外順 內君子而外小人 君子道長 小人道消也", "陽氣下降 陰氣上交也 陰陽和暢 則萬物生遂 天地之泰也 以人事言之 大則君上 小則臣下 君推誠以任下 臣盡誠以事君 上下之志通 朝廷之泰也 陽爲君子 陰爲小人 君子來處於內 小人往處於外 是君子得位 小人在下 天下之泰也"

성을 미루어 아랫사람에게 맡기고 신하가 정성을 다하여 군주를 섬
겨서 상하의 뜻이 통함은 朝廷의 통태이다."라고 하였다. 군신의 조
화는 곧 상하의 정이 통하여 뜻이 같아지는 것이다. 그러므로 人君은
천지가 통태하는 象을 체행하여 천지의 도를 財成하고 천지의 마땅
함을 輔相하여 生民을 左右하여야 하는 것이라고 하였다.13)

　따라서 영조는 親政하기에 앞서, 임금과 신하가 親親 관계로서
서로 정성을 다하여 뜻이 같아져야 함을 강조하기 위해 이 시를 유
의할 것을 요구하였다. 魚水와 같이 서로 만나 화합하고 뜻이 같아
지는 통태의 실현을 바탕으로 조정의 태평을 추구하자는 것이었다.
임금과 신하는 이처럼 어수로 비유하는가 하면, 대소와 상하, 양음,
군자와 소인, 내외 관계이기도 하였다. 이 양자 사이에는 효와 충의
관계가 성립되며, 분수론적 조화를 통해 궁극적으로 조정의 태평을
달성하고자 하는 형이상학적 정치논리를 내포하고 있었다.

　영조는 어수당에 걸어놓은 위 시의 뜻을 계술하겠다는 의지를 천
명하였다. 계술은 선왕이 국가를 위해 쌓아놓은 功과 仁을 계승하
는 의미를 갖고 있지만, 여기에서는 임금과 신하가 인접하여 치도를
강론하던 인조와 숙종 등 조상의 뜻을 받들어 실천하겠다는 정치적
구호였다. 치도는 임금과 신하 양자가 뜻을 공유하여 상통하는 방향
으로 구현해 나가겠다는 것으로, 그 인식론의 배경에는 요순의 도가
자리 잡고 있었다. 인사에 있어서도 선조의 뜻인 요순의 도를 계술
하는 것이 원칙임을 밝힌 것이다.

---

13) "象曰 天地交泰 后以 財成天地之道 輔相天地之宜 以左右民"

영조의 御製의 소재 혹은 주제에서 보듯이, 그가 평생토록 지키고자 했던 것은 효제와 탕평이었다. 영조 말년의 御製의 공통주제는 효제였다고 해도 과언이 아니다.14) '孝'와 '悌' 및 '孝悌'는 물론이고 '孝耶悌耶' '嗟孝悌' '何孝何悌' '是日孝亦云悌' 등 그 표현도 다양하다. "人子之道 孝悌而已"15)라 하고, "何事謂孝 何事謂悌"16)라 반문하기도 하였다.

이 효제는 영조가 즉위하면서 탕평정치를 표방하며 내세운 君父一體의 정국운영논리였다. 탕평과 효제의 논리를 교묘히 결합한 영조는 이를 준거틀로 삼아 정국을 주도해 나갔다. 영조는 효제의 논리를 극대화하여 가법의 계승을 실현함으로써, 왕권의 정통성 확립 및 왕실의 안정된 기반구축 및 계승을 바탕으로 한 유교국가의 정체성을 회복하고자 했다. 이것은 종법적 왕통의식에서 비롯된 것이라기보다는 효제를 실천함으로써 얻게 되는 정치적 실리를 충분히 고려한 조치였다.

영조는 김일경과 목호룡의 처분 이후의 신하들의 자세에 대한 趙遠命에게 내린 비망기에서,

> "아! 우리 조종조로부터 傳授한 心法은 곧 堯舜의 孝悌의 道인데, 김일경이 감히 노나라와 당나라의 일을 끌어다 聖朝를 비난함이 깊었다. 그런데도 그날 삼사의 신하들이 견책을 청하는 글이 없었으니, 대

---

14) 임민혁, 전게논문, 115∼121면.
15) 『御製集慶堂編輯』「噫字命題」.
16) 『御製集慶堂編輯』「復見丁亥子懷彌深今於報春吟成紀懷」.

단히 무엄하다. 이는 역시 黨錮의 폐단에서 연유한 것이나, 지금은
탕평에 먼저 힘써야 할 때이다."17)

라 하여, 자신이 왕권의 정통성을 갖춘 존재임을 천명하였다. 조종
조로부터 전수된 심법인 요순의 효제의 도가 영조에게 전해짐으로
써, 유학의 연원과 조종의 종통을 계승한 자임을 자인한 것이다.

　이러한 영조의 '효제의 도'는 신하들의 적극적인 지지를 받았다.
교화의 근본이며, 선왕의 유열을 계승하는 일이고, 또한 자손을 보
존하는 길이기도 한 효제의 정치적 논리는 당파를 초월하여 國君을
아비처럼 받들어 충성스런 공복으로 수렴되도록 하는 탕평의 근거
논리였다. "제왕과 일반 백성은 명분이 비록 다르지만 효제의 도리
는 본래 둘이 아니다."18)라 하고, 군신은 부자이므로 아들이 싸우면
아비는 누구의 편도 들 수 없다19)는 설명은 모두 같은 맥락 속에서
파악된다. 효제의 논리에 근거한 君父로서의 지위를 확립한 영조는
탕평의 실현이 군부의 뜻임을 양 銓長에게 경계하고자 신칙하였던
것이다. 양 전장은 이러한 뜻을 체득하고서 도정에 임하기를 바랐다
고 하겠다.

　영조는 이어서 御製詩 두 편을 이조와 병조에 각각 내렸다. 그
내용은 공정한 선발과정에 의한 수령 임명과 구근이 아니라 불편부
당하고 청아한 인재의 선발이었다.

---

17) 『英祖實錄』 卷2, 英祖 卽位年 11月 11日(辛亥).
18) 『英祖實錄』 卷2, 英祖 卽位年 12月 4日(癸酉).
19) 『英祖實錄』 卷3, 英祖 元年 正月 3日(壬寅).

"임금이 말하기를, '오늘의 親政에 즈음하여 지은 글이 있으니, 개정하기 전에 보라.' 하고, 드디어 손수 쓴 御詩 두 통을 내렸다. 하나는 東銓을 경계하는 시인데 '이 당에서 개정함은 우연한 뜻이 아니다. 바로 당장 지금 급한 업무는 수령의 택차가 위선이다. 私를 버리고 극기하면 공정함이 반드시 앞에 있다. 간절한 이 하교를 경은 삼갈지어다.[此堂開政 意非偶然 當今急務 擇守爲先 祛私克己 公必在前 丁寧此敎 卿其愼旃]' 하였고, 하나는 西銓을 경계하는 시인데 '이 당에서 친정한 뜻을 몸받아야 한다. 구근을 말하지 말라. 나에게는 청아함뿐이다. 무관의 붕당은 종사에 관계된다. 동도 서도 편들어 치우지지 말지어다.[親政此堂 卿必體也 毋曰久勤 在予淸雅 武弁朋黨 係關宗社 不東不西 莫上莫下]' 하였다."

영조가 이조판서에게 내린 어제시의 내용을 살펴보면, 첫 구가 '이 당에서의 개정은 뜻이 우연하지 않다.'는 것이었다. 이 구절은 효제의 도를 계술하겠다는 인사의 대원칙을 우선적으로 천명한 것이었다. 그리고는 문관의 인사에서 가장 시급한 업무를 수령 선발에 두었다.

수령 선발의 중요성은 수차례 강조되었다. 생민의 휴척이 달려 있다고 인식되었기 때문이다. 이를 위해 제시된 인사원칙은 관직을 위하여 사람을 선택해야 하는 適材適所의 원칙이었다. 영조 8년에 初仕者부터 적재적소의 원칙을 적용할 필요성을 언급한[20] 영조는 동년 13년 정월에 유시한 다섯 가지 사항 중의 하나에서도, "생민의 休戚은 수령에게 달려 있는 것이고 나라의 治亂은 인재를 얻는

---

20) 『英祖實錄』 卷31, 英祖 8年 윤5月 22日(丁未).

데 달려 있는 것이므로, 임금이 銓曹의 신하를 계칙하고 銓官이 백성을 돌보는 관원을 가리는 것은 이것이 국가의 常典인 것이다. (중략) 兩銓의 신하들은 이런 나의 뜻을 몸받아 비록 大政이 아니라 하더라도 수령의 자리 하나 영장의 자리 하나라도 살피지 않고 지나쳐 버리는 일이 없어야 한다."21)고 하였다.

영조 20년 8월의 도정에서는,

> "生民의 休戚은 수령에게 달려 있으므로 관직을 위하여 사람을 선택하는 뜻을 일찍이 특별히 신칙하였다. 漢나라에서 먼저 했던 바는 오직 훌륭한 관리를 뽑는 것이었는데, 내가 구하는 바 또한 오로지 循吏뿐이다. 순리의 다스림이 비록 효과가 느리고 더딘 것 같지만, 그것이 백성들에게 미치는 효과는 반드시 명예를 추구하는 관리보다 갑절이나 더할 것이다. 순리를 채용하기에 힘써서 잘못된 폐단을 고치도록 하라."22)

고 하였다. 관직을 위하여 사람을 선택하는 뜻은 생민의 휴척이 수령에게 달려 있기 때문임을 다시 한 번 강조한 영조는 그 적재가 循吏라고 하였다. 순리는 명예를 추구하는 관료거나 위인설관하기 위해 선발한 자를 가리키지 않았다. 오로지 생민과 고락을 같이하며 그들의 삶을 책임질 줄 아는 賢良하고 孝廉한 인재인 廉勤吏로서, 그 精選方式으로는 한나라 때의 인재선발 방식을 이상으로 삼았다.

---

21) 『英祖實錄』 卷43, 英祖 13年 正月 2日(辛卯).
22) 『英祖實錄』 卷60, 英祖 20年 8月 19日(癸亥).

영조의 이러한 인재선발 욕구는 위민의식에서 비롯되었다고 볼 수 있다. 수령은 위민정치 실현의 첨병 역할을 하는 인재들이었다고 하겠다. 그러므로 그러한 그들의 선발은 긴급한 업무이기도 하였다.

또한 수령 선발은 당파의 이해를 고려한 인사권 행사를 철저히 배제하여야 했다. 당파의 이해를 견지하는 인재의 수령 선발은 위민의식의 결여로 사회안정을 저해하고 민의를 저버릴 수 있는 위험요소를 안고 있었다. 수령은 백성과의 관계에서 역시 부자관계로 파악되어 수령의 책임정치 구현을 당연시 여기던 당시였다.

당파의 배제 원칙은 병조판서에게 내린 어제시에서 제시되었다. 역시 첫 구절에서는 위와 마찬가지로 '이 당에서 친정한 뜻을 몸받아야 한다.'고 하고는 '구근을 말하지 말라. 나에게는 청아함뿐이다.'라고 하여, 구근의 임용배제 원칙을 지시했다. 구근은 경력자의 전문성이 요구되는 직책에 적용하는 제도인데, 무관의 선발에는 그 제도의 적용에 구애받지 말라는 것이었다. 왜냐하면, 성종 6년에 "이조와 병조에서 인물을 진퇴시킬 때 권세를 쓸 소지가 있으니, 구임하는 것은 마땅하지 않겠습니다."[23]라고 한 바와 같이, 인사권을 이용한 권세의 남용이 우려되었기 때문이다. 영조는 집권 초기에 구임에 관한 논의를 벌인 바 있으며, 호조판서와 병조판서의 구임을 청하는 상소가 올라오기도 하였다.[24] 그러나 영조는 호조판서에 대

---

23)『成宗實錄』卷56, 成宗 6年 6月 14日(辛卯).

24)『英祖實錄』卷1, 英祖 卽位年 10月 2日(壬申);『英祖實錄』卷4, 英祖 元年 3月 13日(辛亥).

해서는 유념하겠다고 하였으나, 병조판서에 대해서는 언급을 회피하더니 결국 병조의 구임선발에 반대하는 입장을 표명하였다. 그리고는 각사 낭관의 구임절목을 제정하였다.25)

그런데 이 시구에서 보다 중요한 구절은 셋째와 넷째 구이다. 곧 '무변의 붕당은 종사에 관계된다. 동도 아니고 서도 아니며, 위도 말고 아래도 말라.'고 한 것이다. 무변의 붕당은 종사의 안위와 관계가 깊으니, 사색당파의 인물 임용 불가론을 내세운 것이다. 사실 당파 배제의 원칙은 무관에게만 해당되는 것은 아니었다.

영조는 즉위 직후부터 銓曹에서는 蕩平하게 거두어 쓰고 당습을 버려 공평하기에 힘쓰라고 전교하였다.26) 그리고는 얼마 지나지 않아 또 비망기를 내려, "(전략) 나라를 위해 몸과 마음을 다 바칠 의리와 睦婣할 도리를 생각하지 않고 오직 黨習에 혹 어긋날까 염려를 하니, 이것이 어찌 忠孝이겠는가? (중략) 蕩平하는 것은 公이요 당에 물드는 것은 私인데, 여러 신하들은 공을 하고자 하는가, 사를 하고자 하는가?"라 하고서, 이를 교서로 작성하여 중외에 널리 반포하도록 하였다.27) 인사에 있어서 탕평의 원칙을 전국에 천명하고, 이를 실천하는 것이 충효의 윤리에 부합하는 것임을 훈유한 것이다. 이처럼 탕평과 충효는 상호 밀접한 인식논리에서 구상된 정치적 도구였음을 알 수 있다.

---

25) 『英祖實錄』卷14, 英祖 3年 11月 11日(癸亥).
26) 『英祖實錄』卷3, 英祖 元年 正月 3日(壬寅).
27) 『英祖實錄』卷3, 英祖 元年 正月 21日(庚申).

이러한 당습에 대한 비판은 문관뿐 아니라 무변과 음관 등을 구체적으로 지적하면서 그들의 당파성을 거론하기도 하였다. 영조 3년에 "武弁·蔭官이 色目에 어찌 관계되며, 吏胥까지도 붕당에 어찌 관계되기에 조정의 進退가 이들에게까지 미치는가?"라고 한탄하면서, 黨習에 관계된 자를 내 앞에 천거하면 내치고 귀양 보내서 國都에 함께 있게 하지 않을 것이라고 엄명하였다.[28] 붕당의 폐해가 무관과 음관·이서에게까지 미쳐, 온 조정이 여전히 용동하고 있는 가운데 당습에 물든 자는 철저히 배제하겠다는 의지를 공표하였던 것이다. 영조 15년에도 대정을 행하기 전에 이판과 병판에게 '偏私를 없애고 鬱滯를 소통하도록' 신칙하였는데,[29] 이러한 붕당척결의 의지가 도목정사에 친림하여 과시되었던 것이다. 특히 영조는 전관에게 이처럼 계칙하는 것을 국가의 상전으로 이해하고 있었다.

영조는 위와 같은 인사원칙과 더불어 왕권을 강화하고 벌열을 견제하기 위해 인사방법을 개선하고자 노력하기도 하였다. 사관의 선발방법인 翰薦法을 혁파하였는가 하면, 翰林召試法을 제정하기도 하였다. 그리고 銓郞의 通淸權과 郞薦權을 혁파하였다. 이러한 인사방법의 개혁조치는 기강을 세워 왕권을 강화하고 벌열들이 이러한 방법을 이용하여 편당을 조성하는 폐해를 방지하고자 하는 의도

---

28) 『英祖實錄』 卷12, 英祖 3年 7月 4日(戊午), "噫 黨習之弊 奚及於已骨之三臣歟 武弁蔭官 何關於色目 至於吏胥 亦何係於朋比 而朝廷進退 及於此輩乎 (中略) 予但當取人才而用之 若以係於黨習者 進之於前 則當黜當竄 不與同中國矣"

29) 『英祖實錄』 卷49, 英祖 15年 7月 26日(庚午).

에서 비롯되었다.[30]

영조는 국왕의 特旨, 加望 등을 통해서 인사권의 장악을 꾀하기도 하였다. 전형을 거치지 않고 국왕이 특지로 관원을 임명하는 中批가 많이 이용되었는데,[31] 이 제도는 숙종 대부터 활성화되어 있었다. 이조의 천망이 영조 자신의 인재등용 의도와 일치하지 않거나 공평하지 않다고 판단하였을 경우에는 이조의 堂上을 중비를 통하여 교체하기도 하고,[32] 비변사 당상을 인사조치하기도 하였다.[33] 영조는 이조와 비변사가 가지고 있는 인사권을 장악함으로써, 인재등용에 대한 자신의 뜻을 관철시키고자 하였던 것이다.

이처럼 영조의 중비 이용은 인사권 장악을 통한 탕평책의 적극 추진과 벌열의 진출 견제를 효과적으로 수행할 수 있는 방법이었다. 뿐만 아니라 역적의 친척 임명이라든가, 무과출신자의 승지 임명, 지방출신의 선발, 한림의 선발, 도당록 입록 등 다양한 방향에서 중비를 이용한 인사권 행사가 이루어졌다. 그리하여 영조 말년에 이르면, 卿宰와 侍從臣의 수의 거의 절반이 중비의 특별 발탁으로 인한 것이라는 불만이 터져 나올 정도였다.

---

30) 車長燮,『朝鮮後期閥閱研究』(일조각, 1997), 227면.

31) 車長燮, 전게서, 227~234면 참조.

32)『英祖實錄』卷55, 英祖 18年 正月 29日(己丑);『英祖實錄』卷60, 英祖 20年 10月 19日(壬戌);『英祖實錄』卷65, 英祖 23年 正月 11日(辛丑).

33)『英祖實錄』卷59, 英祖 20年 6月 26日(壬申);『英祖實錄』卷93, 英祖 35年 3月 13日(癸巳);『英祖實錄』卷101, 英祖 39年 3月 3日(庚申).

영조의 인사에 의한 탕평책은 불편부당의 인재등용이었다. 그런데 영조는 서울 거주의 벌열에 관심이 많았으며, 경향 간 차별 철폐에는 인색했다. 지방출신인 산림들을 등용하였을 경우에 닥칠 파당 간의 정치적 갈등을 심히 우려하였기 때문이다. 영조의 인사정책은 산림을 멀리하고자 하였을 뿐 아니라, 지방의 인재등용에도 적극성을 보이지 않았다.[34)]

그러한 그에게 영남의 인재를 수용하라는 압력이 거세졌다. 그는 하는 수 없이 注擬할 적에 일체 서북의 전례에 의거하여 嶺南이라고 注를 달도록 한 적이 있었다.[35)] 그러나 이러한 조치는 그 후 副司果 李濟가 상소한 내용에서처럼,

"(상략) 옛날에는 서북 사람에게도 또한 淸顯의 벼슬자리를 주어 宰臣의 반열에 오른 자도 있었습니다. 지금은 비록 三南이 人物의 府庫라고 하지마는 科目으로 말미암아 입사하는 자는 벼슬이 察訪과 縣令에 지나지 않고, 蔭職으로 입사하는 자는 절대로 없습니다. 아! 온 나라 사람이 누군들 왕신이 아니겠습니까마는, 안팎으로 구분하여 그 안을 쓰고 그 밖은 버리니, 어떻게 인심을 복종시키고 物情을 평온하게 하겠습니까? (하략)"[36)]

---

34) 任敏赫, 전게서, 145면.

35) 『英祖實錄』 卷6, 英祖 元年 5月 20日(丁巳).

36) 『英祖實錄』 卷39, 英祖 10年 12月 10日(辛亥), "副司果李濟 因災異上疏略曰 (中略) 在昔西北人 亦有通顯仕躋宰列者 而今則雖三南人物之府庫 其由科目進者 官不過一郵一縣 而至於蔭塗入仕 絶無有焉 噫 一國之人 孰非王臣 而分以內外 用其內而舍其外 又於內之中分以黨目 用其同而捨其異 其何以服人心而平物情乎 (下略)"

라고 하여, 인사제도의 폐단으로 인재의 부고인 영남에서 과거의 합격을 통해 한직으로 나가는 경우는 있지만, 음서로 채용된 음직자는 하나도 없다는 것이다. 李濟가 지적한 이러한 時弊가 아주 심각한 지경이었을지라도, 史臣이 논한 바와 같이 임금의 반응은 신통치 않았고 廟堂에서 覆奏한 것도 채용한 실상이 없었다.

그렇다 보니 부정인사가 횡행하여 심지어 銓官이 私情을 따라 임금을 속이는 일까지 벌어졌다. 임금이 누차 영남사람을 수용하라고 신칙하자, 마침내 영남사람이 아닌 진사 이복해를 영남인이라 거짓 주까지 달아 벼슬을 제수하는 한심한 지경에 이르렀던 것이다.37) 이러하니 영남사람들은 자포자기 상태에 빠질 수밖에 없었다.38)

그 뒤에도 영·호남의 인재 수용에 대한 요청은 계속되었다. 대사헌 金尙魯는 "비록 양남으로 말하더라도 (중략) 소년 때 등과하여 머리가 셀 때까지 헛되이 늙어가는 자가 십중팔구나 됩니다. 문신이 이와 같으니, 음관과 무신이야 어찌 논할 나위가 있겠습니까?"라고 하면서, 양남의 인재 수용을 촉구하였다. 이에 영조는 문관·음관·무관의 전함을 쓰고, 일찍이 지낸 직명과 作散한 年月, 京鄕의 居住를 註로 달아 작성해서 들이도록 했다.39) 三班 散官者의 신상 조사사업은 이때부터 시작되었다고 하겠다.

---

37) 『英祖實錄』 卷56, 英祖 18年 9月 20日(丙子).
38) 『英祖實錄』 卷56, 英祖 18年 9月 24日(庚辰).
39) 『英祖實錄』 卷61, 英祖 21年 5月 15日(丙戌).

그렇지만 이러한 삼반 조사사업이 실제 수행되었는지는 불투명하다. 지방의 인재 수용도 현실적 한계상황에 놓여 있었다. 영조 32년 지방인의 등용을 명하자, 이조판서 鄭翬良이 "鄕人이 벼슬자리에 있으면 아름답지 못한 일이 일어날 뿐 아니라, 이들은 京華子弟보다 못합니다."[40]라고 한 바와 같이, 영조 자신뿐 아니라 銓官도 사실 지방인에 대해서는 부정적인 인식을 갖고 있었던 것이다.

3. 도목정사의 실시 현황

도목정사는 1년에 두 차례씩 이조와 병조에서 행하는 관리의 인사발령이었다.[41] 12월에 실시되는 歲末都目政 외에, 세종 4년(1422)에 비로소 6월 도목이 생겨 1년 양도목이 되었다. 따라서 문무 경관직의 각 아문에 소속된 관료들과 6품 이상의 외관들은 6월의 小政과 12월의 大政 두 차례의 정기 도목정이 행해졌다고 하겠다.[42]

---

40) 『英祖實錄』卷88, 英祖 32年 閏9月 5日(庚子), "(鄭)翬良曰 鄕人居官 類多不美 不及於京華子弟矣"；『承政院日記』第1136册, 英祖 32年丙子 閏9月 5日申時.

41) 李成茂, 『朝鮮의 社會와 思想』(일조각, 1999), 112면.

42) 『經國大典』에 의하면, 선전관과 겸사복·내금위·공신적장·친군위·별시위·갑사·습독관·弓人·矢人·諸員·濟州子弟·伴倘·羅將·皂隷·보충대는 양도목으로 1월과 7월에 행하였다. 또한 족친위와 충

영조대의 도목정사는 보통 이틀에 걸쳐 행해졌다.[43] 어떤 경우에는 3일이 걸리기도 하였다.[44] 그런데 이 당시에는 도목정보다 無時로 시행되는 轉動政[45]이 일반적이었다. 이 글의 주된 분석대상인 『政事册』에 실린 영조 연간의 政事 관계기록을 보면 이를 알 수 있다. 여기에 수록된 인사 관계기록의 시기를 정리해 보면, 아래와 같다.

Ⅰ시기: 영조 11년(을묘)
정월 초6일, 초10일, 13일, 16일, 20일, 21일, 25일, 28일.
2월 초2일, 초4일, 초5일, 초10일, 12일, 13일, 18일, 26일, 28일.
3월 초2일, 초3일, 초5일, 초10일, 同日再政, 12일, 16일, 18일, 25일, 27일.
4월 초1일, 초8일, 16일, 18일, 22일, 25일, 29일.
윤4월 초1일, 초3일, 초5일, 초7일, 초9일, 12일, 15일, 19일.

의위·醫員·승문원제원·장용위·동몽훈도·파진군은 4도목으로 1월과 4월·7월·10월에, 正兵은 6도목으로 2월과 4월·6월·8월·10월·12월에 행하였다. 이밖에 충찬위와 태평소·취라치·파적위·隊卒·彭排는 3도목으로 4월과 7월·10월에, 管領과 수군·조졸은 1도목으로 1월에 행하였다.(『經國大典』) 이것이 『續大典』에 이르러서는 약간의 변화가 있었다. 선전관과 공신적장·습독관은 양도목에서 4도목으로, 충찬위는 도목수는 같으나 10월에 하던 것을 1월로 바꾸었다.(『續大典』)

43) 『英祖實錄』 卷35, 英祖 9年 8月 19日(丁卯);『英祖實錄』 卷42, 英祖 12年 12月 11日(庚午);『英祖實錄』 卷53, 英祖 17年 2月 3日(戊戌) 등.
44) 『英祖實錄』 卷52, 英祖 16年 7月 13日(辛巳).
45) 『世宗實錄』 卷2, 世宗 卽位年 12月 5日(庚辰), "國制 每年六月十二月 吏兵曹 論中外官吏功過陞黜之 謂之都目政 無時除授 謂之轉動政"

5월 초1일, 18일, 19일, 20일, 22일, 25일, 28일, 29일.

6월 초10일, 11일, 12일, 13일, 16일.

7월 초4일, 초5일, 25일.

8월 초3일, 초7일, 초8일, 14일, 16일, 18일, 19일, 23일, 25일, 30일.

9월 초6일, 초9일, 12일, 14일, 19일, 22일, 24일, 25일, 27일.

10월 초7일, 16일, 19일, 21일, 27일.

11월 초8일, 초10일, 13일, 18일, 21일, 26일, 29일.

12월 초3일, 초4일, 초5일, 초7일, 13일, 14일, 16일, 18일, 28일.

Ⅱ시기: 영조 31년(을해)

정월 초9일, 21일, 27일.

2월 초4일, 11일, 12일, 14일, 20일.

3월 초10일, 12일, 14일, 15일, 25일.

4월 초2일, 초4일, 초5일, 13일, 17일, 21일, 24일, 28일.

5월 초2일, 초9일, 14일, 同日再政, 18일, 21일, 23일, 29일.

6월 초2일, 초5일, 12일, 14일, 23일, 25일.

7월 초3일, 초8일, 11일, 17일, 24일.

8월 초9일, 13일, 同日口傳, 22일, 25일, 27일.

9월 초5일, 초8일, 20일, 25일, 28일.

10월 초9일, 14일, 17일, 28일, 29일.

11월 14일, 28일.

12월 초6일, 초8일, 초9일, 20일, 26일.

Ⅲ시기: 영조 40년(갑신)

정월 초4일, 초7일, 12일, 14일, 21일, 25일.

2월 초8일, 11일, 18일, 22일, 23일.

3월 초4일, 초6일, 14일, 21일, 22일, 25일, 27일. 29일.

4월 초1일, 초4일, 13일, 18일, 25일, 29일.

5월 초2일, 초5일, 11일, 13일, 18일, 19일, 20일, 22일, 25일.

6월 초5일, 14일, 17일, 21일, 30일.

7월 초3일, 초6일, 16일, 17일, 22일, 25일.

8월 초7일, 22일, 24일.

9월 초1일, 초10일, 17일, 21일, 27일, 29일.

10월 초9일, 초10일, 16일, 18일, 28일.

11월 초7일, 27일, 30일.

12월 초3일, 초4일, 초8일, 16일, 25일.

Ⅳ시기: 영조 41년(을유)

정월 초2일, 초10일, 15일, 21일, 28일, 30일.

2월 초3일, 초5일, 25일.

윤2월 초2일, 13일, 14일, 22일, 25일, 28일.

3월 초6일, 11일, 13일, 20일, 22일, 28일, 30일.

4월 14일, 15일, 19일, 25일.

5월 초2일, 초5일, 초9일, 11일, 14일, 21일, 26일, 29일.

6월 초3일, 초4일, 11일, 20일, 22일.

7월 초2일, 초7일, 초9일, 12일, 16일, 21일, 24일, 29일.

8월 초5일, 초6일, 초7일, 초10일, 23일, 28일.

9월 초7일, 12일, 16일, 20일, 24일.

10월 초2일, 초3일, 초7일, 16일, 19일, 23일, 29일.

11월 11일, 18일, 21일, 28일.

12월 초3일, 초10일, 14일, 16일, 19일, 22일, 24일, 미상.

Ⅴ시기: 영조 44년(무자)

정월 16일.

2월 초3일, 초7일, 16일, 20일, 21일, 27일, 28일.

3월 11일, 18일, 23일, 29일.

4월 초4일, 초9일, 19일, 29일.

5월 초2일, 초8일, 18일.

6월 초8일, 12일, 13일, 14일, 同日再政, 16일, 17일, 18일, 20일, 23일.

7월 초1일, 28일.

8월 초9일, 14일, 20일, 23일.

9월 초2일, 12일, 26일.

10월 초6일, 초10일, 同日再政, 16일, 17일, 20일

11월 초3일, 초6일, 초8일, 14일, 19일, 21일, 27일.

12월 초6일, 초9일, 13일, 18일, 同日再政, 19일, 21일, 23일, 26일.

Ⅵ시기: 영조 50년(갑오)

정월 초5일, 초9일, 11일, 14일, 15일, 22일, 23일, 同日再政.

2월 초2일, 초7일, 17일, 18일, 21일, 23일, 24일.

3월 초1일, 초4일, 초10일, 12일, 16일, 21일, 23일, 28일.

4월 초9일, 同日再政, 16일, 18일, 21일, 24일, 26일.

5월 초3일, 초9일, 14일, 19일, 20일, 24일, 25일.

6월 초2일, 초3일, 초9일, 同日再政, 19일, 20일, 23일, 24일, 同日再政, 28일.

7월 초4일, 초8일, 14일, 16일, 19일, 同日再政, 28일.

8월 초4일, 초5일, 초10일, 21일, 24일, 29일.

9월 초1일, 초2일, 초4일, 초9일, 12일, 14일, 19일, 21일, 24일.

10월 초2일, 초4일, 11일, 14일, 16일, 17일, 25일, 27일, 29일.

11월 초10일, 12일, 14일, 18일, 同日再政, 19일, 21일, 28일.

12월 초1일, 초5일, 초7일, 초9일, 18일, 20일, 21일, 同日再政, 22일, 23일, 26일, 27일.

Ⅶ시기: 영조 51년(을미)

정월 미상, 초9일, 11일, 12일, 14일, 16일, 25일, 29일.

2월 초3일, 同日再政, 초4일, 초5일, 초7일, 초10일, 12일, 17일, 23일, 28일, 29일.

3월 초1일, 초5일, 초7일, 초10일, 12일, 21일, 23일, 27일, 30일.

4월 초6일, 11일, 17일, 19일, 22일, 24일.

5월 초2일, 초5일, 초6일, 초10일, 14일, 18일, 23일, 26일, 27일, 30일.

6월 초2일, 초3일, 초9일, 12일, 20일, 22일.

7월 초2일, 초7일, 11일, 13일, 15일, 24일, 27일.

8월 초3일, 초8일, 초10일, 16일, 21일.

9월 초1일, 초3일, 초7일, 15일, 21일, 22일.

10월 초5일, 17일, 21일, 25일.

윤10월 초1일, 초4일, 17일, 19일, 23일, 26일.

11월 초2일, 초3일, 초7일, 초8일, 12일, 16일, 17일, 同日三政, 19일, 21일, 同日再政, 三政, 22일, 23일, 25일, 30일.

12월 초2일, 초4일, 초6일, 초7일, 초8일, 초10일, 12일, 14일, 18일, 20일, 21일, 23일, 25일.

이상은 영조 11년(1735)과 30년(1754), 40년(1764), 41년, 44년, 50년(1774), 51년 등 모두 7개년에 해당한다. 이 중에서 정기 인사 행정인 도정은 분간하기가 곤란하다. 어쨌든 위 인사시행 날짜를 살펴보면, 산정이 매월 수차례에 걸쳐 행해져 이 당시의 인사행정은 전동정 혹은 散政이 일반적이었음을 알 수 있다. 산정의 횟수는 매월 적으면 두세 차례에 불과하지만, 많을 경우에는 16차례에 이르러 이틀에 한 번 꼴로 시행되기도 하였다. 뿐만 아니라 같은 날에 再政과 三政이 실시되는 경우도 있었다.

그러면 시기별 산정 횟수를 검토해 보자. Ⅰ시기에는 매월 3～10회로서, 월평균 7.5회였다. Ⅱ시기에는 매월 2～8회로 월평균 5.3회, Ⅲ시기에는 매월 3～9회로 월평균 5.6회, Ⅳ시기는 매월 3～8회로 월평균 5.9회, Ⅴ시기는 매월 1～10회로 월평균 5회, Ⅵ시기는 매월 6～12회로 월평균 8.2회, Ⅶ시기는 매월 4～16회로 월평균 8.2회였다. 집권 초기와 말기에 다른 시기보다 월등한 산정 횟수를 나타내고 있다. 육조 관직의 교체가 이조판서의 경우, 전반기 53명, 대리청정기 45명, 후기친정기 107명이 교체되어 1인당 재임 기간은 각각 5.4개월, 3.7개월, 1.6개월이었다46)고 하는 연구결과를 감안해 보면, 산정의 시기별 횟수 또한 이와 유사한 경향을 보이고 있었다. 말기에 포함될 수 있는 Ⅲ시기부터 Ⅴ시기에는 그 이전의 횟수와 유사한 정도를 보이고 있으나, 왕세손의 대리청정 직전인 Ⅵ과 Ⅶ시기에는 유별나게 높은 횟수를 보이고 있음이 특징이다.

그렇다면 6월과 12월의 도정은 제때에 개정되었을까? 영조 연간에는 도정의 개정이 지연되기 일쑤였다. 영조 10년에, "도목정을 물려서 거행하는 것이 근례를 이루었다."47)거나, 사헌부에서 "매양 일

---

46) 李熙煥, 『朝鮮後期黨爭研究』, 국학자료원, 1995, 304면.

이 있으면 반드시 위에서 허다한 분부를 내린 후에 비로소 거행하게 되니, 이번 도정에 이르러서 극도에 달하였습니다."[48]라고 한 바와 같이, 영조가 속개할 것을 거듭 재촉해야 개정하는 폐단이 그동안 지속되어 왔음을 알 수 있다.

영조 10년 윤4월에는 영조가 지난 겨울의 도정이 아직도 행해지지 않는 이유를 물은 적이 있다.[49] 지연 사유는 이조낭청의 의망을 통과시키는 데 전관들의 의견이 일치하지 않았기 때문이었다. 그러다가 이 도정은 6월에 가서야 거행되었다.[50] 약 6개월이 지난 뒤의 일이었다. 이때의 도정은 영조가 친림한 것으로 보아 왕명에 의해 불가피하게 수행된 것으로 보인다.

이처럼 이조낭청의 의망에 대한 의견 불일치로 인한 도정의 지연 사태는 영조 15년 7월에도 재연되었다.[51] 민통수와 심악 중 누구를 의망할 것인가 하는 문제를 놓고 의견이 분분하게 일었던 것이다. 이러한 사태는 영조 24년의 경우에도 발생하였다.[52]

도목정사는 이조와 병조에서 주관하였다. 이조에서는 판서와 참판, 참의가, 병조에서는 판서와 참판, 참의, 참지 그리고 도승지와

---

47) 『英祖實錄』 卷37, 英祖 10年 2月 21日(丁卯).

48) 『英祖實錄』 卷39, 英祖 10年 10月 5日(丁未).

49) 『英祖實錄』 卷40, 英祖 11年 윤4月 15日(甲申).

50) 『英祖實錄』 卷40, 英祖 11年 6月 12日(庚辰).

51) 『英祖實錄』 卷49, 英祖 15年 7月 14日(戊午).

52) 『英祖實錄』 卷67, 英祖 24年 6月 21日(甲戌); 『英祖實錄』 卷70, 英祖 25年 8月 10日(丁未).

승지 1명이 참여하여 개정하였다.[53] 그런데 영조 연간의 기록을 보면, 이조 삼당상이 모두 참여하는 정사는 여러 이유로 매우 드물었던 것으로 보인다.

『정사책』에 수록된 이에 관한 기록을 통하여, 이조 銓官들의 불참사유를 검토해 보자. 불참사유는 삼당상 중 어느 누구라 할 것 없이 受由(式暇)[54]와 奉命,[55] 牌招不進,[56] 未差,[57] 칭병,[58] 미숙배,[59] 呈辭受由,[60] 疏批未下,[61] 陳疏入啓,[62] 禁吾胥命(金吾待命),[63] 家在城外,[64] 傳旨未下,[65] 試官(試所進),[66] 服制,[67] 禁推,[68] 陞資[69] 등

---

53) 본고에서는 『정사책』이 이조 주관의 문관 인사만을 싣고 있어, 이에 대해서만 언급하고자 한다.

54) 『政事册』 1; 같은 책 2, 88면, 90면 등.

55) 『政事册』 1, 68면.

56) 『政事册』 1, 68면, 147면, 148면, 185면, 187면, 193면, 195면, 202면 등.

57) 『政事册』 1, 71~79면, 90면, 94면, 189면 등.

58) 『政事册』 1, 133면, 155면, 162면 등.

59) 『政事册』 1, 155면; 같은 책 3, 121면.

60) 『政事册』 1, 185면, 189면, 203면 등.

61) 『政事册』 1, 458면; 같은 책 2, 78면.

62) 『政事册』 1, 487면, 522면, 532면.

63) 『政事册』 1, 571면; 같은 책 2, 125면.

64) 『政事册』 2, 76면.

65) 『政事册』 2, 263면, 381면.

66) 『政事册』 2, 466면; 같은 책 3, 33면.

67) 『政事册』 2, 578면.

68) 『政事册』 2, 140면, 183면.

이었다.70) 이 가운데에서 수유와 패초부진, 미차 등이 주된 사유였으며, 미차와 미숙배는 참판이나 참의가 이에 해당하였다.

그 사례를 하나 들어보자. "이조에서 아뢰기를, '판서는 금방 입시하였고 참의는 수유로 밖에 있으니, 소신이 揭政하기가 미안합니다. 어떻게 해야 할까요? 감히 아룁니다.'라 하니, 전교하기를, '그대로 하라.'고 하였다."는 것이다.71) 판서와 참의는 각각 입시와 휴가로 정사에 참여하지 못하게 되어 참판 홀로 게정해야 하는 곤란한 처지를 아뢰었던 것이다. 이에 대해 영조는 이들의 참여 없이 참판 혼자라도 게정하라는 전교를 내렸다.

새로 이조판서에 임명된 자의 경우에는 바로 명초하여 그날의 정사에 동참하도록 하는 것이 일반적이었다.72) 그러나 거의 대부분 응하지 않았다. 그리하여 이조에서는 '判書牌招不進'이라는 사실을 다시금 아뢴 후에,73) 정사를 실시하였다. 인사의 총책임자인 이조판서가 궐석인 상태에서 정사를 행할 수 없으므로 우선 이조판서의 정사를 단행한 후에 이러한 절차를 거쳤던 것이다. 그렇지만 판서가

---

69) 『政事冊』 2, 162면.

70) 『政事冊』에는 을해년(영조 31, 1755)의 경우, 이와 관련된 기록은 기재하지 않았다.

71) 『政事冊』 1, 43면, "吏批啓曰 判書今方入侍 參議受由在外 小臣揭政 未安 何以爲之敢稟 傳曰仍爲之"

72) 政事冊 1, 86면, 96면, "吏批啓曰 新判書命招同參政事何如 傳曰允 吏曹判書金 命招不進"

73) 政事冊 1, 97면, "吏批啓曰 判書牌招不進 參議未差 小臣揭政未安 何以爲之敢稟 傳曰仍爲之"

불참한다고 해서 반드시 계정하지 못하는 것은 아니었다.[74]

판서와 참판이 패초에 나오지 않아 참의 혼자 계정해야 할 경우에는 영조가 긴급한 직임만을 내도록(出緊任) 명령하기도 하였다.[75] 긴급한 직임이라고 하여 특별히 정해진 기준은 없었던 것으로 보인다. '출긴임'으로 정사를 시행한 인사내용을 살펴보면, 평상시와 비교하여 별다른 차이점을 발견할 수가 없다. 그때그때의 상황에 따른 긴급성 여부로 결정되었던 것으로 보인다. 그렇지 않을 경우에는 평상시대로(仍爲之) 계정하였다.[76]

'출긴임'은 정사를 시행하는 중간에 단행되기도 하였다. 예를 들면, 을묘(영조 11, 1735) 12월 초3일의 정사에서 대교와 좌참찬, 우참찬, 병조참지, 겸춘추 등을 낙점하고 난 다음에, 이조에서는 '판서는 외방에 있고 참판은 아직 택차하지 않아' 참의가 계정하기 미안하다고 아뢴 바 있다. 이에 대해 영조는 '출긴임'을 명하고, 사간과 판윤, 우윤, 병조좌랑, 사복첨정, 홍주목사, 철원부사, 단양군수, 포천현감, 겸춘추, 승지, 정언, 공조판서, 공조참판, 내국제조 등을 낙점하였다.[77]

'判書在外 參判未差'의 대표적인 사례로는 을묘 11월 26일부터 12월 18일까지 약 23일 동안 이삼일 꼴로 한 차례씩 모두 열 차례에 걸쳐 단행된 정사를 들 수 있다. '판서는 외방에 있고 참판은 택

---

74) 『政事冊』 1, 474면.
75) 『政事冊』 1, 129면, 206면, 208면, 210면 등.
76) 『政事冊』 1, 131면.
77) 『政事冊』 1, 213∼216면.

차되지 않은' 이유로 참의에 의한 단독 게정이 있기도 하였다.78)

영조 연간의 도목정사는 거의 영조의 친정에 의해 단행되었던 것으로 보인다. 영조는 즉위한 뒤 얼마 지나지 않아, 도목정은 국가의 대사이므로 친림할 것임을 분부하였다.79) 특히 영조 치세 중반경부터는 친정을 더욱 철저히 하였다. "많은 선비에게 친히 시험을 보이고 대정을 친히 행하여 초야의 선비를 조용하는 것을 급선무로 여기고 있다."고 하는 것이 영조의 입장이었다. 친정의 강행 이유는 "도정 때에는 비록 친정이 아니더라도 의관을 정제하고 정사를 열었으니, 이는 내가 일찍이 우러러본 고사이다."80)라고 한 바와 같이, 고사를 이어받아 행하는 계술의 의미가 있었다. 이러한 친정의 중시 태도는 영조 51년 12월에 왕세손에게 청정하게 하면서도 用兵, 用刑과 함께 도정은 자신이 직접 행하겠다는 데서도 알 수 있다.81)

친림도정에서 대대적인 인사가 단행된 시기는 갑신(영조 40, 1764) 6월 30일의 친림도정이 주목된다.82) 이때에 새로 임명된 관직 수만 자그마치 약 189개였다. 이와 같은 대대적인 인사는 무자(영조 44, 1768) 6월 17일의 도목정사에서도 있었다.83) 이때에는 약 184개의 관직에 대한 인사개편이 이루어졌다.

---

78) 『政事冊』 1, 210∼229면.

79) 『英祖實錄』 卷10, 英祖 2年 12月 16日(癸酉).

80) 『英祖實錄』 卷111, 英祖 44年 11月 23日(丁未).

81) 『英祖實錄』 卷126, 英祖 51年 12月 7日(庚戌).

82) 『政事冊』 1, 488∼507면.

83) 『政事冊』 2, 307∼326면.

이처럼 관리선발 방법으로는 도정이 그 주류를 이루었으며, 이 외에 口傳政事가 있었다. 구전정사는 곧 왕의 특지에 의한 인사행 정을 가리킨다.[84] 그런데 도정에서 낙점된 인물 중에는 大臣薦에 의해 결정된 사례들이 있었다. 『정사책』에는 낙점된 사람의 성명 바로 밑에 작은 글씨로 겹줄로 해서 출신, 작호 그리고 대신천의 경우 이를 밝히고 있는 것이다. 영조 44년 10월 10일의 정사에는 특히 대신천 관련기사를 수록하고 있어 흥미롭다. 곧 형조판서가 궐 석이니 종2품 중에서 그 후임을 대신들에게 물어 오늘의 정사에 備 擬하라는 것이었다.[85] 이러한 명령에 따라 이방승지가 문의한 대신 은 삼정승이었으며, 그들은 廟議를 건의하는 것은 부당하다거나 首 席을 참월할 수 없다는 견해를 나타내면서 薦望하지 않았다.

대신천의 사례를 들어보면, 영조 41년 5월 5일과 7월 7일, 7월 21일에 각각 이조판서로 제수된 황인검과 서지수, 박상덕, 같은 해 6월 20일과 12월 14일에 각각 호조판서로 제수된 정홍순과 심수, 같은 해 11월 18일에 병조판서로 제수된 김상철, 같은 해 5월 5일 에 형조판서로 제수된 정홍순, 영조 11년 12월 13일과 영조 44년 11월 19일에 각각 공조판서로 제수된 송진명과 홍인한 등이 있다.

또한 加望의 사례도 있는데, 영조 44년 11월 19일의 공조판서 정사가 그것이다. 이때의 삼망은 부사직 윤급과 지돈녕 황경원, 형

---

84) 특지에 대해서는 任敏赫, 전게서, 38~40면 참조.
85) 『政事冊』 2, 영조 44년 10월 10일. "傳曰 刑曹判書有闕 代從二品中 間于大臣 今日政備擬"

조참판 이길보였다. 영조는 그중에서 아무도 낙점하지 않고 종2품 중에서 가망하여 들이라는 명을 내렸다. 그에 따라 부사직 황경원과 지돈녕 심성진, 형조참판 홍인한을 올리자, 영조는 末望을 낙점하였다. 이 사례를 통해서 보면, 가망은 기존의 삼망 이외에 후보자를 추가하는 것이 아니라 후보가 교체된 삼망을 다시 갖추어 올리는 것을 가리켰다.

4. 육조판서의 인사실태

영조 연간 육조판서의 인사대상에 오른 자는 모두 126명이었다. 이들의 출신을 보면, 문과합격자 119명이며, 미상이 7명이다. 문과합격자의 전력을 살펴보면, 幼學 10명, 생원 3명, 진사 18명, 통덕랑 41명이며, 전직자가 47명이었다. 전직자를 구체적으로 살펴보면, 세마 4명, 참봉 5명, 부사 2명, 현령 1명, 현감 7명, 목사 4명, 군수 2명, 교관 4명, 侍直 2명, 司果 1명, 좌랑 3명, 직장 2명, 주부 1명, 정랑 2명, 익찬 1명, 副率 1명, 봉사 3명, 도사 2명 등이다. 따라서 문과합격자라도 이들의 출신은 약 37%가 음관이었다는 사실을 알 수 있다.

관품자는 통덕랑이 유일하고, 이들이 전체에서 차지하는 비율은 역시 33% 가까이 되었다. 문무과에는 생원과 진사의 경우 加資를 쓰지 말도록 하였는데,[86] 통덕랑의 전력은 유학과 생진, 전직자 여부가 불분명한 상태이다.

　　그러면 위 7개년간의 육조판서 후보자 현황을 <표>로 나타내보
면 아래와 같다.

<표> 육조판서 후보자 현황

성명	생몰년	당색	본관	피후보 횟수	성명	생몰년	당색	본관	피후보 횟수
具善行	1709 – 1775	소	능성	6	元景夏	1698 – 1761	노	원주	4
具允明	1711 – 1797	소	능성	18	元仁孫	1721 – 1774	노	원주	1
具允鈺	1720 – 1792	소	능성	5	李景祜	1705 – 1779	소	용인	7
權　爀	1694 – 1759	노	안동	1	李吉輔	1700 – 1771	소	연안	3
金器大	1714 – 1775	소	경주	7	李　潭	1723 – ?	남	덕수	7
金東弼	1678 – 1737	소	상산	7	李福源	1719 – 1792	소	연안	6
金相奭	1690 – 1765	노	연안	1	李思觀	1705 – 1776	소	한산	1
金尙星	1703 – 1755	소	강릉	3	李成中	1706 – ?	소	전주	3
金相紳	1687 – ?	노	연안	1	李潤成	1719 – ?	소	전의	1
金尙翼	1699 – 1771	소	강릉	3	李　溦	1722 – 1781	소	덕수	1
金尙重	1700 – ?	소	강릉	1	李宜晩	1650 – ?	소북	광주	2
金尙喆	1712 – 1791	소	강릉	13	李益輔	1708 – 1767	노	연안	16
金聖應	1699 – 1764	노	청풍	2	李翼元	1711 – ?	소	부평	5
金始煥	1661 – ?	소	강릉	1	李益炡	1699 – ?	소	전주	6
金陽澤	1712 – 1777	노	광산	18	李　縡	1680 – 1746	노	우봉	3
金在魯	1682 – 1759	노	청풍	5	李鼎輔	1693 – 1766	노	연안	12
金鍾正	1722 – ?	노	청풍	13	李齊嵒	1690 – ?	남	전주	1
金取魯	1682 – ?	노	청풍	5	李宗白	1699 – 1759	소	경주	1

---

86)『典錄通考』卷5, 禮典上, 諸科條.

성명	생몰년	당색	본관	피후보 횟수	성명	생몰년	당색	본관	피후보 횟수
金致仁	1716 – 1790	노	청풍	3	李重祜		소	용인	12
金漢耈	1728 – ?	노	경주	9	李之億	1699 – 1770	남	연안	4
金漢喆	1701 – 1759	노	경주	1	李眞望	1672 – 1737	소	전주	5
金孝大	1721 – 1781	소	경주	1	李昌壽	1710 – ?	소	전주	39
南有容	1698 – 1773	노	의령	6	李昌誼	1704 – 1772	소	전주	23
南泰濟	1699 – 1776	북	의령	28	李喆輔	1691 – 1775	소	연안	2
南泰會	1706 – 1770	북	의령	7	李泰和	1694 – 1767	소	경주	1
閔百祥	1711 – 1761	노	여흥	1	李 厚	1694 – 1761	노	연안	4
閔百興	1715 – ?	노	여흥	1	李徽之	1715 – ?	노	전주	4
朴乃貞	1664 – ?	소	함양	1	鄭基安	1695 – 1767	노	온양	1
朴文秀	1691 – 1756	소	고령	4	鄭 實	1701 – 1776	노	연일	6
朴師益	1675 – 1736	노	반남	5	鄭尙淳	1723 – ?	노	동래	15
朴相德	1724 – ?	노	반남	13	鄭益河	1688 – ?	소	연일	4
朴泰恒	1647 – 1737	소	반남	2	鄭齊斗	1649 – 1736	소	연일	4
徐明彬	1692 – 1763	소	달성	5	鄭存謙	1722 – 1794	노	동래	10
徐命善	1728 – 1791	소	달성	4	鄭亨復	? – 1769	노	동래	2
徐命膺	1716 – 1787	소	달성	7	鄭亨益	1664 – 1737	노	동래	2
徐宗伋	1688 – ?	노	달성	6	鄭弘淳	1720 – 1784	소	동래	27
徐志修	1714 – 1768	소	달성	19	鄭翬良	1706 – 1762	소	연일	2
宋成明	1674 – 1740	소	여산	5	趙觀彬	1691 – 1757	노	양주	4
宋寅明	1689 – 1746	소	여산	3	趙 曔	1716 – 1790	노	풍양	5
宋眞明	1688 – 1738	소	여산	3	趙明復		노	임천	1
申 晚	1703 – 1765	소	평산	2	趙明鼎	1709 – 1779	노	임천	25
申 昉	1686 – 1736	소	평산	1	趙尙絅	1681 – 1746	노	풍양	4
申思建	1692 – ?	노	평산	1	趙 曦	1719 – 1777	노	풍양	12
申思喆	1671 – 1759	노	평산	7	趙榮國	1698 – 1760	소	양주	4
申 晦	1706 – ?	소	평산	22	趙榮進	1703 – 1775	소	양주	1
沈星鎭	1695 – ?	소	청송	16	趙雲逵	1714 – 1774	소	양주	24
沈 鏽	1707 – ?	노	청송	25	趙正萬	1656 – 1739	노	임천	1

성명	생몰년	당색	본관	피후보 횟수	성명	생몰년	당색	본관	피후보 횟수
沈宅賢	1674 – 1736	노	청송	5	趙重晦	1711 – 1782	노	함안	13
安允行	1692 – ?	노	죽산	1	趙顯命	1690 – 1752	소	풍양	4
吳遂采	1692 – 1759	소	해주	1	蔡濟恭	1720 – 1799	청남	평강	9
柳復明	1685 – 1760	노	전주	3	韓光會	1715 – ?	노	청주	18
俞拓基	1691 – 1767	노	기계	2	韓翼謨	1703 – ?	노	청주	19
俞最基	1689 – 1768	노	기계	2	洪啓禧	1703 – 1771	노	남양	17
尹 汲	1697 – 1770	노	해평	28	洪樂性	1718 – 1798	노	풍산	21
尹東暹	1710 – 1795	소	파평	15	洪名漢	1724 – 1774	남	풍산	4
尹得養	1720 – ?	노	해평	1	洪鳳漢	1713 – 1778	노	풍산	4
尹得載	1697 – ?	노	해평	1	洪象漢	1701 – 1769	노	풍산	25
尹得和	1688 – 1759	노	해평	1	洪麟漢	1722 – 1776	노	풍산	4
尹鳳五	1688 – 1769	노	파평	2	洪重孝	1708 – 1772	남	풍산	1
尹 淳	1680 – 1741	노	해평	8	洪趾海	1720 – 1777	노	남양	8
尹陽來	1673 – 1751	노	파평	2	黃景源	1709 – 1787	노	장수	10
尹 游	1674 – 1737	노	해평	5	黃仁儉	1711 – 1765	노	창원	13
元景淳	1701 – ?	노	원주	12	黃 梓	1689 – ?	노	창원	1

위 <표>의 인물들은 육조판서의 望에 오른 인물들이다. 이들의 본관성씨를 분류해 보면, 능성구씨 3명, 안동권씨 1명, 경주김씨 3명, 상산김씨 1명, 연안김씨 2명, 강릉김씨 5명, 광주김씨 1명, 청풍김씨 4명, 의령남씨 3명, 여흥민씨 2명, 함양박씨 1명, 고령박씨 1명, 반남박씨 3명, 달성서씨 5명, 대구서씨 1명, 여산송씨 3명, 평산신씨 5명, 청송심씨 3명, 죽산안씨 1명, 해주오씨 1명, 전주유씨 1명, 기계유씨 2명, 해평윤씨 6명, 파평윤씨 3명, 원주원씨 3명, 연안이씨 7명, 덕수이씨 2명, 한산이씨 1명, 전주이씨 7명, 광주이씨 1

명, 부평이씨 2명, 우봉이씨 1명, 경주이씨 2명, 동래정씨 5명, 연일
정씨 2명, 온양정씨 1명, 양주조씨 4명, 풍양조씨 4명, 임천조씨 2
명, 함안조씨 1명, 평강채씨 1명, 청주한씨 2명, 남양홍씨 2명, 풍산
홍씨 6명, 장수황씨 1명, 창원황씨 2명 등 22개 성씨의 46개 성관
이다. 126명을 7개년으로 나누어보면, 평균 1개년에 약 18명의 인
물이 판서의 물망에 오른다는 사실을 알 수 있다.

이 중에서 5명 이상을 배출한 성관은 강릉김씨와 달성서씨, 평산
신씨, 해평윤씨, 연안이씨, 전주이씨, 동래정씨, 풍산홍씨 등 8개이
다. 달성서씨는 徐浩의 후손으로서, 특히 부마 景霌의 후손인 宗泰
와 宗玉의 자손이다. 평산신씨는 신사철 본인과 그의 아들이 만과
회이며 사건은 그의 사촌형제이다. 방은 琓의 손자이다. 해평윤씨는
모두 윤두수의 5~6대손이다. 득재의 父인 유와 순은 형제지간이며,
판서를 역임한 순지의 방계 3대손이다. 급의 조부는 각각 판서와
대간을 역임한 堦와 世綏이며, 득화는 부마 新之의 방계 4대손이
다. 연안이씨는 5명이 廷龜의 5~6대손이며, 동래정씨는 5명이 모
두 영상을 역임한 光弼의 8~10대손이다. 풍산홍씨는 대사헌을 역
임한 홍이상의 4~7대손이다. 특히 상한과 봉한, 인한은 부마 柱元
의 4대손이다. 이 가문들은 조선후기 이래로 번성한 벌열들로서, 그
출신들이 육조판서 후보의 30% 이상을 장악하고 있었다.

강릉김씨는 이러한 벌열가문보다는 그 격이 조금 떨어지는 것으
로 보인다. 그렇지만 다른 벌열가문 못지않게 육조판서 후보자를 배
출할 수 있었던 시기는 한미한 가문에서 발신한 봉사 金弘柱의 아

들인 시환, 시혁대에 와서이었다. 그들은 문과급제를 거쳐 판서에 오른 인물들로서, 시현을 포함한 3형제의 아들들인 상철과 상중, 상성, 상익 등 4명이 판서 후보에 올랐던 것이다. 5명 이상의 배출성관에 포함되지 않더라도 능성구씨와 안동김씨, 경주김씨 등 상당수도 역시 벌열가문 출신들이었다. 그 외에 벌열가문에는 미치지 못하지만 유력한 가문으로 분류할 수 있는 성관으로는 상산김씨와 광주김씨, 함양박씨, 고령박씨, 대구서씨, 여산송씨, 죽산안씨, 해주오씨, 원주원씨, 부평이씨, 온양정씨, 임천조씨, 함안조씨, 평강채씨, 장수황씨, 창원황씨 등이 있다. 이 성관들은 수적으로 약 35%를 차지하나, 후보자 수로는 전체의 20%를 약간 상회하고 있다.

육조판서는 『經國大典』에 임기를 규정하고 있지 않다. "(세종이) 이조와 병조의 임기는 30朔을 넘기지 말라."[87]고 하였지만, 판서의 임면은 무상하게 이루어졌다. 영조 연간에는 이조판서가 대정을 네 차례 혹은 세 차례 등 몇 차례 거치고 나면 으레 사직하는 것이 한 때의 관습이기도 하였다.[88] 영조 15년의 기록에는 이미 네 번이나 대정을 겪은 것은 예전에 이런 전례가 없었다고 한 바 있다.[89] 이는 우의정 송인명이 조현명을 가리켜 한 말이다. 조현명은 이때 여러 번 사직상소를 올렸는데, 그가 이조판서에 제수된 시기는 전해인 14년 2월 30일이었으니,[90] 꼭 1년 만이었다. 이는 병조판서도 마찬

---

87) 『成宗實錄』 卷56, 成宗 6年 6月 14日(辛卯).

88) 『英祖實錄』 卷30, 英祖 7年 11月 26日(乙酉); 『英祖實錄』 卷37, 英祖 10年 2月 27日(癸酉).

89) 『英祖實錄』 卷49, 英祖 15年 3月 22日(戊辰).

가지였다.91) 조상경이 여러 번 대정을 행하고 이 직임에 있은 지 오래되었다고 하여 면직을 청했던 것이다. 조상경이 병조판서에 제수된 시기는 동왕 14년 8월이었으니, 같은 이유로 꼭 1년 만에 체직되었다. 이조와 병조는 각각 考課之政과 武選을 담당하는 인사부서이었으므로 대정 때마다 불공정과 정실 논란을 불러일으켰다. 김재로와 김취로는 종형제들이 번갈아가며 전병을 맡는다는 비판을 받기도 하였다.92) 이러한 폐해를 방지하기 위한 묵시적인 관행이 銓長의 임기 1년 제한이었다고 하겠다.

그러면 앞 장에서 열거한 도정의 제시기에서의 육조판서 후보자 현황을 알아보자. 영조 11년(Ⅰ시기) 5월부터 11월까지 네 번에 걸친 이조판서의 인사에서, 그 대상자는 김동필, 김재로, 김취로, 박사익, 송성명, 송인명, 신사철, 심택현, 윤순, 윤유, 이재, 이진망, 정제두, 조상경, 조현명 등 15명이었다. 이 네 차례의 후보 대상자는 12명~14명으로 두세 명의 출입이 있는 정도였다. 김재로와 박사익, 송인명이 두 차례, 윤유와 이재, 조현명이 세 차례였으며, 그 나머지 9명이 네 차례에 걸쳐 모두 후보에 올랐다.

이 시기의 나머지 曹의 판서 후보는 호조와 병조의 경우에는 인사가 없었으며, 예조는 김취로, 송성명, 박사익, 이정제, 조정만, 윤순, 김동필, 이의만 등이었다. 8명 중 이조판서 후보와 겹치지 않는

---

90) 『英祖實錄』 卷47, 英祖 14年 2月 30日(壬子).
91) 『英祖實錄』 卷50, 英祖 15年 8月 7日(辛巳).
92) 『英祖實錄』 卷37, 英祖 10年 2月 27日(癸酉).

사람은 이정제와 조정만, 이의만 등 3명이었다. 형조는 김재로, 윤순, 박사익, 조현명, 송진명, 유척기, 송인명, 김동필, 윤양래, 신사철, 윤유, 정형익, 이의만 등이었다. 이들 13명 중 이조, 예조판서 후보와 겹치지 않는 사람은 유척기, 윤양래, 정형익 등 3명이었다. 공조는 윤순, 심택현, 정형익, 김재로, 조정만, 박내정, 윤유, 김동필, 박태항, 김시환, 이진망, 송진명, 신방, 유척기 등 14명이었다. 이 중에서 위 후보들과 겹치지 않는 사람은 박내정, 박태항, 김시환, 신방 등 4명이었다. 따라서 영조 11년의 육조판서 후보망에 든 인물은 모두 25명이었다.

다음 영조 31년(Ⅱ시기)에의 이조판서 인사는 두 차례에 걸쳐 단행되었는데, 정월 21일과 2월 12일이었다. 정월 인사에서의 후보는 원경하, 서종급, 서명빈, 조영국, 홍봉한, 신사철, 조관빈, 신만, 김상성, 박문수, 이창의, 홍상한, 윤급, 이정보 등 14인이었다. 2월의 후보 명단도 이와 동일하였다. 그 외의 판서후보자는 인사 날짜와 횟수가 다르나, 이조판서에 포함되지 않은 후보자를 살펴보면 홍계희, 정익하, 이성중, 이후, 정휘량, 김성응, 이익정, 정익하, 이철보, 조명복, 유복명 등이었다. 따라서 이때에도 육조판서의 인재의 풀은 25명이었다.

영조 40년(Ⅲ시기)의 이조판서 인사는 정월과 6월, 7월, 8월, 11월, 12월 등 7차례에 걸쳐 단행되었다. 이해 정월의 후보를 살펴보면, 이정보, 이창의, 한익모, 윤급, 김양택, 이익보, 이창수, 조운규, 서지수, 황인검, 홍상한, 신회, 심성진, 원경순, 김상철 등 15명으로 영조 31년과 비교하여 절반 이상이 교체되었다. 그렇지만 정월 이후 1년 동안의 후보는 정월의 후보자에서 1~4명이 제외되는 정도였다. 따라서 이해의 이조판서 후보자는 정월의 후보자 범위를 벗어난 적이 없어 그 대상자는 15명이었다고 하겠다. 이러한 경향성은 영조 41년(Ⅳ시기)과 44년(Ⅴ시기)에도 이어져, 전자에는 김치인과 심수, 정홍순, 박상덕 등 4명, 후자에는 조명정과 정실, 조돈, 홍낙성 등 4명이 추가되었을 뿐이다.

이때의 다른 판서 후보자들은 40년의 경우에 남태제와 심수, 홍계희, 김성응, 구윤명, 구선행, 김상익, 정형복, 김상석, 유최기, 김상신, 이태화 등 12명의 새 인물이 선보였고, 41년에는 남유용과 남태제 등 2명, 44년에는 이경호와 황경원, 윤봉오, 한광회, 이지억, 안윤행, 이사관, 홍중효, 이길보, 김상중 등 10명이었다.

그런데 영조 44년의 이조판서 인사에서는 다른 해에 비하여 후보자 수가 조금 적은 편이었다. 그 이전 해에는 11명~16명이었으나, 이해에는 8명~11명으로 3~8명이 감소하였다. 그렇더라도 이해의 육조판서 후보자 수는 모두 23명이었다. 이조와 호조, 병조판서 후보자는 11~12명 내에서 거의 변함없이 유지되었으나, 그 나머지 조에서 새로운 인물들이 천망되었다. 이해의 특징적인 인사 사례로는 12월 13일에 이조판서 홍인한이 "형이 上相에 있는데 동생이 長銓에 참여하였다."고 말하면서 사직상소를 올리자 그를 해면한 일이었다.[93) 홍인한은 후보대상자 11명 내에 포함되지 않은 인물이

---

93) 『英祖實錄』 卷111, 英祖 44年 12月 13日(丁卯).

었으나, 구전정사에 의해 제수되었던 것이다. 그러나 같은 날에 이러한 사유로 사직을 청하였으며, 그날의 인사에서 조명정을 낙점하였다.

영조 50년(Ⅵ시기) 11월의 이조판서 인사에서는 17명 중 영조 44년 12월 이전의 후보자 8명이 포함되었다. 이해의 11월 10일과 12월 27일의 인사에 처음 후보로 오른 인물은 한광회, 홍인한, 윤동섬, 채제공, 홍명한, 이담 등 6명이었다. 영조 51년 정월의 이조판서 인사에서의 후보는 전과 유사하였다. 12월 12일에는 이중호, 김한기, 이복원, 홍지해, 이휘지, 서명선 등 6명이 추가되었으며, 12월 20일의 인사에서의 후보는 4명이 적었으나 직전의 후보 범위 내의 인물들로 구성하였다. 호조판서 등 그 외의 판서 후보자들은 이제암과 조중회, 정기안, 구윤옥, 김기대, 김종정, 이윤성 등이 추가되었다. 따라서 이때에도 육조판서의 인재의 풀은 25명을 초과하지 않았다.

영조 51년(Ⅶ시기)에 거행된 이조판서 인사의 특징은 도정을 개최하지 않고 국왕의 구전에 의해 교체가 이루어졌다는 사실이다. 그 횟수도 다른 시기에 비해 현격한 차이를 보여, 10여 차례에 걸쳐 있다. 이삼 개월 만에 교체하거나 심한 경우인 11월에는 하루 이틀 만에 교체하는 일이 벌어지기도 하였다. 이러한 사실을 『承政院日記』의 내용94)과 비교하여 구전에 의한 인사실태의 한 단면을 살펴보자.

---

94) 『承政院日記』 英祖 51年 11月 3日~17日.

11월 3일에 있었던 口傳政事는 10월에 임명된 서명응이 開政을 명하였어도 牌不進하는 일이 벌어진데서 비롯되었다. 이를 최촉하여도 듣지를 않자, 영조는 그를 대신하여 형조판서 조엄을 제수하였다. 그렇지만 조엄 역시 패부진하였다. 이에 7일에 가서 그를 안흥첨사로 제수하고 그 후임으로 이담을 임명하였다. 그리고나서 그에게 패초개정하게 하였다. 그런데 어찌 된 영문인지 조엄이 같은 날의 개정에 참여하는 일이 발생하였다. 그럼으로써 이담의 이조판서 제수는 원천무효로 처리된 것으로 보인다. 정사가 끝나자, 바로 정상순을 그의 후임에 제수하였다. 그러나 정상순은 체임을 요구하였다. 다음날 이를 허락한 영조는 김종정을 후임자로 선발하였다. 김종정 역시 패부진하며 체직을 요구하자, 며칠 뒤인 12일에 가서 그를 허체하였지만 같은 날에 다시 김종정을 제수하였다. 그럼에도 불구하고 김종정은 패부진하면서 면직을 요구하였고, 17일에 이를 서명응으로 대체하면서 許遞하였던 것이다.

이와 같이 개정의 필요성이 절박할 때에는 당일 혹은 하룻만에 이조판서의 체임을 구전으로 행하기도 하였다. 이조판서의 궐석 중에는 개정의 공정성에 혐의를 둘 수 있었기 때문이다. 신판서를 명초하여 정사에 동참케 할 것을 윤허하거나 이를 명하는 기사들이 많이 보이는 것은 그 이유라고 하겠다.

영조의 구전정사 남발은 그 이전부터 이미 행해졌다. 영조 50년 5월에 사간원에서 "요사이 中批의 특별발탁이 서로 首尾를 이어 일어나니 경재와 시종신의 수의 거의 절반을 넘었습니다."95)라고 한 바와 같이, 영조는 그의 말년에 구전정사 혹은 중비를 남발한 모습을 볼 수 있다. 그 이전과 비교하여 현격한 차이를 보이고 있는 중비를 통한 인사권의 장악은 왕권의 안정과 벌열의 견제를 통한 성공적인 왕위계승에 대한 집착으로 나타난 것이 아닌가 생각된다.

호조판서도 역시 후보자 수는 10명~18명에 이르렀다. 병조판서의 후보자 수는 이보다 더 많아서 13명~24명이었다. 그런데 이조와 호조, 병조의 후보대상자를 상호 비교해 보면, 전 시기에 걸쳐서 거의 유사함을 알 수 있다. 병조판서 후보의 경우에는 구선행이나 이윤성 등과 같은 무과 혹은 선전관 출신이 포함되기도 하였으나, 그 수는 예외적이었다. 따라서 육조판서 후보자 수 혹은 인재의 풀은 위 일곱 시기를 대상으로 한 결과, 23~25명이었다고 하겠다.

한편, 예조와 형조, 공조는 후보자를 三望으로 천거하였다. 이 후보자들도 이호병 후보자 대상에서 벗어나는 경우는 드문 편이었다. 그렇다고 해서 그들이 각 판서직에 고르게 후보자로 올랐다는 말은 아니다.

이번에는 각 조 후보자들의 인물별 천망 횟수를 알아보자. 이조판서의 후보자 83명(416회) 중에서, 10번 이상 후보로 올랐던 인물은 김양택(10회), 남태제(12회), 신회(14회), 심수(14회), 윤급(17회), 이익보(11회), 이정보(10회), 이창수(21회), 이창의(14회), 정홍순(12회), 조명정(11회), 조운규(15회), 홍상한(13회), 황인검(10회) 등 14명(12%)이 184회(44%)이었다.

---

95) 『英祖實錄』 卷122, 英祖 50年 5月 19日(辛未).

호조판서 후보자 33명(68회) 중에서는 윤급 5회, 구윤명과 남태제 심수 이창수 이창의 홍상한 각 4회, 신회와 정홍순 조운규 각 3회 등 10명(30.3%)이 합 38회(55.9%)였다. 예조판서 후보자는 41명(75회) 중에서, 조명정 5회, 정상순 4회, 구윤명과 김양택 김종정 남유용 남태제 윤동섬 이창수 정홍순 한광회 홍낙성 황경원 각 3회 등 13명(31.7%)이 42회(56%)였다. 병조판서 후보자는 58명(153회) 중에서, 구윤명과 심수 이창수 정홍순 6회, 구선행과 한광회 5회, 구윤옥과 김한기 박상덕 윤급 윤동섬 이경호 이익원 이익정 이중호 정존겸 조명정 조운규 조중회 홍낙성 4회 등 20명(34.5%)이 98회(64.1%)이었다. 형조판서 후보자는 72명(153회) 중에서, 조중회 6회, 구윤명 남태제 남태회 서지수 이중호 이창수 5회, 심성진 정상순 조명정 홍낙성 황경원 4회, 김기대 김상철 김종정 윤동섬 정홍순 조돈 한광회 한익모 홍계희 홍지해 3회 등 22명(31%)이 90회(58.8%)이었다. 공조판서 후보자는 42명(51회) 중에서, 심성진과 황경원 3회, 박태항 유최기 이익정 정형복 홍계희 2회 등 7명만이 2회 이상 후보로 올랐으며, 그 나머지 35명이 한 번 후보로 올랐을 뿐이다.

이 중에서 후보자로 오른 횟수가 가장 많은 인물은 이창수로서 자그마치 39회였다. 연간 5회 이상으로 다른 사람들보다 단연 우위이었다. 이 외에 남태제와 윤급 28회, 정홍순 27회, 심회와 조명정, 홍상한 25회, 조운규 24회, 이창의 23회, 신회 22회, 홍낙성 21회 등이었다. 물론 후보자들의 생몰년과 이 일곱 시기의 일치 여부가 사실 제각각이기 때문에, 일률적인 비교평가에 모순이 있을 것임은 부인할 수 없다. 실제 21명이 1735년 이전에 사망한 사람들이며, 1764년 이전의 사람들까지 합한다면 38명에 달하고 있다. 이는 전체에서 각각 약 17%와 30%를 차지하고 있는 숫자이다.

육조판서 후보자들의 당색은 어떠했을까? 이조판서 후보자의 경우, Ⅰ시기에는 노론이 7~8명인 데 반해 소론은 4~6명이었다. 이러한 현상은 Ⅱ와 Ⅲ, Ⅳ, Ⅴ시기에도 유사하게 나타나고 있다. 소론이 노론에 비해 1~3명의 열세를 면치 못하고 있었던 것이다. 소론이 노론에 비해 절반 혹은 그에도 미치지 못하는 시기는 Ⅵ과 Ⅶ 시기이었다. 이 시기에는 소북과 남인 2~3명을 참여시킴으로 해서 어느 정도 균형을 맞추어 나갔다. 노론과 소론의 현격한 수적 차이는 Ⅴ시기의 12월 26일로서 7 : 2의 비율을 나타내고 있다.

그렇다면 이조판서로 낙점된 인물의 당색 구성비는 어떻게 될까? 망천에서 낙점된 인물의 당색 구성을 살펴보면, 노론 16명(57.1%), 소론 11명(39.3%), 남인 1명(3.6%) 등이었다. 구전으로 임명된 사례는 노론 12명, 소론 6명이었다.[96] 따라서 이 양자를 합할 경우, 노론 28명, 소론 17명, 남인 1명으로서 노론이 약 60.9%를 차지하고 있다. 이조판서는 소론에 대해서 노론을 상대적으로 중용하였음을 알 수 있다. 반면에 시기상으로는 Ⅰ～Ⅲ시기까지 노론 5명, 소론 11명으로 소론의 낙점 비율이 높았다. 이것이 Ⅳ시기부터는 노론으로 역전 현상을 보였던 것이다.

---

96) 구전정사는 하루에 두 번 단행되는 경우가 있는데, 이를 별도의 인사로 구분하였다. 여타의 판서 인사에도 이러한 경우는 많이 있으며, 역시 별도로 구분하여 취급하였다.

이에 반해 호조판서는 분석대상 건수가 5건에 불과하다. 31년 12월 9일과 41년 6월 20일의 사례는 소론보다 노론이 1명 더 많고, 그 나머지 세 건은 소론과 북인이 6~8명으로 노론보다 2명 더 많다. 낙점자는 노론 1명, 소론 4명이었으며, 구전 5차례에서도 노론 1명, 소론 4명이었다. 따라서 이조판서와는 달리 호조판서는 후보자의 경우 노론이 소론에 비해 그리 크게 뒤지지 않았으나, 낙점과 구전 양자에 의한 호조판서 제수는 소론이 압도적인 우위를 점하고 있었다.

병조판서도 정사의 단행 시기가 8차례로서 이조판서와 비교가 안 될 정도였으며, 구전정사는 9차례이었다. Ⅰ~Ⅴ시기에는 대부분 소론의 후보자가 노론보다 1~3명이 더 많은 것으로 나타났다. 소북과 남인을 노론에 대항하는 상대 당색에 포함시킨다면, 그 차이는 더욱 커질 것이다. 낙점자는 노론 4명, 소론 3명, 남인 1명이었으며, 구전으로는 노론 4명, 소론 3명, 소북 1명, 남인 1명 등이었다. 노론과 소론(소북, 남인 포함)이 비슷한 비율을 나타내고 있는 것이다.

예조와 형조, 공조판서는 위 삼조와는 달리 삼망으로 천거되었다. 먼저 예조판서의 경우를 살펴보면, 당색 구성비는 노론 3명 4차례, 노론 2명과 소론 1명 10차례, 노론 2명과 소북 1명 2차례, 노론 1명과 소론 2명 5차례, 노론과 소론 소북 각 1명 2차례, 소론 2명과 소북 1명 1차례, 노론과 소론 남인 각 1명 1차례 등이었다. 이를 각 당색별로 천거 횟수를 구별해 보면, 노론 44명(58.7%), 소론 25명(33.3%), 소북 5명(6.7%), 남인 1명(1.3%) 등이다. 이 중에서 낙점자의 당색은 노론 13명, 소론 10명, 소북 1명, 남인 1명 등이며, 구전으로는 16차례 중에서 노론 7명, 소론 5명, 남인 3명, 소북 1명 등이었다.

형조판서는 인사 단행 횟수가 여타의 판서에 비해 훨씬 많아서 70여 차례에 이르고 있다. 그리하여 당색 구성비도 다소 복잡한 편이다. 노론 3명 7차례, 노론 2명과 소론 1명 14차례, 노론 2명과 소북 1명 2차례, 노론 2명과 남인 1명 1차례, 노론 1명과 소북 2명 1차례, 노론과 소론 소북 각 1명 3차례, 노론과 소론 남인 각 1명 4차례, 소론 3명 2차례, 소론 2명과 남인 1명 1차례, 소론 2명과 소북 1명 3차례, 소론 2명과 노론 1명 12차례, 소론과 남인 소북 각 1명 1차례 등이다. 이를 각 당색별로 천거횟수를 구별해 보면, 노론 75명(49%), 소론 60명(39.2%), 소북 11명(7.2%), 남인 7명(4.6%) 등이었다. 이 중에서 낙점자의 당색은 노론 26명(52%), 소론 19명(38%), 남인 3명(6%), 소북 2명(4%) 등이며, 구전으로는 16차례로서 노론 10명, 소론 3명, 남인 3명 등이다. 망천에 의한 낙점은 노론과 소론이 약 14%의 차이를 보이고 있으나, 소론에 소북과 남인을 포함할 경우에는 노론과 비등하였다. 그렇지만 구전에 의해서는 노론이 소론에 비해 압도적이며, 남인을 소론에 포함한다고 하더라도 노론이 역시 우위를 점하고 있었다.

공조판서는 17차례 중에서 노론 3명 3차례, 노론 2명과 소론 1명 8차례, 노론 1명과 소론 2명 4차례, 소론 3명 1차례, 노론과 소론 소북 각 1명 1차례 등이었다. 그중에서 후보자의 당색별 구성비는 노론 30명(58.8%), 소론 20명(39.2%), 소북 1명(2%) 등이다. 그중에서 낙점자는 노론 8명(50%), 소론 7명(43.8%), 소북 1명(6.3%) 등이며, 구전으로는 3차례로서 노론 2명과 소론 1명이었다.

이와 같이 영조 연간 육조판서의 인사실태를 일곱 시기와 후보자 126명을 대상으로 분석한 결과, 그들은 모두 벌열 혹은 유력한 가문 출신들이었다. 육조판서 후보자의 인재의 풀은 연간 23~25명이었으며, 후보자 구성과 낙점자의 당색은 노론과 소론(남인과 북인 포함)이 전체적으로 거의 유사한 비율을 나타냈다. 이조판서의 구전에 의한 제수의 경우 영조 44년에 노론이 압도적이었으나, 호조판서의 낙점은 소론이 단연 우위를 점하는 등의 특정 사례는 극히 제한적인 사료의 분석에 기인하는 한계일 뿐이다. 따라서 영조 연간 육조판서 후보자의 당색 비율을 통해 알 수 있는 당시의 인사행정은 탕평을 실현하려는 의지를 최대한 반영하고자 하는 노력의 연속이었다고 하겠다.

5. 맺음말 – 정부의 공무원 인사제도 혁신에 주는 영조대 인사정책의 시사점

영조 연간 인사정책의 원칙은 붕당의 타파를 통한 고른 인재등용이 그중의 하나였다. 이것이 주는 오늘날의 시사점은 무엇일까? 참여정부의 출범 이래, 정부의 장관직과 주요 보직 인사에 대해 정치권과 매스컴에서는 코드인사라며 비판의 목소리를 멈추지 않았다. 심지어 코드인사[97]라는 별명 외에 그동안 측근인사, 낙하산인사라는 비판적 용어를 관성처럼 쓰는가 하면, 회전문인사 등 여러 신조어를 만들기도 하였다. 뿐만 아니라 한국사회의 고질적 병폐인 지역차별과 학벌 숭배사상으로 인하여, 인사에 있어서 이에 관한 논란 또한 그치지 않고 있다.

2003년 2월 20일 조선일보 사설에서는 청와대 인사를 두고 "전문성과 안정감보다는 이념과 '코드'를 중시하고 있는 듯한 인사정책"이라고 평한 것이 코드인사라는 비판적 용어 사용의 시초였다.[98] 이러한 비판에 대해, 청와대에서는 대통령의 국정철학을 공유하고 이를 구현할 인물을 발탁한 것이라 에둘러 변명해왔다. 국정철학은 정치이념이나 정책성향이라는 말로 대치되기도 하는데, 여기에서 분명하게 짚고 넘어가야 할 문제는 대통령의 국정철학의 본질이다.

대통령의 국정철학의 본질은 爲民 곧 일반국민들을 위한 정치이어야 한다. 이는 사상가나 정치가로부터 범인에 이르기까지 고금을 막론하고 끊임없이 회자되어 온 구호이다. 따라서 인사대상자의 국정철학이 대통령과 궤를 같이하는가의 여부도 물론 중요하지만, 이를 실천할 수 있는 능력과 소신 및 자질을 갖추었느냐가 더욱 중요하다. 아무리 코드인사라고 매도해도, 그러한 자격조건을 충분히 검

---

97) 국립국어원에서는 코드의 낱말 뜻을 "정치 또는 이념의 성향이나 사고 체계가 서로 같음"이라고 정의하였다.

98) 「조선일보」 2003년 2월 20일.

중하였다면 영조처럼 일반국민들 속으로 적극적으로 파고들어가서 소통하고자 하는 노력을 경주해야 한다. 일반국민들의 양해와 이해를 구해야 하는 것이다. 물론 여기에는 완전한 인사검증 시스템의 바탕을 전제로 해야 한다.

영조는 재위 기간 동안 당파의 조제를 위해 혼신의 노력을 기울였다. 특정 당파의 집권으로 초래될 국정혼란과 갈등을 용납할 수 없었던 것이다. 그렇지만 이러한 인사시스템이 늘 원하는 대로 작동할 리 없었다. 영조 연간에도 정실인사와 당색편중 인사, 지역차별 등으로 인한 불만이 쏟아졌다. 그럼에도 불구하고 영조는 자신의 인사원칙과 그 소신을 철저하게 지켜나갔다. 그러면서 한편으로는 신하들 및 일반백성들과 늘 소통하고자 하는 노력을 게을리 하지 않았다. 신하들과의 소통은 특히 도정에 친림하여 자신의 인사원칙을 신칙하는 것이었다. 즉위 초부터 그는 이러한 의사를 밝혔으며, 세손에게 대리청정을 하도록 하였을 때에도 역시 마찬가지였다.

일반백성들과의 소통은 그들에게 가까이 다가가 民瘼을 물어본다거나 더 적극적으로 민의가 상달될 수 있도록 제도적 장치를 마련하는 것이었다. 특히 농사의 풍흉은 영조의 초미의 관심사 중의 하나였다. "本若固 邦亦寧"의 도를 알아야 임금노릇 할 수 있고 그래야 聖君[99]이라 한 영조는 풍년을 기원하고자 종묘와 사직에서 정결한 제사를 올리는 일이 마음에 늘 한결같아 어느 날에는 하루에 세 번씩이나 참배하였다고 한다.[100] 또한 궁핍함과 탐리들의 수탈에

---

99) 「御製本固邦寧」(K4 - 2434)

시달리는 백성들의 고통은 영조 자신의 허물에서 비롯된 것으로서, 그 해소를 위한 부세 감면 및 제도적 장치를 마련하는 데 힘썼다.101) "元元이 장차 어디 가서 아뢰리오."102)라고 한 바와 같이, 御製에서도 민막을 묻거나 음식을 나누어 먹는 등 그에 관한 많은 글들을 찾아볼 수 있다.

이처럼 대통령이 '국민과 함께'하는 이미지의 창출은 인사의 현실적 장벽을 초월할 수 있는 유일한 방법이다. 코드인사 회오리에 휘말려 국정의 공백이라든가 파행이 불가피한 사태가 벌어진다면, 그 책임은 누가 질 것인가. 그 피해는 결국 일반국민과 국가에 전가됨을 왜 명심하지 못하는가. 그 피해규모를 산술적으로 논하기 어렵지만, 그 예방을 위해서라도 일반국민들이 코드인사의 진정성을 이해할 수 있도록 일반국민들 속으로 가까이 다가서려는 변함없는 노력을 신념을 갖고 해야 한다. 국가와 국민의 안녕을 책임지겠다고 맹서한 국정 최고책임자가 소수자의 이익을 대변하면서 명분 없이 일탈된 모습을 보이는 특정 언론단체나 일부 정치인들에게 끌려 다닐 수는 없다.

영조 연간에는 앞에서 살펴보았듯이, 탕평에 의한 고른 인재등용을 인사원칙으로 내세웠다. 그리하여 육조판서 임명의 경우, 영조 초기부터 말까지 거의 전 기간에 걸쳐 당색을 대표하는 노론과 소

---

100) 「御製今日子心勉我沖子」(K4 - 1435)

101) 韓相權, 『朝鮮後期 社會와 訴冤制度』(일조각, 1996), 37면.

102) 『어제속자성편언해』 165면.

론의 비중을 어느 한쪽에 치우치지 않게 조제하려는 노력을 꾸준히 행하였다. 이조판서의 경우, 후보자는 노론이 7~8명이었던 데 반해 소론은 4~6명이었다. 이러한 현상은 모든 시기에 고르게 나타나고 있어, 소론이 노론에 비해 1~3명의 열세를 보이고 있었다. 반면에 호조판서는 후보자와 낙점자 모두 소론이 노론보다 우위를 점하고 있었으며, 병조판서는 후보자의 경우 역시 소론이 노론보다 1~3명 이 더 많은 것으로 나타났다. 그 외에 예조와 형조, 공조판서는 후보자와 낙점자 모두 노론이 약간 우세하거나 비슷한 수준을 보였다.

이러한 인사관행은 영조 연간의 특징으로서, 그 본질적인 목적은 왕권의 강화와 왕실의 안정이었다. 당색 간의 치열한 권력다툼은 왕권을 위협할 정도였으므로 영조는 이를 방지하기 위한 인사시스템이 필요하였을 것이다. 그것이 곧 인사탕평책이었다. 사실 지금의 정부 고위직 인사에서도 인재의 발탁, 정책의 이념적 계층적 갈등 조정 및 추진동력의 배가를 위해서 당색에 따른 안배를 고려할 필요가 있다. 그러나 이념적 대결이 첨예한 작금의 현실에서는 이를 기대하기 어렵게 되어 있다. 영조 연간에는 육조판서의 인재의 풀이 연간 각 曹별로 23~25명이었다. 오늘날의 장관 후보자 수는 영조 연간의 총 인구 추정치 약 700만 명에 견주어 보면, 각 분야별로 약 170명 이상이어야 할 것으로 보인다. 인재의 발탁에는 이념과 여야, 출신, 계층을 논하는 저급한 수준에서 탈피하여야 인재의 풀은 확장될 것이다. 그런데 이보다는 오히려 지역안배와 서울대 출신 여부가 늘 관심거리로 대두되고 있는 지경이다.

참여정부는 집권 초에 '적재적소, 투명성, 자율성, 균형' 등 4대 인사원칙을 제시하였다. 이 원칙에 의거한 인사라든가 엽관제 인사라면, 문제될 것이 없다. 정실인사라면야 시비의 빌미가 있다고 하겠으나, 인사권자 자신과 이념이나 정책성향이 같은 인물을 인선하는 것을 두고 무조건 코드인사라고 비난하는 것은 지나친 처사임에 틀림없다.

영조는 이조에서 천거하여 올린 망단자에 적임자가 없을 경우에는 加望을 요구하였다. 어떤 경우에는 가망도 요구하지 않고 직접 口傳으로 정사를 행하기도 하였다. 또한 대신들에게 천거를 요구하여 그 인물을 낙점하기도 하였다. 이러한 여러 인사방식은 왕조시대에 국한된 특징이라 할 수도 있겠으나, 국왕과 銓曹의 인사권 혹은 왕권과 신권의 대립 그리고 각 정치세력 간의 갈등 등을 염두에 두었을 경우에는 그리 단순하게 치부할 성질의 것이 아니다. 최고인사권자는 시대를 불문하고 자신의 통치방식에 적합한 인물을 발탁하여 국정운영을 위임하였으며, 이것은 정당한 인사권 행사인 것이다. 다만, 국정 수행과정에서 사전 검증의 불완전성으로 인하여 능력과 자질, 도덕성 면에서 부적격자로 판명되었을 경우에는 과감한 인사개편의 단행이 순리일 것이다.

그런데 국민정서상 충분히 고려해야 할 지역 안배라든가 출신대학의 편중 혹은 성차별 지양 등에 너무 집착하다 보면, 국가의 비전에 입각한 책임행정 구현이라는 대원칙에 어긋나는 인사를 단행할 수도 있다. 이러한 배려가 곧 국정운영의 혼란이나 차질을 빚을

것이라는 우려가 생길 수 있으나, 아무리 그렇다고 하더라도 집권
정부의 인사원칙이 일시적으로 그 시대의 요구를 능가할 수 없다.

高宗의 皇帝 登極儀에 나타난 상징적 함의

김문식*

Ⅰ. 머리말

1897년 10월 12일(9월 17일),[1] 고종은 圜丘壇에 나아가 천지의

---

* 단국대 교수

** 이 글은 『朝鮮時代史學報』 37(朝鮮時代史學會, 2006. 6)에 수록한 논문을 전재한 것이다.

1) 고종은 1896년 1월 1일부터 양력을 사용하도록 명령했고, 이후 실록을 비롯한 국가의 공식 기록에서는 양력이 사용된다. 본고는 이를 따라 양력을 표시하고 괄호 안에 음력을 표시하기로 한다. 단 『高宗大禮儀軌』와 같이 음력을 사용한 경우에는 이를 먼저 표시하고 괄호 안에 '양'을 쓴

신에게 告由祭를 올린 다음 그 자리에서 皇帝 登極儀를 거행했다. 불과 2년 전 을미사변을 통해 일제의 폭력 앞에 국가의 존립이 위태롭던 상황에서 대한제국의 성립을 통해 국가 부흥의 발판을 마련하기 위해서였다.

고종이 대한제국 황제로 등극한 것에 대해, 『독립신문』은 '조선이 몇천 년 동안 王國으로 지내면서 淸國으로부터 屬國의 대접을 받아오다가 이를 통해 자주 독립한 大皇帝國이 되었다'고 기록했다.[2]

> "광무 원년 십월 십이일은 죠션 스긔에 몃 만년을 지닉드릭도 데일 빗나고 영화로은 놀이 될지라 죠션이 몃 천년을 왕국으로 지내여 각금 청국에 쇽 ㅎ야 속국 대접을 밧고 청국에 죵이 되야 지낸 째가 만히 잇더니 하ᄂ님이 도으샤 죠션을 ᄌ쥬 독립국으로 ᄆ드샤 이들 십이일에 대군쥬 폐하씌셔 죠션 스긔 이후 처음으로 대황뎨 위에 나아 가시고 그늘 브터 죠션이 다ᄆ ᄌ쥬 독립국ᄲᆞ니 아니라 ᄌ쥬 독립ᄒ 대황뎨 국이 되엿스니 나라이 이럿케 영광이 된것을……"

조선이 왕국에서 황제국으로 넘어가는 조치는 1894년 청일전쟁을 전후해 본격적으로 시작된 것으로 이해된다. 그러나 이듬해에 발생한 을미사변은 조선인에게 일본에 대한 적대감과 공포감을 안겨주었고, 신변에 위협을 느껴 러시아공사관으로 피신한 고종은 명성왕후의 國葬을 늦춰가면서 대한제국의 출현을 준비했다. 고종이 대한

후 양력을 표시한다.
2)『독립신문』, 1897년 10월 14일.

제국을 건설하는 작업을 착실히 준비했음은 1897년 5월과 9월에 각계에서 집중적으로 터져 나온 稱帝 건의와 그 사이에 진행된 圜丘壇 건설 등을 통해 입증된 바 있다.3)

이 글은 고종이 국왕에서 황제로 등극하는 과정에서 나타난 각종 儀禮와 상징물의 의미를 해석하기 위해 작성되었다. 조선시대의 국왕은 嗣位, 禪位(讓位), 反正 등의 방법을 통해 王位에 卽位했다.4) 그런데 대부분은 '嗣位'로서 先王이 사망한 직후 國喪을 치르면서 거행되었기 때문에 그 행사가 매우 간략했고, 禪位나 반정으로 등극하면 일정한 형식이 있었지만 그 기록이 충분하지가 않다.5) 그런데 고종의 皇帝 登極儀는 당시의 상황을 상세히 기록한 『高宗大禮儀軌』가 있으므로 그 실상을 파악하기가 무척 용이하다.6) 이에 본

---

3) 韓永愚, 「大韓帝國 성립과정과 『大禮儀軌』」 『韓國史論』 45, 2001, 205 ∼222쪽.

4) 禪位는 先王의 명령에 따라, 嗣位는 先王의 사망으로 인해 왕위에 즉위한 것을 말한다. 조선 국왕의 嗣位 의식에 대해서는 『國朝五禮儀』 권7, 凶禮, 「嗣位」에 나온다.

5) 조선은 태조가 건국한 이후 定宗, 太宗, 世宗, 世祖, 睿宗, 純宗이 禪位로 등극했고, 中宗과 仁祖가 反正으로 즉위했으며, 그 나머지는 모두 선왕이 사망한 嗣位에 해당한다(안현주, 『朝鮮時代 卽位儀禮 硏究』, 단국대 전통의상학과 석사학위논문, 2003, 46쪽, <표 2> '朝鮮時代 王位 繼承의 形態 區分'을 참조).

6) 『高宗大禮儀軌』는 총 9건이 제작되어, 奎章閣, 侍講院, 圜丘壇, 秘書院, 掌禮院, 4대 史庫(정족산, 태백산, 오대산, 적상산)에 각 1건씩 보관되었다(『高宗大禮儀軌』 「儀軌事目」). 규장각 건은 황제용으로 황색 비단 표지이며, 시강원 건은 황태자용으로 홍색비단 표지이다.

고는 『高宗大禮儀軌』를 적극 활용하는 가운데 먼저 대한제국이 탄생하는 과정을 살펴보고, 고종의 황제 등극의를 중심으로 이와 관련된 행사들을 정리하며, 황제 등극의에 나타난 상징물들의 용도와 의미를 검토하기로 한다.

Ⅱ. 大韓帝國의 탄생 과정

고종의 稱帝를 건의한 연원은 1884년에 갑신정변을 일으킨 金玉均에까지 소급할 수 있으며, 1892년 조선이 오스트리아와 협상조약을 맺을 때에도 이 문제가 거론되었다. 또한 1894년 청일전쟁이 발발하자 일본공사 大鳥圭介가 조선의 내정 개혁을 요구하며 稱帝를 제안하기도 했다. 당시 大鳥圭介는 조선 정부에 稱帝建元과 함께 상투의 제거, 양복 착용 등을 제안하기도 했는데, 고종과 대신들은 일본의 저의를 의심했기 때문에 이에 응하지 않았다.[7]

1894년(고종 31) 12월, 고종은 총리대신 김홍집, 내무대신 박영효 등의 요청을 수용하여 왕실의 호칭을 한 단계 격상시켰다.[8] 이때 조선 정부는 의정부를 경복궁 修政殿으로 옮겼는데, 고종은 이를 '內閣'이라 부르게 했다. 그리고 '主上殿下'는 '大君主陛下'로,[9] '王大

---

7) 李玟源, 「大韓帝國의 成立科程과 列强과의 關係」 『韓國史研究』 64, 1989, 123~124쪽.

8) 『高宗實錄』 권32, 高宗 31년 12월 戊午(16일).

妃殿下’는 ‘王太后陛下’로, ‘王妃殿下’는 ‘王后陛下’로, ‘王世子(嬪)殿下’는 ‘王太子(妃)殿下’로 부르며, ‘箋文’은 ‘表文’으로 바꾸었다.10) 왕실 호칭의 변화는 이 무렵 조선이 왕국에서 황제국으로 가는 수순을 밟고 있었음을 보여준다.

1895년 10월 15일, 閣議에서 고종의 稱帝와 建元 문제가 거론되었다. 일본 측의 치밀한 계획하에 명성왕후를 시해한 을미사변이 발생한 지 불과 1주일 만이었다. 이날 고종은 황제의 호칭과 建元을 하자는 신하들의 요청을 몇 차례 사양하다가 마침내 허락을 했다. 당시 稱帝를 건의한 세력들은 나름대로의 목적이 있었는데, 을미사변 후 집권한 내각 대신들은 조선이 강대국의 의존을 벗어나 자주독립국이란 점을 부각시키려 했고, 일본 측에서는 조선에서 열강의 간섭을 배제하고 독점적인 지배권을 확보하고자 했다. 그러나 이때의 칭제 건의는 일본의 만행에 대한 국내 여론의 악화와 미국, 러시아, 프랑스, 영국 등 외교관들의 항의로 무산되고 말았다.11) 다만 建元 건의는 실행되었는데, 고종은 음력 1895년 11월 17일을 양력 1월 1일로 정하고 ‘建陽’이라는 연호를 사용하기 시작했다.12)

---

9) 고종은 이미 1882년(고종 19) 5월에 외교문서에 사용할 ‘大君主’ 인장과 ‘大朝鮮國大君主’ 인장을 만듦으로써 ‘大君主’란 칭호를 사용한 바 있다 (위 책, 권19, 高宗 19년 5월 戊申(23일); 7월 乙酉(1일)).

10) 위 책, 권32, 高宗 31년 12월 己未(17일).

11) 李玟源,「稱帝論議의 展開와 大韓帝國의 成立」『淸溪史學』5, 1988, 270~275쪽.

12) 『高宗實錄』 권33, 高宗 32년 11월 辛亥(15일).

1896년 2월 11일(1895년 11월 28일), 고종은 아관파천을 단행했다. 한 나라의 국왕이 자국 내에 있는 외국의 공사관으로 피신을 하는 것은 국가의 위신상 문제가 있었지만, 경복궁에서 일본과 친일 내각에 포위되어 신변의 위협을 느끼던 고종으로서는 불가피한 측면도 있었다. 고종은 청일전쟁을 통해 청국의 衰亡을 확인한 상황에서 러시아가 일본을 견제할 수 있는 세력이라 생각했고, 서방 각국의 공관이 몰려 있는 貞洞이 경복궁보다 안전한 곳이라 판단했다.13) 이후 고종은 러시아공사관에 머물면서 인근에 있던 慶雲宮을 수리했고, 경복궁에 있던 眞殿과 명성왕후의 殯殿도 경운궁으로 옮겼다.14) 이는 고종이 장차 복귀하게 될 장소가 경복궁이 아니라 경운궁이 되며, 경운궁을 중심으로 새로운 정치를 펼치게 될 것임을 예고하는 조치였다.15)

1896년 10월 23일, 전 사헌부 장령인 朴寅煥이 상소를 올렸다. "『春秋』의 원칙에 따라 復讐를 하지 않으면 왕후의 장례를 치를 수 없고, 왕후의 장례를 치르지 않으면 喪服을 벗을 수 없다"는 논리였다.16) 명성왕후 시해 1주년을 맞아 제기된 복수론은 조선인들의 마음을 크게 움직였고, 이후 역적을 토벌하고 고종의 위상을 강화하자는 논의로 이어졌다.

---

13) 한영우, 『명성황후와 대한제국』, 효형출판사, 2001, 68~71쪽.

14) 『高宗實錄』 권34, 高宗 33년 8월 23일.

15) 李泰鎭, 「18~19세기 서울의 근대적 도시발달 양상」 『서울학연구』 4, 1995, 20~23쪽.

16) 『高宗實錄』 권34, 高宗 33년 10월 23일.

1897년 2월 20일, 고종이 경운궁으로 돌아왔다. 아관파천이 있은 지 1년 만에 경운궁시대가 열린 것이다. 이를 계기로 환궁을 촉구 하던 민심이 많이 안정되었고, 5월부터는 칭제 건의가 활발하게 일 어났다. 이 무렵의 칭제 논의는 고종이 고의로 유도한 측면이 있으 며, 6월로 예정된 명성왕후의 因山을 앞두고 왕후의 명예를 높여주 려는 민심도 작용한 것으로 보인다.[17]

황제국을 건설하자는 근거로는 여러 가지가 제시되었는데, 대체로 1) 조선이 단군, 기자 이래로 우수한 문화를 가지고 있다는 점, 2) 이미 독자적인 연호를 사용하고 詔勅을 내리는 등 황제국과 다름이 없고 국토의 크기나 인구의 규모에서 大國이라는 점, 3) 萬國公法 에 의거할 때 문제가 없는데다 중국이나 일본에는 황제가 있는데 조선만 없다는 점 등이 제기되었다.[18]

이 무렵 칭제를 요청한 사람들이 주장한 근거는 다음과 같다.

李寂榮(전승지): 고종이 이미 詔勅을 내리므로 황제와 다름이 없 고, 삼천 리 강토와 10만의 대군을 거느리는 大國임.(5월 1일)[19]

---

17) 한영우, 앞의 책, 127쪽.

18) 칭제 건의에 대해 반대 의견도 있었다. 尹致昊는 '서구 열강이 알아주 지도 않는 황제 등극으로 재정을 낭비하기보다는 국정 개선과 효율적 운영을 통해 자주독립의 기초를 다지는 것이 시급하다'고 했고, 崔益 鉉, 柳麟錫 같은 斥邪派 인사들은 '우리나라는 小中華의 문명국가인 데 서양의 황제라는 칭호를 빌려오는 것은 짐승의 제도를 취하는 것 이라'고 반대했다. 李玟源, 앞의 논문, 279쪽.

19) 『高宗實錄』 권35, 高宗 34년 5월 1일.

權達燮(유학): 고종이 堯舜湯武와 같은 자질로 更張을 이루었고, '建陽'이란 연호를 쓰는 것은 황제의 제도임.(5월 9일)[20]

任商準(議官): 우리나라는 箕子 이래 예악 문물과 典章 제도가 찬란하고, 태조가 三韓을 통합한 이후 고종의 공덕이 뛰어나 천하의 우방이 이를 높이고 天心과 人心이 부응함.(5월 16일)[21]

姜懋馨(유학): 서양에서는 皇帝, 大君主, 大伯理 등의 위상이 동등하나 동양에서는 帝와 王의 구별이 있음. 우리나라는 伏羲 黃帝 이후 오천 년간 정통으로 물려받은 예악 문물이 있으므로 존호를 가지는 것이 타당함.(5월 26일)[22]

鄭喬(전군수): 우리나라는 檀聖과 箕聖 이래 君王이라 칭하고 삼국, 고려시대에 따로 연호를 세워 황제의 예를 따른 일이 많음. 자주독립의 기초를 세우고 五洲와 평등한 권리를 갖기 위해 稱帝가 필요함. 서양의 皇帝와 君主는 비슷하지만 동양에서는 군신관계로 비침. 우리나라의 삼천리강토는 殷 湯王의 70리나 周 文王의 100리보다 크며, 독립국이던 탐라와 옥저를 병합했으므로 봉건제를 행한 것과 같음. 萬國公法은 각국이 스스로 尊號를 세우는 것을 인정함. 청과 일본은 모두 황제가 있는데 우리만 없음.[23]

칭제 건의에 대해 고종은 '萬萬不可'하다며 반대하는 것으로 일관했다. 그렇지만 이 무렵 고종은 황제에 등극할 것을 결심하고 실제적인 작업을 진행하고 있었다. 6월 3일, 고종은 내부대신 南廷喆

---

20) 위 책, 권35, 高宗 34년 5월 9일.
21) 위 책, 권35, 高宗 34년 5월 16일.
22) 위 책, 권35, 高宗 34년 5월 26일.
23) 鄭喬,『大韓季年史』 권2, 丁酉 2년 10월.

의 건의로 史禮所를 설치했다.[24] 사례소는 황제국의 위상에 맞는 국가전례를 정비하기 위해 설치된 기구로서, 이후 대한제국의 국가례를 정리한 『大韓禮典』을 편찬했다.[25] 또한 고종은 8월 1일에 청양에 머물고 있던 沈舜澤을 議政으로 발탁하여 稱帝 建元에 대한 논의를 주도하게 했고, 9월 21일에는 장례원경 金奎弘의 건의를 받아들여 圜丘壇의 제도를 정비할 것을 결정했다.[26]

김규홍: 하늘과 땅을 合祭하는 것은 제사 규례에 있어서 가장 큰 것입니다. 그런데 圜丘壇의 제도에는 아직 부족한 점이 많습니다. 전에는 南郊에서 단지 風雲雷雨의 귀신들에게만 제사를 지냈는데, 제단과 섬돌이 법도에 맞지 않으니 밝게 섬기는 예의로 볼 때 매우 미안합니다. 冬至 절기의 제사에는 그대로 진행할 수 없으니, 개축하는 등의 절차에 대하여 陛下의 비준을 바랍니다. 昊天上帝와 皇地祇의 神位版과 從享하는 日月星辰, 風雲雷雨, 嶽鎭海瀆의 神牌를 만드는 것과 제사에 쓰는 통짐승, 제사 그릇 등의 예식에 대해서는 역대의 예서를 널리 살펴 일정한 제도를 만들어야 하겠습니다.

고종: 제사지내는 예절은 어느 것이나 중요한데, 더구나 하늘과 땅을 합제하는 것에 있어서야 더 말할 것이 있겠는가. 지금 아뢴 것은

---

24) 『高宗實錄』 권35, 高宗 34년 6월 3일.

25) 史禮所의 설치와 『大韓禮典』의 편찬과정에 대해서는 김문식, 「장지연이 편찬한 『대한예전』」 『문헌과해석』 35, 2006을 참조.

26) 『高宗實錄』 권36, 高宗 34년 9월 21일. 이보다 앞서 1895년 윤5월에 고종은 圜丘壇을 건설하도록 한 사실이 있고, 1896년 大祀에 환구단이 들어 있는 것으로 보아, 환구단은 대한제국이 탄생하기 이전부터 존재했다(김문식·송지원, 「국가제례의 변천과 복원」 『서울 20세기 생활·문화변천사』, 서울시정개발연구원, 2001, 676∼693쪽).

실로 내 뜻에 부합되니, 경은 營繕司長과 함께 지형을 살펴서 장소를 정하고, 날짜를 정해 제단을 쌓아라. 여러 예식에 대해서는 아뢴 대로 하되, 다만 서울에 있는 현임과 원임 의정들의 의견을 수렴하여 들여 보내라.

고종의 칭제 논의가 다시 활성화된 것은 1897년 9월이었다. 9월 25일 權在衡의 상소에서 시작된 칭제 건의는 고종이 이를 수용할 때까지 계속되었다.[27] 고종은 각계의 여론 수렴을 충분히 거친 후 마지못해 이를 받아들이는 모습을 보였는데, 이때에는 의정인 심순택을 비롯하여 조정의 고위 대신들이 논의에 대거 참여한 것이 특징이다. 그 내용은 다음과 같다.

權在衡(농상공부협판): 萬國公法으로 볼 때 황제를 칭하는 것은 문제가 없음.(9월 25일)
俞箕煥(외부협판): 우리나라는 명나라의 의관문물을 계승했으므로 그 정통을 이어 황제를 칭하는 것이 옳음. 우리가 황제를 칭하는 것은 독일과 오스트리아가 로마의 정통을 계승하는 것과 같음.(9월 26일)
沈魯文(충청도 유학): 자주권이 있는 나라는 모두 황제를 칭함.(9월 26일)
金斗秉(영남 유학): 箕聖(기자) 이후 중화문화의 정통을 이었고, 고종은 功德을 겸비한 사람임.(9월 28일)
金在顯(봉조하) 외 716명: 고종이 自主之權을 가지고 독립의 기틀을 다지기 위해 이미 연호를 세우고 詔勅을 내리는데 황제 칭호가 없음. 우리나라는 宋·明의 遺制를 따르고 있으므로 중국의 황제 칭

---

27) 9월 25일 이후의 稱帝 논의는 『高宗大禮儀軌』「詔勅」에 수록되어 있다.

호를 계승하는 것은 독일과 오스트리아가 로마의 정통을 계승하는 것
과 같음. 우리나라는 삼한을 통합하여 국토가 4천 리요 인구가 2천만
을 넘어감.(9월 29일)

　　李秀丙(성균관 유생): 檀君이 堯와 같은 시기에 나라를 세우고 箕
師(기자)가 동으로 와 華夏가 됨. 皇明의 정통을 계승하고 皇極을 세
우기 위해 황제의 位에 올라야 함.(9월 30일)

　　沈舜澤(議政) 등: 檀君·箕子 이래로 堯舜을 따르고 三代의 유풍
을 지님. 고종은 독립의 기반을 세우고 自主之權을 행하며, 漢·唐·
宋·明의 典憲과 規模를 모범으로 삼으므로 帝皇의 정통이 우리에게
있음.(9월 30일)

　　沈舜澤(議政) 등: 漢·唐·宋·明의 禮文을 一統한 나라는 우리밖
에 없음. 만국공법에 자주적인 나라는 각각 尊號를 세우도록 되어 있
음. 구라파에서 황제를 칭하는 로마, 게르만, 오스트리아, 터키 등이
반드시 大國이 아닌데, 우리나라는 4천 리의 땅과 2천만의 인구를 가
진 나라임.(10월 1일)

　　沈舜澤(議政) 등: 서양은 입헌공화정치를 하면서 군주의 칭호는 나
라마다 다르지만, 동양은 황제가 가장 높은 칭호이므로 이를 따라야
獨立과 自主의 實을 거둘 수 있음.(10월 2일)

　　丁載昇(前知事) 외 시전상인: 폐하가 겸양해도 天命과 人心을 따
라야 함. 만국공법에 一國이 아니면 황제를 칭할 수 있다고 했는데
三韓 四府 耽羅 于山 野人 女眞을 귀속통일시킴. 三代에 천자의 땅
은 천 리였으나, 우리나라는 남북 3천 6백여 리나 됨. 태조가 나라를
세운 후 帝號를 부르지 못했는데 지금이 자주독립할 때임.(10월 3일)

　1897년 10월 3일(9월 8일), 마침내 고종이 稱帝 건의를 받아들였
다. 모든 사람들이 大同의 情을 가지고 요청하는 것을 따를 수밖에

없다는 것이 수락 이유였다.[28]

> "縉紳은 편지를 갖추어 청하고, 대신들은 筵席에서 청하고, 6軍과
> 만민은 伏閤하여 청한다. 윗사람과 아랫사람들이 서로 의견을 고집하
> 면서 잦아들 기약이 없으니, 大同의 정을 끝까지 혼자서 막을 수는 없
> 다. 깊이 생각해 보니 부득이 따를 수밖에 없다."[29]

고종이 칭제 건의를 받아들인 것을 고비로 하여 대한제국의 탄생
은 빠른 속도로 진행되었다. 10월 4일에 고종은 황제 등극에 필요
한 寶冊을 제작할 造成所를 설치하도록 했고, 10월 7일에 경운궁의
正殿인 卽阼堂의 이름을 '太極殿'으로 고쳤다. 10월 9일에 사직단
의 위패를 太社와 太稷으로 고쳐 황제국의 격식에 부합하게 했고,
10월 11일에는 새로 건설될 황제국의 국호를 '大韓'으로 정했다.
'대한'이란 국호는 조선이 三韓의 땅을 하나로 통합한 것과 각국의
외교사절들이 이미 '韓國'이란 표현을 사용했기 때문에 나온 것이
었다.[30]

---

28) 고종의 稱帝 결정에 대해 러시아와 프랑스는 찬성이었고, 일본은 반대
하는 입장이었으며, 미국, 영국, 독일은 냉담한 반응을 보였다고 한다
(李玟源, 앞의 논문, 1989, 134～137쪽).

29) 『高宗實錄』 권36, 高宗 34년 10월 3일.

30) '大韓'이란 국호도 10월 11일 이전에 결정되어 있었다. 10월 8일(9월
13일)에 이미 '大韓'이란 국호를 새긴 國璽의 문안이 보고되었기 때문
이다(『高宗大禮儀軌』 「時日」).

고종: 우리나라는 삼한의 땅이다. 건국 초기에 천명을 받아 이를
통합하여 하나가 되었으니 이제 천하를 가진 호[有天下之號]를 정함
에 '大韓'이라 해도 불가하지 않을 것이다. 또 각국의 문자를 볼 때
마다 '朝鮮'이라 하지 않고 '韓'이라 했으니, 옛날의 사실과 符驗처럼
맞고 오늘을 기다린 것이다. 천하에 聲明하지 않더라도 천하는 모두
대한이란 이름을 알 것이다.

심순택(의정): 조선은 기자가 옛날에 봉함을 받은 호이므로 당당한
제국이 그 호를 계승하는 것은 마땅치 않습니다. '대한'이란 호는 帝
統의 국가를 살펴보아도 옛것을 답습하는 것이 아닙니다. 성상의 뜻
이 매우 타당하므로 다른 말씀을 드리지 않겠습니다.

조병세(특진관): 각국의 사람들이 조선을 '한'이라 부른 것은 그 상
서로운 조짐이 이미 평소에 나타났고 바로 천명이 유신하는 날을 기
다린 것입니다. 또한 '韓'자의 偏旁은 '朝'자의 편방과 꼭 들어맞으니
이는 만세에 태평을 열 조짐입니다.[31]

이상에서 보면 고종은 아관파천을 단행하면서 대한제국의 탄생을
준비했고, 경운궁으로 환궁한 이후 이를 본격화했다. 그리고 고종은
조정의 대신들에게 황제국의 탄생을 실무적으로 준비하게 하는 한편,
사회 각층의 여론을 끌어들여 황제국의 탄생을 뒷받침하게 했다.

---

31) 『高宗大禮儀軌』「詔勅」, 丁酉 9월 16일(양 10월 11일).

Ⅲ. 皇帝 登極儀 행사와 의례

1897년 10월 12일, 고종은 환구단에서 황제 등극의를 거행했다. 『고종대례의궤』를 보면 고종의 황제 등극의와 관련하여 거행된 총 23가지 행사의 儀註가 정리되어 있다.[32) 왕국에서 황제국으로 격상되는 뜻 깊은 행사였기에 많은 의식이 치러졌는데, 그 내용을 정리하면 다음과 같다.

1) 親臨誓戒儀: 圜丘壇 제사가 있기 3일 전 陛下가 경운궁 太極殿에서 맹세를 하는 의식
2) 親祀圜丘時 出還宮儀: 폐하가 圜丘壇에서 직접 제사를 지낼 때 出宮하고 還宮하는 의식
3) 親祀圜丘出還宮時 王太子隨詣行禮儀: 폐하가 환구단에 직접 제사지내는 일로 출궁하고 환궁할 때 왕태자가 수행하여 예를 거행하는 의식
4) 親祀圜丘時 省牲器省鼎鑊視滌漑儀: 폐하가 환구단에 직접 제사를 지낼 때 犧牲과 祭器를 살피고 솥을 살펴 깨끗한지를 보는 의식
5) 親祀圜丘時 省牲器省鼎鑊視滌漑時 王太子陪參儀: 폐하가 환구단에 직접 제사를 지낼 때 희생과 제기를 살피고 솥을 살펴 깨끗한지를 볼 때 왕태자가 모시고 참석하는 의식
6) 親祀圜丘儀: 폐하가 환구단에서 직접 제사를 지내는 의식
7) 親祀圜丘時 王太子陪參儀: 폐하가 환구단에서 직접 제사를 지

---

32) 『高宗大禮儀軌』「儀註」.

낼 때 왕태자가 모시고 참석하는 의식

8) 登極儀: 환구단 제사를 지낸 후 皇帝位에 등극하는 의식

9) 皇帝御太極殿 受百官賀表儀: 황제가 경운궁 태극전에 행차하여 백관들의 賀表를 받는 의식

10) 冊皇后儀: 황제가 경운궁 태극전에서 王后를 皇后로 책봉하는 의식. 명성황후에게 金冊과 金寶를 줌

11) 皇后冊寶 奉詣殯殿行禮儀: 황후의 金冊과 金寶를 명성황후의 殯殿으로 가져가는 의식

12) 冊皇太子儀: 황제가 경운궁 태극전에서 王太子를 皇太子로 책봉하는 의식. 황태자에게 金冊과 金寶를 줌

13) 皇太子 朝謝殯殿儀: 책봉을 받은 황태자가 명성황후의 殯殿에 가서 朝謁하고 謝恩하는 의식

14) 頒詔儀: 황제가 경운궁 태극전에서 詔勅을 반포하는 의식

15) 皇太子 進致詞于殯殿儀: 황태자가 명성황후의 殯殿에 致詞를 올리는 의식

16) 百官 進箋賀皇太子儀: 백관들이 경운궁 咸寧殿에서 箋文을 올려 황태자에게 賀禮하는 의식

17) 明憲太后 上寶儀: 황제가 경운궁 태극전에서 明憲王后를 玉寶를 올려 太后로 책봉하는 의식.[33]

18) 冊皇太子妃儀: 황제가 경운궁 태극전에서 王太子嬪을 皇太子妃로 책봉하는 의식. 황태자비에게 金冊과 金寶를 줌

19) 皇太子妃 受冊寶儀: 황태자비가 內殿에서 金冊과 金寶를 받는 의식

20) 皇太子妃 朝謁儀: 황제가 內殿에서 황태자비의 朝謁을 받는 의식

---

33) 明憲太后는 헌종의 妃인 明憲王后를 말한다.

21) 皇太子妃 朝謁殯殿儀: 황태자비가 명성황후의 殯殿에 가서 朝
    謁하는 의식
22) 皇太子妃 朝謁明憲太后儀: 황태자비가 內殿에서 명헌태후에
    게 朝謁하는 의식
23) 皇太子妃 回宮詣皇太子行禮儀: 황태자비가 황제와 황후에게
    朝謁을 마치고 궁으로 돌아와 황태자에게 절을 올리는 의식

고종의 황제 등극의와 관련된 행사는 10월 9일에서 14일까지 총 6
일간에 걸쳐 진행되었다. 다음의 <표 1>은 고종의 황제 등극의에 거
행된 23종의 행사를 집행 주체를 기준으로 하여 재정리한 것이다.

<표 1>을 보면 등극의 관련 행사는 황제인 고종과 황태자인 순
종이 주도했고, 행사의 초점은 고종이 환구단에서 천지의 신에게 고
유제를 올린 다음 황제로 등극하고, 太極殿으로 돌아와 대한제국의
탄생을 알리는 詔勅을 반포하는 것에 맞추어져 있었다. 그러면 초
점이 된 세 가지 행사, 즉 환구단의 고유제, 황제 등극, 조칙 반포
를 좀 더 상세히 검토하기로 하자.

<표 1> 황제 등극의 행사의 주체별 분류

주체	행사	행사일자
황제 (국왕)	親臨誓戒儀	10월 9일
	親祀圜丘時 出還宮儀	10월 11, 12일
	親祀圜丘時 省牲器省鼎鑊視滌漑儀	10월 11일
	親祀圜丘儀	10월 12일
	登極儀	10월 12일
	皇帝御太極殿 受百官賀表儀	10월 12일
	頒詔儀	10월 13일
황후	册皇后儀	10월 12일
	皇后册寶 奉詣殯殿行禮儀	10월 12일
황태자 (왕태자)	親祀圜丘出還宮時 王太子隨詣行禮儀	10월 12일
	親祀圜丘時 省牲器省鼎鑊視滌漑時 王太子陪參儀	10월 11일
	親祀圜丘時 王太子陪參儀	10월 12일
	册皇太子儀	10월 12일
황태자 (왕태자)	皇太子 朝謝殯殿儀	10월 12일
	皇太子 進致詞于殯殿儀	10월 13일
	百官 進箋賀皇太子儀	10월 13일
명헌태후	明憲太后 上寶儀	10월 14일
황태자비	册皇太子妃儀	10월 14일
	皇太子妃 受册寶儀	10월 14일
	皇太子妃 朝謁儀	10월 14일
	皇太子妃 朝謁殯殿儀	10월 14일
	皇太子妃 朝謁明憲太后儀	10월 14일
	皇太子妃 回宮詣皇太子行禮儀	10월 14일

먼저 고종이 환구단에서 天神인 昊天上帝와 地神인 皇地祇의 신주를 모시고 고유제를 올리는 과정은 다음과 같았다.[34]

초엄 이엄 삼엄

황제 입장: 폐하가 冕服을 갖추고 입장하면 의례 참가자들이 鞠躬
四拜를 함

晨祼禮: 폐하가 손을 씻고 皇天上帝와 皇地祇의 신위에 鬱鬯酒를
올림[35]

폐하가 皇天上帝와 皇地祇의 신위에 세 번 향을 올림(三上香)

폐하가 皇天上帝와 皇地祇의 신위에 玉帛을 올림(奠玉帛)

進俎: 폐하가 皇天上帝와 皇地祇의 신위에 俎를 올림

初獻禮: 폐하가 皇天上帝와 皇地祇의 신위에 첫 번째 술잔을 올림

讀祝: 大祝이 神位 오른편에서 祝文을 읽음

亞獻禮: 폐하가 皇天上帝와 皇地祇의 신위에 두 번째 술잔을 올림

終獻禮: 폐하가 皇天上帝와 皇地祇의 신위에 세 번째 술잔을 올림

飮福禮: 제사를 마친 폐하가 飮福을 함

국궁사배: 제사를 마친 폐하 이하 모든 참가자들이 국궁사배를 함

籩豆 철거: 제사에 사용된 籩豆 1개씩을 조금 옆으로 옮김

---

34) 『高宗大禮儀軌』「儀註」, 親祀圜丘儀.

35) 이때 환구단의 제1층에는 북쪽에서 서쪽에 가깝게 남향하여 昊天上帝
의 위판이, 환구단 제2층에는 동쪽에 大明, 서쪽에 夜明의 위판이, 환
구단 제3층에는 동쪽에 北斗七星, 木火土金水, 二十八宿, 周天星辰,
五嶽, 四海, 名山, 城隍의 위판, 서쪽에 雲師, 雨師, 風伯, 雷師, 五鎭,
四瀆, 大川, 司土의 위판이 설치되어 있었다(『高宗大禮儀軌』「儀註」
親祀圜丘儀). 참고로 『大明會典』의 圜丘제사에는 上帝, 太祖, 大明,
夜明, 五星(木火土金水), 二十八宿, 周天星辰, 雲師, 雨師, 風伯, 雷師
의 위판이 있었다(권82, 禮部40, 郊祀2, 圜丘).

望燎: 望燎位에 나아가 제사에 사용된 祝文과 幣帛, 饌과 술을 태움

　고종은 환구단에서 천지의 신에게 고유제를 올린 후 바로 그 자리에서 황제에 등극했는데 그 과정은 다음과 같았다. 登極儀 儀註를 보면, 고종이 환구단에서 고유제를 올리는 동안에는 '陛下'라 표현하고, 金椅에 앉아 황제의 冕服을 착용한 이후부터 '皇帝'라 표현하고 있다.[36) 이는 고종이 황제의 면복을 입는 순간 황제가 되었음을 의미한다.

皇帝位에 오름: 議政이 百官을 이끌고 望燎位에 나아가 "告由하는
　　　　　　　제례가 끝났으니 皇帝位에 오르십시오."라고 한 다
　　　　　　　음 신하들이 폐하를 부축하여 金椅에 앉게 함
袞冕을 올림: 議政 등이 황제의 袞冕을 들고 聖躬에 입힘
국궁사배: 문무백관이 황제에게 국궁사배
御寶를 올림: 議政이 황제의 玉寶를 받들고 황제에게 말씀을 올림
　　　　　　 "황제께서 大位에 나아가 오르셨으니, 신들은 삼가
　　　　　　 御寶를 올리나이다." 이후 秘書院卿이 옥보를 받아
　　　　　　 盝 안에 넣음
三舞蹈: 문무백관이 세 번 舞蹈를 함
三叩頭: 문무백관이 왼쪽 무릎을 꿇고 세 번 머리를 조아림
山呼: 문무백관이 황제에게 "萬歲 萬歲 萬萬歲"를 외침
국궁사배: 문무백관이 황제에게 국궁사배
解嚴: 백관들이 물러나고 황제는 大次로 들어감

---

36) 『高宗大禮儀軌』「儀註」, 登極儀.

고종이 환구단에서 천지의 신에게 고유제를 올리고 황제위에 오르는 과정은 명나라 황제의 전례를 정리한 『大明會典』의 圜丘壇祭禮[37)]와 皇帝 登極儀[38)]를 원용한 것이었다. 그렇지만 고종의 황

---

37) 『大明會典』 권82, 禮部40, 禮部40, 郊祀2, 圜丘.
  환구단 제례를 요약하면 다음과 같다.
  황제, 拜位에 나가면 나뭇단을 태워 帝臣을 맞이함
  황제, 환구단에 올라 上帝의 金鑪 앞에 꿇어앉아 세 번 香을 올림
  황제, 上帝와 太祖에 玉帛, 俎를 올림
  황제, 上帝와 太祖에 初獻禮를 거행함
  황제, 讀祝位에 이르러 꿇어앉음
  讀祝官, 꿇어앉아 祝을 읽은 다음 황제에게 祝板을 올림
  황제, 축판을 받들고 御案 앞에 이르러 篚(대광주리) 안에 놓음
  황제, 상제와 태조에 亞獻禮를 거행함
  황제, 상제와 태조에 終獻禮를 거행함
  황제, 飮福, 福胙, 饌 철거, 望燎位에 나아가 望燎를 함
38) 『大明會典』 권45, 禮部3, 登極儀, 高皇帝登極儀.
  洪武元年(1368) 명나라 태조의 황제 등극의를 정리하면 다음과 같다.
  校尉가 金椅를 郊壇 앞에 동남향으로 설치
  冕服案을 郊壇 앞에 설치, 侯望瘞 畢
  丞相, 대신들이 百官을 이끌고 望瘞位에 꿇어 앉음
  群臣들이 황제를 扶擁하여 금의 위에 앉게 함
  집사관이 冕服案과 寶案을 앞에 놓음
  승상, 대신들이 袞冕을 받들고 무릎을 꿇은 채 나아가 案 위에 놓음
  승상 등이 袞冕을 聖躬에 입힘
  승상과 신하들이 四拜를 행함
  寶官이 盝을 열고 玉寶를 꺼내어 승상에게 드림
  승상이 옥보를 받들고 황제에게 大位에 오를 것을 말함
  신들이 어보를 올리면 尙寶卿이 이를 받아 盝에 넣음
  승상과 신하들이 세 번 舞蹈를 하고 "萬歲 萬歲 萬萬歲"를 외침
  승상과 신하들이 四拜를 행함

제 등극의가 모든 면에서 명나라의 제도와 일치하는 것은 아니었다. 이를테면 고종이 등극한 환구단에는 皇天上帝의 신위와 皇地祇의 신위를 함께 모셨는데,[39] 명나라에서는 上帝의 신위는 圜丘壇, 地祇의 신위는 方丘壇으로 구분되어 있었다.[40] 또한 고종의 등극의에는 議政이 주요 역할을 한 반면 명나라에서는 丞相이 이를 담당했는데, 이는 양국의 官制에 차이가 있었기 때문이다. 그러나 이러한 몇 가지 차이점을 제외하면, 고종 황제의 환구단 고유제와 등극의는 기본적으로 명나라의 제도와 일치했다.

1897년 10월 3일, 고종은 칭제 건의를 수용하면서 대신들과 황제 등극의의 전례 문제를 논의했다.[41]

고종: 국가에서 처음 있는 전례이다. 儀節에 있어 반드시 古禮를 그대로 따를 필요는 없으며, 우리나라의 예를 살펴서 더하거나 빼되 간편함을 따르면 될 것이다.

심순택(議政): 여기에는 帝家의 典章이 서적에 잘 나타나 있습니다. 纛旗, 수레, 깃발에 대해서는 모두 도식이 있으므로, 장례원에서 자세히 살펴서 마련하여 거행하도록 하는 것이 어떻겠습니까?

고종: 그렇게 하라.

---

39) 환구단에는 皇天上帝, 皇地祇 신위와 함께 日月, 星辰, 雲雨, 風雷, 山川의 신위가 從享되어 있었다.

40) 『大明集禮』를 보면 圜丘壇에는 上帝의 신위와 함께 大明(日), 夜明(月), 風雲雷雨, 嶽鎭海瀆의 신위가 從享되고, 方丘壇에는 地祇의 신위와 함께 四海, 五嶽, 五鎭, 四瀆의 신위가 從享되어 있다.

41) 『高宗大禮儀軌』「詔勅」, 丁酉 9월 초8일(양 10월 3일).

김영수(掌禮院卿): 역대의 전례에 의거하여 마련하되 짐작하여 더하거나 빼는 내용에 대해서는 뜻을 보고하여 거행하겠습니다.

이상에서 고종은 古禮를 참작하되 적절히 가감할 것을 명령했고, 대신들은 '帝家의 典章' '역대의 典禮'를 따르겠다고 대답했다. 그런데 대신들이 말한 '역대의 전례'는 바로 명나라의 전례였고 그 저본은 『大明會典』과 『大明集禮』였다.[42] 앞서 고종의 칭제를 건의하는 가운데 우리나라가 중화의 문물, 특히 명나라의 의관과 문물을 계승하여 정통성이 있다는 점을 강조한 논의가 있었는데,[43] 실제로 고종의 황제 등극의는 명나라의 전례를 계승했던 것이다.

10월 13일, 황제 등극의를 거행한 고종은 경운궁 태극전에서 조칙을 반포했다. 황제가 된 후 최초로 반포하는 조칙이었다.[44]

"단군 기자 이래로 강토가 나뉘어 각기 한 모퉁이를 점거한 채 서로 자웅을 겨뤘으나, 고려에 이르러 마한, 진한, 변한을 병탄했으니 이것이 三韓統合이다. 우리 태조께서 나라를 여시면서 땅을 더욱 넓혀 북으로 말갈의 땅으로 진출하여 가죽과 보배가 나오고, 남으로 탐라를 거두어 귤, 유자, 해산물을 바쳤다. 幅員이 4천리로서 一統의

---

42) 『大明集禮』는 황후, 황태자, 황태자비의 册文을 제작할 때 바탕이 되었다(『高宗大禮儀軌』「時日」. "同日, 皇后金册文, 皇太子金册文, 皇太子妃金册文, 草圖書, 各一件入奏.[依『大明集禮』圖式, 擧行.]").

43) 1897년 9월의 논의에서 俞箕煥, 金在顯, 李秀丙, 沈舜澤 등이 명나라 전례의 계승을 강조했다.

44) 『高宗實錄』 권36, 高宗 34년 10월 13일.

업을 세웠다. 예악과 법도가 요·순을 바탕으로 하고, 산하가 공고하여 우리 자손만세의 반석이 되었다.

내가 부덕한데다 어려운 시기를 만났지만, 상제께서 돌보셔서 위기를 안녕으로 바꾸고, 독립의 터를 세우고, 자주권을 거행하기 위해, 신하와 백성, 군대, 시정인들이 모두 한 목소리로 절규하면서 상소를 올린 것이 수십 장인데, 황제의 칭호를 추존하라는 것이다. 내가 수없이 사양했으나 하는 수 없이 금년 9월 17일(음력) 白岳의 남쪽에서 천지에 고하는 제사를 올리고 황제 자리에 올랐다. 천하를 가진 호[有天下之號]를 '大韓'이라 정하고, 이해를 '光武元年'으로 정하고, (사직의) 이름을 太社와 太稷으로 바꾸고, 왕후 민씨를 皇后로, 王太子를 皇太子로 책봉했다."

이상에서 고종은 국호를 '大韓帝國', 연호를 '光武'로 하며, 社稷을 太社와 太稷으로 바꾸고, 황후와 황태자를 책봉함을 선포했다. 그리고 14개조로 된 大赦令을 내려 臣民들도 대한제국이 탄생한 기쁨을 함께하도록 했다.

Ⅳ. 皇帝 登極儀의 상징물

1897년 10월 14일, 『독립신문』에서는 고종 황제가 환구단으로 행차하는 모습을 다음과 같이 묘사했다.

오후 이시 반에 경운궁에서 시쟉 ᄒᆞ야 환구단 신지 길 갓 좌우로 각 대되 군수들이 졍계 ᄒ게 셧스며 (중략) 어가 앞헤는 대황뎨 폐하의 태극 국긔가 몬져 가고, 대황뎨 폐하씌셔ᄂᆞᆫ 황룡포에 면류관을 쓰시고, 금으로 취식흔 연을 타시고, 그 후에 황태ᄌ 뎐하씌셔도 홍룡포를 입으시고 면류관을 쓰시며, 불근 연을 타시고 지내시더라.[45]

이를 보면 황제의 행렬에는 대한제국을 상징하는 太極旗를 앞세우고, 황제를 상징하는 黃龍袍와 황금색을 칠한 가마, 황태자를 상징하는 紅龍袍와 붉은색을 칠한 가마가 있었음을 분명하게 보여주는데, 이는 모두 황제국을 상징하는 상징물이었다.

이하에서는 고종의 황제 등극의에 나타나는 상징물인 冕服, 寶冊, 蒼璧, 黃琮, 金節의 용도와 의미에 대해 살펴보도록 하겠다.

1. 冕服의 변화

고종은 皇帝 登極儀에서 金椅에 앉아 冕服을 입었는데, 금의와 면복은 바로 황제의 상징물이었다. 면복은 군주가 착용하는 冕旒冠과 章服으로 구성되는데, 군주가 천지, 종묘, 사직과 같은 국가의 大祀를 주관하거나 正朝(정월 초하루)와 동지에 거행하는 조회에 참석할 때 착용하는 최고의 예복이었다. 면복은 황제만이 아니라 국왕과 왕세자도 착용하는 것이 관례였는데 다만 그 장식에서 차이가 났다. 가령 면류관에 있어 황제는 12旒가 달린 면류관을 쓰는 것에

---

45) 『독립신문』, 1897년 10월 14일.

비해 국왕은 9旒, 왕세자는 8旒(왕세손은 7旒)가 달린 면류관을 썼고, 복식에 있어 황제는 12章服을 입지만 국왕은 9章服, 왕세자는 7章服을 착용했다.

『대한예전』을 보면 황제의 면복은 1897년에 제도를 개정하면서『대명회전』의 제도를 많이 취했다고 했는데,[46] 이를『대명회전』과 비교하면 명나라 嘉靖 8년(1529)에 정비된 면복 규정과 대부분 일치한다.[47] 그 내용을 보면 면류관에는 일곱 가지 색깔(황색, 적색, 청색, 백색, 흑색, 紅色, 녹색)의 옥구슬을 꿴 12旒가 달려 있었고, 복식에서는 검은색 衣(상의)에 六章(日 月 星 山 龍 華虫)을 넣어 직조하고, 분홍색 裳(치마)에 六章(火 宗彝 藻 米 黼 黻)을 수놓았다. 황제, 국왕, 왕세자의 복식에서는 문양에 차이를 두어 位格을 구분했는데, 이를 정리하면 다음의 <표 2>와 같다.

---

46) 『大韓禮典』 4책, 「祭服圖說」, 皇帝冕服. "凡祭天地宗廟社稷先農, 及正朝冬至聖節, 服袞冕. 光武元年改定其制, 取大明會典所載制度者爲多. 以下嘉禮冠服, 亦如之."

47) 『大明會典』 권60, 禮部, 冠服1, 皇帝冕服. 이 기록에 의하면 명나라 황제의 면복 제도는 洪武 26년(1393), 永樂 3년(1405), 嘉靖 8년(1529) 등 3차례에 걸쳐 개정되었다.

<표 2> 황제, 국왕, 왕세자 복식의 문양

복식 문양		황제(12章)		국왕(9章)		왕세자(7章)	
日	해	○					
月	달	○					
星	별	○					
山	산	○	상의	○			
龍	용	○		○			
華蟲	화충(꿩)	○		○	상의	○	
火	불	○		○		○	상의
宗彝	호랑이, 원숭이	○		○		○	
藻	수초	○		○		○	
粉米	쌀	○	하의	○	하의	○	
黼	도끼	○		○		○	하의
黻		○		○		○	

 1863년, 고종은 嗣位로 국왕에 즉위하면서 9장복을 착용했다. 그랬던 그가 이제 황제 등극의를 통해 12장복을 착용함으로써 황제로 등극하는 상징성을 극대화할 수 있었다. 우리나라의 역사에서 12장복을 착용한 것은 고종이 처음은 아니었다. 고려 초기에 천자국 체제로 정비하면서 唐의 『開元禮』를 따랐으므로 12장복을 착용했을 가능성이 있고,[48] 고려 말 공민왕이 원나라의 간섭을 벗어날 때 12장복을 착용했다는 기록이 있다.[49] 그렇지만 고종이 황제 등극의에

---

48) 안현주, 앞 논문, 2003, 75~76쪽.

49) 『世宗實錄』 권105, 世宗 26년 윤7월 庚子(24일). "高麗恭愍王時, 借用十二章之服物, 皆用黃色."

서 착용한 12장복은 형식과 내용을 가장 완벽하게 갖춘 冕服이었다
는 점을 주목해야 한다.

2. 寶와 冊

고종은 황제 등극의에서 황제를 상징하는 12장복을 착용한 다음
에 玉寶를 받았다. 조선시대에는 국왕을 비롯한 왕실가족의 위엄을
더하기 위해 尊號를 올리는 행사가 많았고, 그때마다 새로운 존호
를 새긴 寶와 冊이 만들어졌다. 이 중에서 寶는 '御寶'를 말하는데
국왕과 왕비만 사용할 수 있었고, 재질에 따라 金寶, 玉寶, 銀寶
등으로 구분되었다. 이에 비해 冊은 왕실 가족 모두가 사용했는데,
재질에 따라 金冊, 玉冊, 竹冊 등으로 구분되었다.

고종은 황제가 되기 이전에도 국왕으로서 여러 종류의 寶를 사용
했다. 1876년에 작성된 『寶印所儀軌』에는 이 무렵 고종과 왕세자가
사용했던 11종의 寶印이 수록되어 있는데, 그중에서 고종이 사용한
寶印은 총 9종이었다.50) 이를 정리하면 다음의 <표 3>과 같다.51)

---

50) 印은 왕실 가족을 물론이고 중앙과 지방의 각급 관청에서도 사용할
　　수 있었다. 왕실의 印은 주로 玉印, 銀印이 사용되었다.
51) 김문식 · 신병주, 『조선 왕실 기록문화의 꽃, 의궤』, 돌베개, 2005, 135
　　～149쪽.

〈표 3〉 1876년 고종이 사용한 寶印

寶印	용도	재료	손잡이
朝鮮國王之印	중국 외교문서	天銀鍍金	용머리, 거북몸
大朝鮮國主上之寶	일본 외교문서	천은도금	거북
朝鮮王寶	국왕의 敎命, 箋文	천은도금	거북
爲政以德	일본 외교문서	천은도금	거북
昭信之寶	일본 외교문서	천은도금	거북
施命之寶	국왕의 敎書, 敎旨	순금도금	거북
諭書之寶	관찰사, 절도사 임명	동도금	거북
科擧之寶	과거 합격 증서	동도금	거북
宣賜之記	서적 하사	천은	사각형

　고종은 칭제 건의를 수락한 직후에 太僕司 안에 造成所를 설치하고 황제 등극에 필요한 寶册을 만드는 작업에 착수하게 했다. 보책은 『대명집례』의 圖式에 의거하여 제작되었고 행사가 있던 날 궁중으로 들여왔는데, 황제 등극의와 황후 및 황태자의 책봉식이 있던 10월 12일에는 皇帝之寶(玉寶), 皇后의 金册, 皇后之寶, 皇太子의 金册, 皇太子之寶를 궁중으로 들여왔다. 또한 명헌태후와 황태자비의 책봉식이 있던 10월 14일에는 大韓國璽, 皇帝之璽, 皇帝之寶(나머지 2顆), 勅命之寶, 制誥之寶, 明憲太后之寶, 皇太子妃의 金册, 皇太子妃之寶를 들여왔으며, 1898년 윤3월 2일에 勅命之寶(나머지 1과)와 施命之寶를 들여오는 것으로 보책의 제작이 마무리되었다.52)

　<표 4>는 고종의 황제 등극의를 거행하기 위해 제작된 寶册의

---

52) 『高宗大禮儀軌』「時日」.

목록을 정리한 것이다.

<표 3>과 <표 4>를 비교하면 1876년의 寶印에는 금, 은, 동을 도금한 것이 많았지만, 황제 등극의에 사용된 寶는 純金이나 南陽에서 생산되는 玉을 사용한 것이 많았다. 이는 황제국이 된 이후 寶의 재료가 한 단계 격상되었음을 의미한다. 또한 1876년의 寶 손잡이에는 대부분 거북 조각이 달려 있었지만, 대한제국이 탄생할 때 사용된 황제, 황태자, 황태자비의 보 손잡이에는 모두 龍 조각이 달려 있었다. 이는 왕국과 황제국의 상징이 거북과 용으로 구분됨을 반영한 것이다.

〈표 4〉 고종의 황제 등극의에 사용된 寶冊[53]

대상	寶·冊	수량	재료	손잡이
황제	大韓國璽	1顆	天銀鍍金	용
	皇帝之璽	1과	천은도금	용
	皇帝之寶	3과	1과, 천은도금 2과, 玉(남양옥)	용 거북, 용
	勅命之寶	2과	1과, 純金 1과, 천은도금	용 용
	制誥之寶	1과	순금	용
	施命之寶	1과	천은도금	용
명헌태후	明憲太后之寶	1과	옥(남양옥)	거북
황후	皇后金冊	1件	순금	
	皇后之寶	1과	순금	용
황태자	皇太子金冊	1건	순금	
	皇太子寶	1과	순금	용
황태자비	皇太子妃金冊	1건	천은도금	
	皇太子妃之寶	1과	천은도금	거북

---

53) 『高宗大禮儀軌』「卷首」.

〈그림 1〉 고종의 皇帝之寶
(寶印符信總數)

황제 등극의를 거행할 때 제작된 13종의 寶册 가운데 고종 황제가 사용한 寶는 大韓國璽, 皇帝之璽, 皇帝之寶, 勅命之寶, 制誥之寶, 施命之寶 등 6종이었다. 이들은 모두 대한제국이 출범하고 고종이 황제로 등극함에 따라 詔勅과 誥를 내릴 때 사용하기 위한 것이었다. 특히 옥으로 만든 '皇帝之寶'는 고종이 황제 등극의를 거행할 때 사용되었는데,[54] 이는 고종이 황제임을 상징하는 중요한 상징물이었다.

3. 蒼璧, 黃琮, 金節

『고종대례의궤』에서는 蒼璧, 黃琮, 金節에 대해 寶册과 같은 수준에서 기록했는데, 이는 고종의 황제 등극의에서 이들이 차지하는 비중이 그만큼 컸음을 의미한다. 1897년 10월 9일(9월 14일), 寶册 조성소에서 『대명회전』의 도식에 의거하여 창벽, 황종, 금절의 제작

---

54) 『高宗大禮儀軌』「大禮時皇帝玉寶內出詣圜丘壇班次圖」를 보면 皇帝玉寶를 실은 腰輿가 나온다.

을 완료했다. 10월 12일(9월 17일)에 금절 2柄은 皇帝之寶(옥보)와 함께 궁궐 안으로 들여졌고, 창벽과 황종은 환구단으로 옮겨졌다.55) 이날은 환구단에서 황제 등극의를 거행한 날인데 金節은 황제의 행차에, 창벽과 황종은 환구단의 고유제에 사용되었다. 또한 『고종대례의궤』「圖說」에서는 창벽, 황종, 금절의 모양을 천연색으로 그린 다음 규격을 제시했고, 「造作」에서는 이들을 제작하는 데 사용된 물품의 내역을 상세하게 정리했다.

蒼璧은 端川에서 생산되는 靑玉으로 만들었는데, 이것은 天壇, 즉 皇天上帝의 신위 앞에 올리는 예물이었다.56) 『대명집례』의 「上帝陳設圖」를 보면 상제의 신위 바로 아래에 玉帛이라 표시된 자리가 있는데,57) 여기에 놓이는 玉이 바로 창벽이었다. 『주례』를 보면 '玉으로 六器를 만들어 天地와 四方에 제사를 지내는데, 하늘에는 창벽을 사용한다.'고 했는데,58) 창벽의 둥근 모양은 하늘의 모양을 상징하고 청색은 하늘의 색깔을 상징했기 때문이었다. 명나라에서는 동짓날 昊天上帝에게 제사를 올릴 때 蒼璧을 사용했는데,59) 대한제

---

55) 『高宗大禮儀軌』「時日」. "丁酉九月十四日, 蒼璧黃琮金節造成.[依『大明會典』圖式, 擧行.] 十七日, 皇帝之寶[玉寶], 皇后金册, 皇后之寶, 皇太子金册, 皇太子寶, 封裹內入.[金節二柄, 同爲內入.]

56) 위 책, 「圖說」. "蒼璧一坐.[天壇正位用] 用端川靑玉. 圜徑六寸一分, 好徑四分, 通厚七分有奇."

57) 『大明集禮』 권2, 吉禮1, 事天, 「上帝陳設圖」.

58) 『周禮』 春官宗伯, 「大宗伯」. "以玉作六器, 以禮天地四方. 以蒼璧禮天, 以黃琮禮地, 以靑圭禮東方, 以赤璋禮南方, 以白琥禮西方, 以玄璜禮北方. 皆有牲幣, 各放其器之色."

국에서는 이를 원용하여 환구단 고유제 때 상제의 신위 앞에 올렸
던 것이다.

黃琮은 단천에서 생산되는 黃玉으로 만들었는데, 地壇, 즉 皇地
祇의 신위 앞에 올리는 예물로서 천단의 蒼璧과 같은 의미가 있었
다.60) 황옥은 위에서 내려다보면 정방형이고 단면은 가운데가 불룩
하고 양변으로 갈수록 가늘어지며, 한쪽에 산 모양을 새겨 땅을 형
상화했다.61) 이때 황옥의 방형은 땅의 모양을, 황색은 땅의 색깔을

---

59) 『大明集禮』 권1, 吉禮1, 事天, 禮神之玉. "[周]禮大宗伯, 以玉作六器,
　　 以禮天地四方. 蒼璧禮天, 黃琮禮地, 靑珪禮東方, 赤璋禮南方, 白琥禮
　　 西方, 玄璜禮北方, 皆有牲幣, 各倣其器之色. 又『典瑞』, 四圭有邸以祀
　　 天, 邸本也. 圭本着於璧, 故四圭有邸, 未四出故也. 說者曰, 璧圓色
　　 蒼, 所以象天, 天有四時, 四圭有邸, 亦所以象天. 璧以象體, 圭以象
　　 用, 故於蒼璧言禮, 於四圭有邸言用. 盖禮神, 在求神之初, 祀神, 在薦
　　 獻之時, 一祭而兩用也. …… [國朝]冬至祀昊天上帝, 用蒼璧."
　　 참고로 上帝의 신위 앞에 올리는 백은 청색으로 된 비단[蒼幣]이었다
　　 (『大明集禮』 권1, 吉禮1, 事天, 幣. "[周]制, 禮天之幣, 其色以蒼, 禮
　　 五帝之幣, 各如方色幣用繒, 其丈一丈八尺, 所謂制幣也. …… [宋]正
　　 配位, 同用蒼幣. [國朝]正配位用蒼, 大明以紅, 夜明星辰太歲皆用白.
　　 洪武三年二月, 詔立神幣局, 設官二員, 專掌製神幣. 其織文曰, 禮神
　　 制幣, 色各隨其方.").

60) 주 58) 참조.

61) 『高宗大禮儀軌』 「圖說」. "黃琮一坐.[地壇正位用] 用端川黃玉. 方徑四
　　 寸有奇, 中厚七分, 邊厚二分, 微作剡. 首下正方, 一角有縱理如山形,
　　 亦以象地."
　　 그런데 蒼璧과 黃琮의 크기는 淸나라 제도와 같은 점이 주목된다(『淸
　　 會全圖』 권21, 禮21. "玉蒼璧, 天壇正位, 祈穀壇正位, 用之. 制圓徑六
　　 寸一分, 好徑四分, 通厚七分有奇. 玉黃琮, 地壇正位, 用之. 制方徑四
　　 寸有奇, 中厚七分, 邊厚二分, 微作剡首, 下正方, 一角有縱理如山形.").

상징했다. 명나라에는 地祇의 신위를 모신 方丘壇이 별도로 있었으므로 황옥을 이곳에서 사용했지만, 대한제국에서는 皇地祇의 신위를 환구단에 모셨으므로 환구단 고유제 때 그 신위 앞에 올렸다.[62)]

〈그림 2〉 金節(大明集禮)

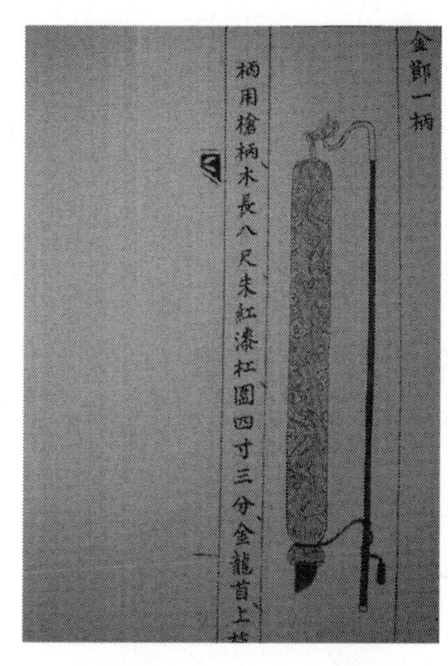

〈그림 3〉 金節(大禮儀軌)

金節은 황제 행렬에 사용하는 儀仗의 하나로, 金龍 머리가 달린 자루에 방울을 달고 金龍을 수놓은 자루로 덮은 것이다.[63)] 그런데

---

62) 『大明集禮』 권3, 吉禮3, 祭地, 禮臣之玉. "[周]禮大宗伯, 以黃琮禮地. 盖禮神者, 必象其類, 琮方象地形, 黃象地色也. 『典瑞』又曰, '兩圭有邸, 以祀之,' 兩圭者, 象地數二也. 說者曰, 黃琮, 用於求神之時, 兩圭有邸, 用於薦獻之時, 所以不同. 鄭玄乃謂, 黃琮理崑崙神, 兩圭有邸, 祀北郊神州之神, 其說謬矣. …… [國朝]方丘正位, 用黃琮."

『고종대례의궤』「반차도」를 보면, 황제의 玉寶나 황후의 册寶가 있는 가마 주변에는 황제를 상징하는 황색 의장을 집중적으로 배치하여 새로운 의장이 많이 만들어졌음을 알 수 있다.64) 황제의 의장은 이처럼 종류가 많았음에도 불구하고 금절을 특별히 다룬 것은 이것이 號令이나 賞罰을 시행하는 것과 같은 황제의 권한을 상징했기 때문이었다.65) 다만 명나라 황제의 금절은 자루에 위로 상승하는 한 마리의 龍이 수놓아져 있었지만,66) 대한제국의 금절에서는 乘降하는 두 마리의 용이 수놓인 점에서 차이가 있었다.

이상에서 보듯 蒼璧, 黃琮, 金節은 각각 天, 地, 皇帝를 의미하는 중요한 상징물이었다.

---

63) 『高宗大禮儀軌』「圖說」. "金節一柄. 柄用槍柄, 木長八尺, 朱紅漆杠, 圍四寸三分. 金龍首, 上施圓盤, 旄象毛纓八層, 金銅鈴, 韜以黃羅畫龍袋."

64) 위 책,「大禮時皇帝玉寶皇太子册寶詣闕班次圖」;「大禮時皇帝玉寶內出詣圜丘壇班次圖」;「大禮時皇后册寶詣殯殿班次圖」.

65) 『大明集禮』권44, 儀仗3, 金節. "[周]禮, 地官掌職曰, '凡邦國之使節, 山國用虎節, 土國用人節, 澤國用龍節, 皆金也. 又按『釋名』曰, 節爲號令賞罰之節, 『釋名』節毛上下相重, 取象竹節. [漢]節, 以竹爲之, 柄長八尺, 以旄牛尾爲其旺三重. [宋]『會要』云, 黑漆竿上, 施圓盤, 周綴紅絲八層, 黃繡龍袋籠之. …… [今]制, 與宋同."

66) 위 글.

V. 맺음말

　대한제국의 출현을 앞두고 조선은 심각한 위기 상황에 빠져 있었다. 1894년 6월 일본군의 경복궁 점령, 친일 개화파 정권의 급격한 제도 개혁, 1895년 8월 일본인의 명성왕후 살해, 1896년 2월부터 시작된 고종의 러시아 공사관 체류 등으로 이어지면서 열강의 침략에 따라 國權이 상실될 위협에 처했던 것이다. 열강의 압박이 계속되는 가운데 고종은 대한제국의 건설을 통해 실추된 왕권의 위엄을 높여 자주독립국가로서의 체면을 세울 것을 결심했고, 이는 자주 국권의 필요성을 절감한 관리와 백성들의 대폭적인 지지를 받았다.

　국권이 위협받는 상황에서 대한제국의 건설을 주도한 주인공은 바로 고종이었는데, 이는 尹致昊의 일기에서 잘 나타난다.

　　"지난 2주 동안 국왕과 신하들은 王國을 帝國化하는 일에 몰두해 왔다. 일주일 전 국왕은 비밀히 權在衡에게 지시하여 국왕에게 황제 등극을 수락하도록 앙청하는 상소를 올리게 했다. 지난 금요일부터 시작하여 의정대신(沈舜澤)이 전 臣民의 간절한 소망과 기원에 따라 황제 등극을 수락하도록 하는 일련의 상소를 국왕에게 올렸다. 괴로운 일은 이러한 소극적인 청원이 제기되는 동안 정부 관계자 모두가 참석토록 요구되었다는 점이다."[67]

---

67) 『尹致昊日記』 권5, 1897. 10. 3.

이상에서 윤치호가 지적한 權在衡의 상소는 1897년 9월 25일(음력 8. 29)에 있었는데, 이후 朝野 각계에서는 稱帝 건의를 활발하게 전개하여 고종이 이를 수락할 때까지 계속되었다. 또한 『고종대례의궤』「詔勅」편은 권재형의 상소로 시작하는데, 이는 권재형의 상소가 가진 의미가 그만큼 크다는 사실을 보여주는 것이다.

그러면 고종은 왜 王國을 皇帝國으로 바꾸려고 했을까? 본문에서 보았듯이 당시 서양의 군주들은 皇帝, 大君主, 大理伯 등의 호칭으로 불렸기 때문에 서양인의 입장에서 보면 王과 皇帝가 확연히 구분되는 것이 아니었다. 그러나 淸, 日本과 같은 동아시아 국가에 있어서는 王과 皇帝의 位格은 분명히 구분되었다.

'王'이란 칭호는 '皇帝'보다 낮으며, 역사적 맥락에서 볼 때 한국인은 왕이라고 하는 것이 반드시 황제에게 종속적 입장인 것으로 여겨왔다. 따라서 '황제'는 한국의 군주가 누구에게든 독립적이고 아무에게도 낮은 존재가 아니라는 사실을 확신시켜주는 최선의 가능한 수단이다.68)

> "속히 位號를 바르게 하지 않을 수 없는 것이 있으니, 멀리 있는 서양은 논할 겨를이 없습니다. 東亞의 大國인 淸과 日本은 모두 이런 칭호가 있는데, 오직 우리나라만이 지금껏 이를 거행하지 않는 것은 크게는 동양의 형세와 관계가 있는 것입니다."69)

---

68) 李玟源, 앞의 논문, 1988, 270쪽에서 재인용.
69) 『大韓季年史』 권2, 丁酉 2년 10월.

동아시아 국가에 있어 왕과 황제의 구분은 國家典禮에서 확연히 나타났다. 대한제국의 건설을 앞두고 고종이 史禮所를 설치하여 황제국의 위상에 맞는 전례를 정비하게 한 것도 바로 이 때문이었다. 이렇게 보면 고종은 왕국인 조선을 황제국으로 격상시켜 청, 일본과 대등한 위상을 가진 자주독립국임을 분명히 하고, 이를 바탕으로 시대적 과제인 근대화를 추진하려 했음을 알 수 있다. 다만 대한제국의 전례는 『대명집례』나 『대명회전』에 나타나는 명의 제도를 바탕으로 했는데, 이는 조선이 명의 문화를 계승한 유일한 문화국가라는 '조선중화주의'와 일정한 관련이 있는 것으로 판단된다.

지금까지 필자는 1897년에 있었던 고종의 황제 등극의와 그 상징물들을 검토해 보았다. 이하에서는 고종의 황제 등극의에 나타난 상징적 함의를 정리하는 것으로 글을 맺기로 한다.

고종의 황제 등극의에서 제일 먼저 눈에 뜨이는 것은 의식이 거행된 장소이다. 환구단은 上帝의 신위를 모시고 제사를 올리는 곳으로 황제만이 天祭를 지낼 수 있었다. 고종 대에 환구단 제사를 복구하려는 움직임이 나타난 것은 1895년 1월부터였다. 그러나 이때의 환구단은 목멱산(남산) 남쪽에 있던 南壇을 개조한 것이었는데, 고종은 1896년 동지와 1897년 새해에 신하를 이곳에 파견하여 제사를 올리게 했다.[70] 고종은 대한제국의 건설을 결심하면서 환구단을 새로 만들었는데, 그 위치는 迎恩門을 거쳐 온 중국 사신이

---

70) 이욱, 「대한제국기 圜丘祭에 관한 연구」『宗敎硏究』30, 2003, 183~
    191쪽.

머물던 南別宮 자리였다. 영은문을 없애고 독립문을 세웠듯이 남별궁 자리에 환구단을 건설한 것은 대한제국이 중국과 단절된 독립국임을 보여주는 상징적 의미가 있었다.71)

고종은 새로 건설한 환구단에서 상제에게 고유제를 올린 후 그 자리에서 天命을 받아 황제에 등극하는 모습을 연출했다. 환구단에서의 황제 등극의는 중국의 제도를 따른 것이었고, 1899년 동지일에 고종은 황제로 추존한 태조 高皇帝(이성계)를 환구단에 配享함으로써 환구단의 제도를 중국의 제도에 더욱 가깝게 만들었다.72) 그렇지만 대한제국의 환구단은 중국의 天壇과 地壇처럼 공간을 구분하지 않고 上帝와 地祇를 한자리에 모셨다는 점에서 차이가 있었다.73) 고종은 天壇과 地壇을 합한 환구단에서 등극의를 거행함으로써 天地의 신이 保佑하는 가운데 특별한 존재가 탄생함을 극적으로 상징화했다.

두 번째로 고종은 등극의를 치르기까지 각계각층의 여론을 적극 활용했다. 고종이 황제국의 건설을 생각한 것은 1894년 청일전쟁에서 청나라의 패배가 분명해지면서 시작된 것으로 보인다. 그러나 1895년 일본인에 의해 왕비가 시해되는 을미사변이 일어나자 전국

---

71) 이태진,『고종시대의 재조명』, 태학사, 2000, 373쪽.

72)『高宗實錄』권37, 高宗 36년 12월 22일.

73) 天神과 地祇를 合祭할 것인가 分祭할 것인가 하는 문제를 놓고 중국에서도 일대 논쟁이 있었다. 전반적으로 볼 때 宋代에는 合祭가 우세했고, 明代에는 分祭가 우세했다. 이에 대해서는 박미라,『中國 祭天 儀禮 研究 - 郊祀儀禮에 나타난 上帝와 天의 이중적 天神觀을 중심으로』, 서울대 박사학위논문, 1997, 144~145쪽 참조.

각지에서 일본의 침략에 대한 분노가 들끓었고, 고종이 황제에 올라 자주독립국을 이끌어야 한다는 여론이 일어났다. 고종은 왕후의 장례를 일부러 늦춰가면서 이런 여론이 전국으로 파급되도록 유도했고, 여론이 가장 분출되던 시기에 황제 등극의를 거행하고 명성왕후를 황후로 격상시켜 성대한 국장을 치렀다. 이렇게 본다면 고종의 황제 등극의는 天地의 神이 保佑하고 전국의 臣民이 원하는 행사가 되었다.

그런데 고종이 황제 등극의를 준비하는 과정에서 民의 여론을 적극적으로 이용한 것이 주목된다. 칭제 건의가 한창이던 1897년 10월 13일(음력 9월 8일)에 서울의 立廛市民들이 칭제를 요청하는 상소를 올렸다.74) 그때까지 유학자나 관료들의 상소는 여러 번 있었지만 市井의 백성들이 상소를 올린 것은 처음이었다. 시민들의 상소는 고종의 황제 등극의가 民意에 의한 것임을 부각시키는 효과가 있었고, 당시 民의 힘은 조정에서 民國에 대한 논의를 활성화할 정도로 성장해 있었다.

세 번째로 고종은 황제 등극의에 상징물을 집중 배치하여 황제 및 황실 가족의 권위를 높였다. 冕服과 寶冊은 왕국에서도 사용했지만 그 장식이나 재료에 차이가 있어 황제와 국왕의 位格은 분명하게 구분되었다. 고종은 명나라 황제의 제도를 원용한 冕服을 착용하고 황제의 寶印을 사용한 詔勅을 내림으로써, 대한제국이 중국의 藩國인 제후국의 위치에서 벗어나 자주독립국이 되었음을 상징

---

74) 『高宗大禮儀軌』 「詔勅」, 丁酉九月初八日.

적으로 보여주었다.

네 번째로 고종은 황제를 표시하는 太極 國旗를 행렬에 앞세워 새로 탄생한 대한제국을 형상화하고, 집집마다 태극 국기를 꼽아 애국심을 표시하게 했으며,[75] 태조와 자신의 御眞을 지방에까지 보급함으로써 황제권의 정통성을 확보하고 확산시키기 위해 노력했다.[76] 또한 고종은 登極儀을 거행한 이후에도 황제국에 부합하는 각종 典禮를 계속해서 정비해 나갔다.[77]

고종의 황제 등극의는 조선이 왕국에서 황제국으로 변화했음을 보여주는 상징적 행사였다. 고종은 일본 및 서양제국의 침략에 따라 국가의 존립마저 위태로워진 상황에서 대한제국의 성립을 통해 국가를 부흥시킬 전기를 마련하고자 했다. 이에 따라 고종의 황제 등극의에는 대한제국의 독립성과 황제의 권위를 부각시키는 의례와 상징물이 많이 등장했다.

---

75) 『독립신문』 1897년 10월 14일: 10월 19일. 태극기의 제작 과정과 의미에 대해서는 이태진, 『고종시대의 재조명』, 태학사, 2000, 242~278쪽 참조.

76) 신명호, 「대한제국기의 御眞 제작」 『朝鮮時代史學報』 33, 2005, 265~274쪽.

77) 고종은 자신의 4대조인 莊獻世子를 追崇하고 그 후손에게 爵位를 내렸으며, 太祖 및 자신의 4조(莊宗, 正祖, 純祖, 翼宗)를 황제로 追尊하고, 親王制(英王, 義王)와 兩京制를 실시하는 등 황제국의 典禮를 차례로 정비해 나갔다(李潤相, 「대한제국기 국가와 국왕의 위상제고사업」 『震檀學報』 95, 2003, 84~91쪽).

|참고문헌|

『高宗大禮儀軌』
『大韓禮典』
『周禮』
『大明集禮』
『大明會典』
『高宗純宗實錄』
『독립신문』
『尹致昊日記』
『寶印所儀軌』
『寶印符信總數』

李玟源,「稱帝論議의 展開와 大韓帝國의 成立」『淸溪史學』5, 1988.

李玟源,「大韓帝國의 成立科程과 列强과의 關係」『韓國史研究』64, 1989.

李泰鎭,「18~19세기 서울의 근대적 도시발달 양상」『서울학연구』4, 1995.

박미라,『中國 祭天儀禮 研究-郊祀儀禮에 나타난 上帝와 天의 이중적 天神觀을 중심으로』, 서울대 종교학과 박사학위논문, 1997.

이태진,『고종시대의 재조명』, 태학사, 2000.

韓永愚,「大韓帝國 성립과정과『大禮儀軌』」『韓國史論』45, 2001.

김문식·송지원,「국가제례의 변천과 복원」『서울 20세기 생활·문화 변천사』, 서울시정개발연구원, 2001.

李潤相,「대한제국기 국가와 국왕의 위상제고사업」『震檀學報』95,

2003.

안현주, 『朝鮮時代 卽位儀禮 硏究』, 단국대 전통의상학과 석사학위논문, 2003.

이 욱, 「대한제국기 圜丘祭에 관한 연구」 『宗敎硏究』 30, 2003.

김문식·신병주, 『조선 왕실 기록문화의 꽃, 의궤』, 돌베개, 2005.

신명호, 「대한제국기의 御眞 제작」 『朝鮮時代史學報』 33, 2005.

조선후기 民意 收斂에 관한 연구

이대희*

Ⅰ. 머리말

조선후기의 민의 수렴 제도는 조선 전반을 통해 이루어지던 민의 수렴방식의 기본적 틀이 그대로 유지되었다고 보아야 할 것이다.[1]

---

* 광운대학교 행정학과 교수

[1] 이 연구에서 民意란 국민들이 개인적이거나 집단 차원에서 정부 정책이나 행정에 대해 가지고 있는 생각을 총체적으로 표현한 말이다. 意는 어느 정도 방향성을 가진 心之所之의 志와 결합하여 어떤 무엇에 대한 능동적인 생각을 나타낸다. 백성들의 특정한 정부 정책이나 행정에 대한 의지를 민의로 보고자 한다.

통치집단에 의한 능동적 여론 수렴이 주를 이루는 속에 비공식적 또는 산발적으로 민에 의한 여론 제시가 이루어졌다. 대부분의 경우에 일반 국민들은 소극적인 입장에서 행정 담당자들에 의한 여론 파악 활동에 크게 관여치 않다가, 주요한 사안이나 이해관계가 걸린 쟁점이 발생했을 경우에야 비로소 의견을 표출하는 성향이 있다. 그 중에서도 학식을 갖춘 識者層 양반들은 매우 적극적으로 의견을 제시하였다.

　民意는 개별적으로는 구체적인 행정과 관련해서 생각할 수도 있고, 상징적 의미에서 국민 전체의 公論으로도 새길 수 있다. 공론으로서의 민의는 국민 다수가 어떻게 생각하고 있느냐에 대한 것으로 통치 집단이 항상 유의 깊게 관찰하고 국정에 반영하려고 노력해 왔다. 조선시대에는 국민의 절대다수가 농업이라는 안정적이고 정착적인 생업에 종사하고 있는 상황에서 통치나 행정에 대한 견해가 결코 활발하지는 않았을 것이다. 평소에는 자신의 생업과 관련된 부분과 가족, 질병 정도의 일에 대해서만 관심을 갖다가, 군역이나 세금이 부여될 경우에 좀 더 관청의 업무에 관심을 갖게 된다. 특별히 큰 가뭄이나 홍수, 세금이나 군역의 지나친 억울함이 있을 경우에만 견해를 표출하게 된다. 특별히 억울한 일이 있다고 생각할 때 관청에 하소연하는 경우가 보통이고, 아주 특별한 경우에 격쟁이나 시위 등의 방법을 사용하여 의견을 표출하는 수가 있다. 그렇지만 이들의 민의는 대부분 행정을 담당하고 있는 공식, 비공식의 관료들에 의해 선택적으로 채집되고 수렴된다.

통치나 행정에 대한 관심은 농업이라는 생업에서 조금은 자유로운 지식인 계층에서나 가능하다. 이들은 관료가 되기 위한 공부를 하였거나 하고 있는 사람들, 또 실질적으로 관료 사회에 근무한 적이 있는 사람들이다. 이들은 공식적으로 마련되어 있는 상소, 상언 등을 통하거나 개인적 친분 관계에 있는 사람들을 통해 비공식적으로 의견을 표출한다.

조선시대의 민의 수렴 제도와 실태에 관해서는 분야별로 다양한 연구들이 진행되어 왔다. 행정 담당자들에 의한 여론 수렴과정을 다룬 박사학위논문으로는 백남혁(2002)의 고려 초기 민의 수렴 연구, 이석규(1995)의 조선초기 민본사상 연구, 박영학(1988)의 東學運動의 公示 구조 연구 등이 있다. 김경래(2004)의 인조대 조보와 공론 정치 연구나 엄훈(2002)의 조선전기 공론 논변의 국어교육적 연구 등이 있다.

어사, 암행어사와 관련된 연구물들은 그렇게 많지는 않다. 그 이유는 아마도 그 행적이 쉽게 드러나지 않았거나 아니면 거의 유사한 형태로 제도가 운영되었기 때문일 수 있다. 오래전에 연구된 전봉덕(1968), 유자후(1971), 양만우(1981)의 암행어사 제도가 독보적이고 최근에 김명숙(1987), 고석규 외(1999) 등의 연구물이 보이는 정도다.

상소와 관련해서는 제법 많은 연구물들이 있다. 최근에 쓰인 박사학위논문으로는 조선 중기의 儒疏와 公論政治를 다룬 설석규(1995)를 중심으로 조선후기의 화서 이항노나 개화파 등의 상소를 분석한 이석종(2005), 강대덕(1997), 이원영(1994), 조휘각(1985) 등이 있다. 일반 논문으로는 조선전기의 상소문을 분석한 이규완(2004)과 오인환, 이규완(2003)의 상소의 설득 구조 등에 관한 언론학적인 연구, 심두환(2004)의 상소문에 대한 문예 미학적 연구, 중종 초기의 폐비신씨 복위상소를 통해 당시의 토론문화를 분석한 김정찬(2003)의 연구, 김세철(2004)의 면암 연구, 임노직(2004)의 척암의 疏 연구, 김현준(2003)의 신재형과 정도성의 상소 연구, 양태진(2003)의 미수의 上疏文과 箚子 연구, 박성순(2002)의 斥邪上疏 연구, 신두환(2000)의 訥齋 상소문 연구 등이 있다. 일반론적인 입장에서 박현모(2002)의 臺諫과 유생들의 상소 활동 분석, 설석규(2001)의 양반 정치와 공론 연구, 백철현(2000)의 행정 통제 연구 등이 있다.

　　擊磬이나 擊鼓, 示威 등에 대해서는 한우근(1956)의 신문고 연구가 유일하고, 최근에는 한상권(1993)의 正祖代 上言・擊錚의 分析이 독보적이다.

　　조선시대의 통치는 기본적으로 민의에 바탕을 둔 민본정치를 이상으로 하였고, 다양한 형태로 언로를 개방하고 있었다. 다양한 언로를 통해 비교적 통치행위에 관심이 많았던 지식인 계층의 민의 표출이 활발하였다. 민의의 수렴은 정사를 담당하고 있는 관료들에 의한 채집 행위와 일반 국민들에 의한 여론 표출이 동시에 작용하여 이루어졌다. 조선시대 민의 수렴 장치로서 공식적인 행정기관에 의한 부분은 제외하고 그중에서 특별행정기관으로서 중요하게 활용되었던 어사 제도와 民에 의해 자발적으로 이루어졌던 민의 창달 방법인 상소, 상언과 격쟁에 대해 연구하는 것이 이 연구의 목적이다. 이들의 제도와 실태를 분석하고, 당시의 민의 수렴 방식이 현대 행정에 어떠한 시사점을 줄 수 있는지에 대해 살펴보고자 한다.

Ⅱ. 민의 수렴의 방법

유교식 사고방식에서는 民本政治, 爲民行政을 최고의 이상으로 내세운다. 이는 국가의 존립 근거가 국민이고, 통치행위는 이 국민들을 위하고 보호하는 일임을 뜻하는 것이다. 현대 정부가 '民主'를 강조하는 것과 맥이 서로 통한다. '民 > 財 >兵'의 수순을 말하는 것은 '국민을 위한 경제', '국민을 위한 국방'이어야 함을 뜻한다.

조선정부에서는 통치행위를 수행하는 과정에서 끊임없이 국민들의 여론을 살폈다. 공식적으로 언로개방을 표방하고 다양한 여론 수렴장치를 가동하였다. 독재정권이나 절대주의 왕정에서도 물론 여론의 동태를 주시하지만, 이는 정권 도전을 막기 위한 안전장치로 작동될 뿐이다. 그렇지만 조선시대에는 통치자들이 진정으로 백성들의 苦衷을 이해하고 그들과 함께하려는 의지를 가지고 있었다. 최고통치자나 관료들의 개인적 차이에 의해 '民本性'이나 '爲民性'이 다를 수는 있었지만, 조선이 기본적으로 농업사회였고, 통치체제가 지나치게 권위적이거나 강압적이지는 않았기 때문에 민본의 기본원칙에는 변화가 없었다. 이런 정신은 능동적인 여론 파악을 중시하는 행정 원칙을 수립케 했고, 다양한 공식적, 비공식적 행정 장치를 마련하기에 이르렀다. 공식적으로는 각 분야별 중앙행정 담당기관에 의한 여론 파악, 지방의 최고 행정담당자인 수령들의 주기적 보고, 관찰사와 어사들을 통한 추가적 정보수집이 활발하게 이루어졌다. 여론 파악은 단선적으로 이루어지기보다는 여러 경로로 중첩적으로 이루어졌다. 이와는 달리 지역출신 향리인 京邸吏, 營邸吏들을 통한 정보수집, 퇴직관료나 지식인들의 모임인 유향소를 통한 민의 파악, 개별적 친분관계를 통한 지방사정 파악도 활발하게 이루어졌다.

　　정부가 능동적으로 행정 담당자들을 통해 이루어진 민의 수렴방식을 보면 다음과 같다.

〈표 1〉 행정 담당자들에 의한 능동적 민의 수렴 장치

행정주체	민의 수렴 활동	전달과 대응
국왕과 승정원	- 행정기관의 공식적 보고 - 특별 어사 파견 - 각종 상소	- 승정원은 각종 상소와 보고 내용을 국왕에게 보고하고 대응 조처 - 국왕은 관계 기관에 업무 처리를 지시
중앙 정부기관	- 지방 수령의 보고 - 자체 소속 관아로부터 보고 - 의금부의 경우: 당직 상언 - 京邸吏를 활용	- 의정부를 통해 국왕에게 啓를 올려 보고하고, 회의를 거쳐 대응 - 소관 업무는 자체적으로 처리
관찰사	- 공식적 업무의 일환으로 수행 - 소속 관하의 關, 牒로 보고 - 직접 순회하면서 민의 파악 - 營邸吏 등을 통해 물음(諮詢)	- 국왕과 중앙정부에 전달: 啓, 상소, 箚子 - 소관 업무에 대해서는 수령에게 권유 또는 지시하고, 포폄에 반영

행정주체	민의 수렴 활동	전달과 대응
수령 등 행정책임자	- 직접 또는 향리, 군교 등의 하위 실무자들을 통해 민의 파악 - 백성들의 민원 제기 접수	- 관찰사와 중앙정부에 전달: 관, 첩정 - 국왕에게 상소 - 소관 업무에 반영
어사	- 일반 어사는 수령과 실무 관료들의 도움을 받아 민의 파악 - 직접 백성들의 실태 파악 - 암행어사는 암행으로 민의 파악	- 국왕에게 啓로 보고 - 소관 업무는 직접 처리

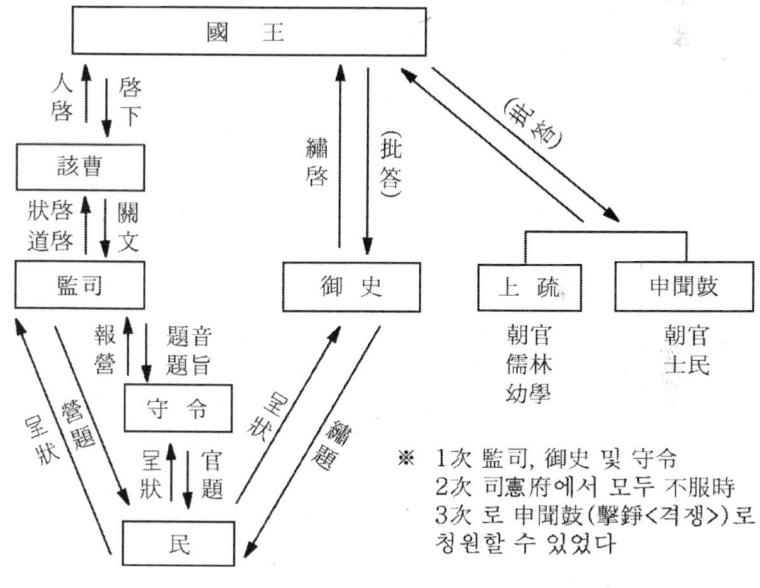

〈그림 1〉 민의 수렴 체계도

(자료 : 김운태, 2002:227)

지방 민의의 수렴은 기본적으로 공식적 행정기관인 관찰사, 수령,
행정 실무자인 도사나 각종 軍務 책임자들의 보고에 의해 이루어진

다. 지방 행정관들에 의해 파악된 민의는 啓聞 또는 狀啓 형식으로 국왕에게 보고되었고, 關과 牒呈 형식으로 중앙정부 관계기관에 전달되었다.

비공식적인 방법으로서 상소 형태로 국왕에게 직접 민의를 전달하는 방법이 많이 활용되었다.2) 上疏는 특별한 자격 제한이나 형식에 구애받지 않고 자유롭게 이루어졌는데 上書, 上言과 특별한 구분 없이 사용되었던 것 같다(이규완, 2004).

민의 창달은 국민들의 능동적인 행정 참여 욕구와 행정담당자들의 민의 수렴 의도가 잘 조화를 이룰 때 빛을 발할 수 있다. 위에서 논의한 바와 같이, 행정 담당자들은 기본적으로 민의 수렴을 위해 언로 개방의 원칙을 견지하고 있었다. 이는 조선 행정의 대표적 장점 중 하나였다.

일반 국민들은 크게 두 부류로 나누어 생각해 볼 수 있다. 하나는 농업에 종사하면서 부역을 담당했던 양민들이었고, 다른 하나는 관료사회를 지향하고 있던 소수의 양반 식자층이다. 전자는 대체로 생업에 종사하기에 바빠서 교육수준이 낮고 문자 해득력이 떨어지는 사람들이고, 후자는 관료사회가 요구하는 기본적인 학식을 갖춘 집단이다. 전자의 경우에는 문자를 통한 능동적 의견 제시가 거의 불가능하기 때문에 주위에 있는 식자층의 도움을 받거나 행정 담당

---

2) 상소는 특별한 형식이 주어져 있지 않았고 매우 자유롭게 행해졌다. 여기서 비공식적이라는 표현을 쓴 것은 일반 관료들의 경우에 공식적인 보고 절차가 있었기 때문에 수령이나 관료들에 의한 개인적 상소는 비공식적으로 본 것이다.

자들에게 직접 의견을 개진하는 수밖에 없었다. 매우 예외적으로 집단 시위를 통해 자신들의 의견을 표출하는 수도 있었다.

일반적으로 양반이라고 불렸던 후자의 경우에는 좀 더 적극적으로 자신들의 의견을 개진할 수 있었다. 왕을 비롯한 모든 정책담당자들에게 上訴, 面對, 會合을 통해 의사를 전달할 수 있었다. 四色黨派는 서로 관점이나 의견이 비슷하거나 출신배경, 이해관계가 같은 사람들 집단으로서 이들은 서로 의견교환을 하면서 정책 과정에 참여하였을 것이다. 또 성균관 유생이나 학당의 동기, 같은 서원이나 고향의 양반층들은 서로 긴밀하게 의견을 교류하고 있었을 것이다. 친밀한 관계에 있는 사람이 정부관료로 근무하고 있을 경우에는 이들을 통해 자신들의 의견을 전달하는 것이 가능했을 것이다.

일반 국민들의 입장에서는 관찰사나 수령, 어사 등에 대해서 청원을 하거나, 식자층의 도움을 받아서 상소를 하는 것, 擊鼓나 擊錚을 통한 直訴나 上言이 가능했다(김운태, 2002: 419). 관찰사나 수령을 통해 평상적으로 청원 내용이 해결될 수 있으면 좋지만, 그렇지 못했을 경우에는 어사에게 호소하고, 그것을 통해서도 청원 내용이 해결되지 않을 경우에 마지막으로 국왕에게 직소하는 방법인 격고나 격쟁을 하여 의사를 표명하였다.

시위방법은 가장 마지막 민의 전달 방법이라고 할 수 있는데, 유림들의 伏閣, 伏闕, 捲堂과 일반 민중들이 궐문이나 관청에 몰려가 집단으로 호소하는 叫閽이 있다. 홍경래의 난과 같은 民亂은 불법적인 민의 표출방법이라고 할 수 있다.

Ⅲ. 御史 제도

1. 어사의 의미와 종류

어사는 최고 통치권자인 국왕이 특별히 파견한 관리였다. 직접 또는 대신들과 상의하여 국민들의 민심을 살피거나 특별한 행정업무를 담당하기 위해 임시로 설치하곤 했던 특별 행정기관이다. 어사는 다양한 이름 속에 수시로 파견되었으니, 이는 수령을 통한 공식적인 행정기관 업무와는 별개로 두었던 기구이다.

어사 제도는 삼국시대 이전의 고대로부터 시행되어 왔던 국왕의 특사로서 고려시대를 거쳐 조선에 이르면서 중요한 특별기구로 자리잡았다. 고려 때는 시정을 논하고 풍속을 교정하며, 백관을 규찰, 탄핵하는 일을 맡아보던 관청으로 御史臺가 있었고, 이곳의 장을 御史大夫라 하고 御史中丞이라는 실무자를 두었다. 비슷한 이름으로 御事都省, 御事 등의 관청과 관직이 있었다. 이 어사대는 조선 때 사헌부와 사간원으로 기능이 분화되었다. 조선시대에는 고려 말의 제도를 이어받아 지방 수령을 감독하고, 민정을 파악하기 위하여 사헌부의 지방 分臺, 行臺를 설치하여 운영하기도 하였다(『증보문헌비고』227. 어사조). 行臺監察을 각 도에 파견하여 은밀히 체찰토록 하고(潛行體察), 민간의 이해득실과 수령들의 득실, 지방의 병고와 각종 실태를 파악케 한 것이다(백상기, 1990:274).

문헌에 보이는 어사의 종류는 참으로 많은데 이는 어사가 띤 특정한 업무에 맞춰 이름이 주어졌기 때문이 아닌가 싶다. 문헌 속에 보이는 어사의 종류로는 다음과 같은 것들이 있다.3)

간심어사(看審御史), 감군어사(監軍御史), 감시어사(監市御史), 감진어사(監賑御史), 강상수검어사(江上搜檢御史), 강상어사(江上御史), 개시어사(開市御史), 구황어사(救荒御史), 남한번고어사(南漢反庫御史), 독향어사(督餉御史), 번고어사(反庫御史), 봉고어사(封庫御史), 분순어사(分巡御史), 수은어사(搜銀御史), 순다어사(巡茶御史), 순무어사(巡撫御史), 순문어사(巡問御史), 순심어사(巡審御史), 순염어사(巡鹽御史), 시재어사(試才御史), 안핵어사(按覈御史), 암행어사(暗行御史), 양전어사(量田御史), 재상어사(災傷御史), 진휼어사(賑恤御史), 추생어사(抽柂御史)

임선빈(1997)은 수행 기능에 따라 어사를 구분하고 있는데, 이 중에서 饑民賑濟를 담당했던 賑濟使, 賑恤使, 지방민 慰撫를 담당했던 安撫使, 招撫使, 巡訪使, 問弊使, 問民疾苦使 등은 민의 수렴 활동을 위해 파견되었던 어사다. 또 수많은 敬差官들도 어사와 비슷한 역할을 수행했는데, 군사적인 면과 아울러 경제 사회적인 면까지 역할을 수행하였다.

어사를 구분할 때 공개적으로 파견되는 여러 종류의 어사들과 비밀리에 파견되는 암행어사로 구분하여 이해할 필요가 있다. 전자의 경우에는 공개적으로 국왕의 임명을 받아 임무를 수행하는 사람인데 비해, 후자는 비공개적으로 활동하면서 쉽게 겉으로 드러나지 않

---

3) 한국역사정보시스템
  http://www.koreanhistory.or.kr/servlets/SearchInThesaurus

는 사안을 특별 조사하는 임무를 수행하는 사람이다. 암행어사를 제외한 모든 어사들이 전자에 속한다.

일반 어사와 암행어사의 차이를 말할 때 자격, 권한, 절차, 활동 방식 등 대부분을 달리한다고 보는 사람도 있지만(김영원, 1990:146-147), 암행어사의 경우 임명과 활동을 비밀리에 한다는 점을 제외하면 다른 부분은 크게 차이가 없다고 보는 것이 옳다.

2. 어사의 임명과 업무 수행

어사는 국왕의 下問에 의해 삼의정이 대상 인물을 복수로 추천하여 보고(抄啓)하면 그중에서 한 사람을 국왕이 임명한다(고석규 외, 1999:18). 대상 인물은 기존 관료는 물론 새로운 신진관료까지 총망라되는데, 파견 임무와 관련해서 부적절한 인물을 피하고자 노력한다. 어사는 지방 수령의 경험이 있거나 강직한 사람들 중에서 신중하게 골라졌다. 현지 행정의 실상을 정확히 알지 못하는 경우에는 자칫 잘못된 평가와 보고가 이루어질 수 있기 때문이다.[4] 국왕 주

---

4) 『英祖實錄』 권7, 1/07/27(임술). "晝講을 행하였다. 講을 마치자, 參贊官 柳復明이 말하기를, '암행어사가 廉察하는 것은 事體가 지극히 중대하니, 守令을 지내지 않은 자는 外方의 物情을 알지 못하여 혹은 당연히 褒賞될 것인데도 貶黜되고, 당연히 폄출될 것인데도 포상되는 자가 없지 않으니, 신의 생각으로는 암행어사를 반드시 일찍이 수령을 지내고 물정에 아주 익숙한 자로 뽑아서 보내는 것이 마땅할 듯합니다.' 하니, 임금이 이를 옳게 여기고 備局으로 하여금 일찍이 수령을 지내어 사무로 감당할 만한 자로 抄啓하게 하였다."

변의 堂下 侍從官들 중에서 강직하고, 청렴한 사람을 암행어사로
추천하는 수가 많았을 것인데(『증보문헌비고』 227, 어사), 이는 어
사의 중요임무였던 감찰기능과 관련된 것으로 사헌부,5) 사간원, 홍
문관,6) 예문관,7) 승정원 등의 직원이나 신진관료 중에서 임명하는
수가 많았다. 단순히 시종관이라는 의미보다는 국왕 측근에 있는 믿
을 수 있는 사람이라는 의미로 새길 필요가 있다. 그러나 고종 5년,
팔도 암행어사의 임명 당시 직책과 나이를 연구한 김명숙(1987)의
결과를 보면, 9명 중 6명이 당상관(승지 2, 대사간 1, 이조참의 3)
이었고, 연령별로는 30대 3명, 40대 3명, 50대 5명으로 나타났다.
이는 강직하고 믿을 만한 측근의 신진관료만이 아니라 높은 지위의
당상관들도 많이 임명되었음을 말해 주는 것이다.

국왕이 어사를 임명할 때 공개적으로 활동하는 여러 종류의 어사
들과 암행어사는 조금은 다른 절차를 밟는다. 전자의 경우에는 상참
이나 차대, 경연 등의 과정에서 관료들과 상의하여 임명하고 파견한
다. 어사로 적합한 사람(加合人)을 廟堂인 의정부에서 抄啓하면 그
중에서 필요한 사람을 정하여 어사로 파견한다. 그러나 암행어사는
비밀리에 국왕이 선정하고, 당사자를 은밀히 불러 명령하거나 궁내

---

5) 사헌부와 사간원을 합쳐서 대간이라고 불렀는데, 사헌부 소속 관원으로
   는 大司憲(당상관), 執義, 掌令, 持平, 監察이 있었고, 사간원 소속 관
   원으로는 大司諫(당상관), 司諫, 獻納, 正言이 있었다.

6) 玉堂이라고 불렀는데, 소속 관원으로는 提學, 부제학(이상은 당상관),
   直提學, 典翰, 應敎, 부응교, 校理, 부교리, 修撰, 부수찬, 博士, 著作,
   正字 등이 있었다.

7) 예문관에는 檢閱(당상관), 승정원에는 注書가 侍從 官案에 포함되었다.

의 하급관리를 당사자의 사저로 파견하여 임명장을 전달한다(김영원, 1990:150~152). 국왕이 비밀리에 쪽지(小紙)에 어사의 이름을 적어 승정원으로 하여금 시행케 하는 수도 있었지만, 대체로 묘당의 추천을 받아 面諭나 密旨로 임명하여 파견하였다(백상기, 김세일, 1991:111~112). 암행어사를 임명할 때는 자색의 견제 책보에 封書,8) 事目, 發馬牌,9) 鍮尺10) 등을 싸고, 겉봉에 '到南大門外 開柝'이라는 문구를 적는다. 암행어사는 남대문 밖에 도달하여 임무를 확인하고, 단촐한 군관이나 수행원들을 대동하고 임지로 떠난다.

암행어사의 파견이 특정한 지역과 관련된 것이라면 직접 그곳을 활동 지역으로 정하여 파견하지만, 너른 지역에 걸친 전반적인 민의 파악과 수령들의 직무감찰이라면 무작위적 선발 원칙을 취하기도 하였다. 즉 8도를 좌우로 나눈 16도, 360개 고을 이름을 죽통에 넣고 임의로 뽑아 활동 지역을 정하기도 하였다(고석규 외, 1999:19~20).

어사의 경우에는 공식적으로 담당한 일을 수행하고 수시로 啓를 올려 국왕에게 보고하고, 권한에 속한 임무를 수행한다. 반면에 암

---

8) 봉서는 어사나 경차관 등 각종 봉명 사신에게 수여된 임명장으로 봉해진 채 어사에게 전달된다. 임무에 관한 事目이 따로 없을 경우에는 수행 업무 내용을 간략하게 적기도 한다(백상기, 김세일, 1991:114).

9) 주요 교통 요지에 설치되어 있던 驛에서 필요한 말을 동원할 수 있도록 한 장표로서, 3촌의 銅牌에다가 표면에는 마필을 새기고, 뒷면에는 字號, 연월일, 상서원의 인장을 새겼다. 마필의 두 수에 따라 동원 가능한 말에 제한이 있었다.

10) 도량형으로 태형 장구들의 두께를 재거나 일반 시장의 도량형이 표준에 맞는가 조사할 때 사용한다.

행어사는 감찰과 민의 파악 임무 등을 수행하다가 공식적으로 신분을 드러내는 露從, 즉 出道 행위를 하고, 필요할 경우에는 수령을 대신하여 서류를 조사하거나 관계인을 심문한다. 이 과정에서 해당 수령의 官印을 회수하여 업무 수행을 정지시키고, 封庫 조치를 취하기도 한다. 관인을 회수하게 되면 어사가 수령의 업무를 대신하고, 심할 경우에는 수령을 파직시키는 역할도 수행할 수 있다. 어사는 임무 수행의 결과를 書啓와 別單으로 정리하여 보고하고, 추가적인 조치 여부를 국왕이 판단하게 한다.[11] 김명숙(1987)의 서계와 별단 연구에 따르면, 고종 5년(1898년) 한 해 동안 12명의 암행어사에 의해 736명의 外官을 암행 염찰하였고, 그중에서 79명을 포상하고, 69명을 처벌하였다. 69명의 처벌 결과를 보면 다음 <표 2>와 같다.

---

11) 암행어사의 보고에 따라 지방 수령에 대한 포폄이 이루어지는 경우가 많다. 예) "경기 암행어사 李挺膺이 復命하니, 분부하기를, '파주 목사 鄭來周와 음죽 현감 姜一珪는 모두 治績이 칭찬할 만하니, 재직하고 있는 사람은 특별히 加資하여 仍任시키고 이미 遞差된 사람은 특별히 3품 守令에 임명하라. 양근 군수 沈世俊과 남양의 전 府使 尹植은 먼저 파직시키고 나서 잡아다가 覈問하여 죄를 정하고 그들의 薦主도 파직시키라.' 하였다."(『英祖實錄』 권6, 01/05/11(무신))

<표 2> 암행어사 활동 결과에 따른 처벌 현황(고종 5년, 1868년)

조치, 불치외관	復命 전에 암행어사에 의한 조치	복명 후 해당 관서 復啓에 따른 조치				합계
	封庫	拿問	罷黜	罷職	推考	
전직 외관	16	11		4	3	34
현직 외관			21		14	35

* 자료: 김명숙(1987:107)

일반 어사의 경우에는 국왕을 대신하는 정도의 위엄과 공식성을 띤 경우가 있고, 민의 파악과 동시에 국민 위안과 慰撫 역할을 수행하는 수도 있어서,[12] 매우 경륜이 있는 고급관료 출신을 임명할 수도 있다. 이들이 활동할 경우에는 해당 지방 수령에게 미리 도착 날짜를 통지하는 先文을 보낸다(고석규 외, 1999:54). 도착 후에는 공식적으로 지방 수령과 관료들의 도움을 받아가면서 임무를 수행

---

12) 『英祖實錄』 권30, 07/11(임신). "李宗城을 關西를 按廉하러 보내면서 세 가지 사항으로 이종성에게 別諭를 내렸는데, 그 첫째는 '관서의 軍制가 偏苦한 폐단이 있어 王者가 모든 백성을 차별이 없이 똑같이 사랑하는 의리가 아니니, 道臣·帥臣과 서로 의논하여 改正하라.'는 것이었고, 그 둘째는 '서북의 인재를 祖宗朝로부터 매양 振拔하였는데 근래에 매우 淹滯되어 있으니 御史로 하여금 常格에 구애하지 말고 듣는 대로 薦揚하게 하라.'는 것이었고, 그 셋째는 '德化를 받들어 베푸는 것은 비록 按察의 신하에게 맡겼지만 풍속을 傷敗하는 것은 바로 軍師의 허물이니 그 鄕士·父老에게 曉諭하여 각자 勉勵하게 해서 風動을 기약하도록 하라.'는 것이었다. 대개 어사의 封書는 日記에 載錄하는 법규가 없는데, 별유는 성상의 뜻이 西土를 眷恤하는 데서 나와 閑漫한 봉서와는 다르기 때문이었다."

한다. 하지만 암행어사의 경우에는 暗行을 전제로 하기 때문에 종적이 노출되어서는 곤란하다.[13] 때로는 매우 위험스런 지역 또는 토호나 못된 수령으로부터 공격을 받을 우려도 없지 않았다.[14] 그래서 서리나 군관 등 필요한 인원을 대동하는 수가 있는데 이들에 의한 병폐도 만만치 않았던 것 같다(『正祖實錄』07/10/29). 암행어사인 만큼 가짜어사의 출현도 가능했다.[15]

3. 어사의 민의 수렴 실태

민의 수렴은 기본적으로 관찰사와 수령들을 통해 이루어진다. 그런데 이것을 통해 충분한 정보가 수집되지 않거나,[16] 시일이 촉박

---

13) 『純祖實錄』 권7, 05/10/22(신축). "장령 趙秀民이 상소하였는데, '關西御史 洪秉喆은 명령을 받은 처음에 여러 날을 체류하였고 本道에 들어가서도 가는 곳마다 出道하여 대낮에 미친 도깨비처럼 날뛴 탓으로 본색이 탄로가 났기 때문에……미처 復命하기 전에 이야기가 낭자하였으니, 우선 먼저 파직시키소서. 대저 그의 인품은 심술(心術)이 패려스럽고 행신(行身)이 비루하여 평일의 거조에서도 사류(士類)에 끼지를 못했습니다.' 하였다."

14) 『純祖實錄』 권25, 22/06/26(무진). 청북 암행어사 임준상이 강계부에 이르러 갑자기 죽었다.

15) 『英祖實錄』 권87, 32/05/22(기축). 王府에 명하여 박석명을 잡아 다스리게 하였으니, 대개 假御史로서 충청 감영에 잡혔던 자인데, 무신년의 劇賊인 박필현의 아들이라 자칭했으며, 그 供辭에서 또 왕년의 凶賊들의 일을 상세히 말하였기 때문이었다.

16) 『純祖實錄』 권30, 29/02/16(경진). "하령하기를, '흉년든 해의 民情과 수령들의 잘 다스리고 못 다스리는 것을 御史가 아니라면 알 수 없다. 어

할 경우에는 특별 경차관17)이나 어사를 파견하게 된다. 그렇지만 경차관이나 어사 등 특별기구를 이용한 민의 수렴은 관료제의 기본적 보고 체계를 벗어나는 것이고,18) 어사의 파견 자체가 잘못하면 지방 행정을 어지럽게 할 수 있기 때문에 가능하면 최소로 하려는 노력이 적지 않게 보인다.19)

어사의 임무는 구체적인 사안에 따라 달라질 수 있다. 몇 가지

사에 합당한 인물을 廟堂으로 하여금 뽑아 계달하도록 하라.' 하였다."

17) 경차관은 조선초기부터 나타난 것으로, 원래는 참상관 외방 사신을 지칭하는 일반명사였다. 그래서 국방, 외교, 재정, 산업, 진휼과 구황, 옥사와 추쇄 등 다방면에 걸쳐서 다양한 이름으로 파견되었었다(임선빈, 1997:159).

18) "김對 과정에서 참찬관 申晳賢이 말하기를, '우리나라 贓法은 엄격하지 못하여 한번 조사를 지나고 나면 반드시 無罪한 것을 얻게 되니, 자주 御史를 보내 반드시 烹阿의 법을 행한 연후에 징계될 것입니다.' 하고, 시독관 申昉은 말하기를, '어사를 자주 보내면 폐단이 없지 않고, 守令의 黜陟은 오직 方伯에게 달려 있습니다.' 하였다."(『英祖實錄』 권3, 01/02/16 갑신) "민진원이 말하기를, '敬差官을 뽑아 보내는 것은 매양 폐해를 끼치는 일이 있으니, 금년에는 경차관을 보내지 말고 관찰사에게 신칙하여 그로 하여금 磨勘하게 하고, 三南 지방은 追後에 별도로 암행어사를 보내어 廉探하는 것이 마땅하겠습니다.' 하니, 임금이 그대로 따랐다."(『英祖實錄』 권7, 01/07/22 정사)

19) 『英祖實錄』 권113, 45/10/06(갑인). "함경도의 監市御史를 혁파하고 北評事가 어사의 일을 겸하여 행하도록 명하였다. 근년의 제도는 매년 開市 때마다 따로 어사를 보내어 감독하게 하였었는데, 임금이 그것이 폐단이 있다 하여 평사로 하여금 겸하게 하고자 하여 영의정 홍봉한에게 물으니, 홍봉한이 순편하다고 하자, 마침내 이 명을 내린 것이었다. 또 평사를 規避하는 자가 있을까 염려하여 규피하는 자는 곧 그 땅에 充軍시키는 것으로 律을 정하였다."

예를 들어보면, 명종은 평안도와 함경도의 재상어사를 파견하면서
봉서에 다음과 같은 일에 대해 염찰하도록 하였다.

> "민간 弊瘼의 일. 백성을 침학하여 민폐를 끼치는 일. 음식을 사치
> 스럽게 하는 일. 酒庫 혁파의 여부에 대한 일. 農牛 盜賣에 관한 일.
> 私事로 官府에 출입하는 일. 함부로 역말을 타고 방문하는 일. 농사
> 의 풍흉을 살펴보는 일. 지나는 각 지방의 농사를 아울러 살피는 일.
> 잘 다스리는 수령을 방문하는 일."(『明宗實錄』 권33, 21/08/10 무진)

숙종 7년 정월의 암행어사 加定節目에 나타난 암행어사의 임무
는 더욱 상세하다.

> "監司로서 자신을 단속하여 簡潔하게 하지 아니하고 黜陟을 公正
> 하게 하지 아니한 자, 곤수로서 軍卒을 侵虐하여 자신을 살찌게 한
> 자, 文人·武人으로서 재주가 沈滯되어 떨치지 못하였거나 일반 여
> 론이 억울하다고 일컫는 자, 道內에 倫理를 업신여기고 常道에 어긋
> 나고 民俗을 무너뜨리는 자, 訛言을 지어 퍼뜨려서 백성을 미혹시키
> 고 어지럽히는 자, 위협해서 내몰아 사사로이 民力을 役使시킨 자,
> 守令으로서 人倫의 大罪를 덮어 두고 獄事를 성립시키지 아니한 자,
> 억울한 옥사를 伸理하지 못하게 한 자, 수년 동안 滯獄된 것을 관리
> 로서 서로 추위하여 오랫동안 處決하지 아니한 자, 土豪로서 農庄을
> 넓게 占有하고 田結을 속여 숨겼거나 良女를 겁탈하여 奴妻를 삼았
> 거나 人戶를 불러 울타리 아래에 隣接해 두고 재물로 사사로이 役使
> 시키는 자, 養戶의 폐단은 三南이 더욱 심하여 民結을 戶首가 혼자
> 많이 점유하고 그 요역을 헤아려 갑절이나 徵收하지만 백성들이 견디

지 못하면서도 위협하는 것을 두려워하여 감히 官에 고하지 못하는 자, 頑惡한 鄕吏로서 公館을 속이고 백성을 해롭게 하면서 橫暴하여 스스로 방자한 자, 營吏와 邑吏로서 進上하는 물건을 防納하고 후한 利益을 거두어들인 자, 州縣의 將官과 色吏로서 軍兵을 討索한 자를 아울러 엄히 懲治, 孝行과 淸廉이 뛰어난 사람 가운데 賤人으로서 지극한 行實이 있는 자를 訪問하여 旌賞하되, 비록 그 사람이 이미 죽었다 하더라도 그 실제의 자취를 드러내도록 하고, 鰥寡孤獨으로서 가난하고 의지할 곳이 없는 자 및 士民으로서 1백 세 이상 된 자를 또한 특별히 訪問할 것.”(『肅宗實錄』 권11, 07/01/14 무진)

어사들에게 주어지는 일이 매우 힘들고 어려운 일들이 많았지만, 어사를 통한 민의 수렴 및 정책 조치가 그만큼 중요했기 때문에 이 임무를 제대로 수행치 못하였을 경우에는 처벌을 받기도 하였다. 영조 때 이종성과 한현모의 파면 조치,[20] 이석성의 처벌[21] 등이 좋은

20) “정언 이성효가 상소하였다. ‘繡衣는 그 책임이 지극히 엄중하고 또 비밀에 속하니, 험한 일과 어려운 일을 모두 겪으면서 한마디 말이나 글자도 감히 경솔히 누설해서는 안 되는 것입니다. 관서 어사 이종성이 사람을 대신시켜 廉問하게 한 것과 관동 어사 한현모가 집에 있으면서 書啓를 만든 것은 모두 종전에 듣지 못한 일입니다. 후일의 폐단에 크게 관계된 것이니, 마땅히 譴責해야 합니다.” 하니, “이종성과 한현모의 일은 뒷날의 폐단에 관계됨이 있으니, 그 관직을 파면시키라.’ 하였다.”(『英祖實錄』 권30, 07/07/15 병자)

21) “전 어사 이석상을 파직하고 서용하지 않았다. 이석상은 廉察하러 용인에 이르러 府庫를 봉하고 수령을 파직시켰는데, 그 뒤에 狀啓를 꾸밀 때는 한마디도 論列하지 않았으므로, 이때에 와서 동의금 신회가 임금께 아뢰어 파직시킨 것이었다. 이석상은 사람됨이 昏暗하고 일을 처리하는 것이 흐리멍덩하여 한번 왕명을 받들면서 세 번이나 抵罪하

예다. 이와 비슷한 예로서 병을 핑계로 부임을 하지 않으려고 한 호남어사 이광덕을 파직한 경우(『英祖實錄』 권31, 08/01/16 갑술), 시골에 기거하면서 부임치 않은 호서 안핵어사 이태중을 파면한 예 (영조 064 22/12/11 임신), 기생을 대동하고 부임하려고 했던 제주 어사 홍상성을 鞫問한 예(『英祖實錄』 권124, 51/01/30 무인) 등이 있다.

Ⅳ. 상 소

1. 상소의 의미와 종류

上疏는 고려시대부터 이어져 내려온 것으로 최고 통치권자인 국왕에게 건의, 청원, 진정 등의 내용을 올리는 글을 말한다. 상소는 정식 관료는 물론 일반 국민들도 자유롭게 할 수 있는 제도였으나 이는 주로 식견이 있고, 행정이나 관료 집단에 대해 어느 정도 관심을 가지고 있는 집단들에 의해 애용되었다.

상소는 특별한 형식이 없이 자유로운 형태의 문서로 표현되었다. 정부의 현직 관료들에 의한 상소로는 이들이 국왕에게 올리는 간단

였으니, 그 直指에 부끄러움을 끼침이 참으로 컸다. 그러나 조정의 의논은 이석상에게 털끝만큼도 顧藉함이 없어 거의 수령에게 득죄하여 보복한 것처럼 되어버렸다."(『英祖實錄』 권88, 32/08/19 을묘)

한 서식의 상소문인 箚子, 사헌부에서 올리는 臺章, 관리가 연로하여 벼슬을 사임하고자 임금에게 올리는 致仕疏, 諫하는 상소인 諫疏 등이 있다. 퇴직 관료나 지식인층에 의해서도 자유롭게 상소가 이루어졌는데 조선후기 1만 명 내외의 儒生들이 연명하여 올린 집단적인 상소인 萬人疏,[22] 成均館의 유생들이 임금에게 올린 소인 泮疏와 太學謹悉,[23] 유생들이 국정과 관련해서 연명으로 올리던 儒疏, 나라에 큰 일이 있을 때 朝臣 또는 유생들이 대궐 문밖에서 엎드려 상소하는 伏閣上疏 등이 있다. 義禁府의 當直廳을 통해 올린 當直上言도 상소의 일종일 수 있으나, 이에 대해서는 다음의 상언, 격쟁 부분에서 다룬다.

2. 상소인

기본적으로 상소를 할 수 있는 길은 모든 사람들에게 열려 있었다. 그렇지만 상소문을 작성할 수 있는 능력이 있고, 상소의 처리나 효과에 대해 어느 정도 식견이 있어야만 상소를 할 수 있었을 것이다. 그러다 보니 상소는 퇴직한 관료들이나 儒生 등 식자층에서 주로 담당하였다. 朝官들의 상소에 대해 일반 儒生들의 상소를 儒疏라고 부르는데 이는 지방의 생원이나 진사, 館이나 學의 선비, 鄕의

---

22) 「영남만인소」는 1881년(고종 18)에 영남의 유생 1만여 명이 정부의 개화 정책에 반대하여 올린 상소.

23) 조선시대에 太學이 삼가 살폈다는 뜻으로, 유생이 올린 상소의 표지에 쓰는 말.

유생들에 의해 다양하게 이루어졌다(설석규, 1994:7).

상소는 개인 단독으로 이루어지는 수가 많았지만, 때로는 집단으로 연명하여 상소인들의 단결된 힘을 보여주기도 하였다. 영조 초기 유생 양명화 등의 임고 서원전 관련 상소(『英祖實錄』 권1, 00/10/23), 진천 유학 변우익이 수십 년간 표문으로 시험한 문제점에 관해 상소한 것(『英祖實錄』 권2, 00/11/24), 전라도 장흥의 유학 위세붕이 호남의 큰 폐단에 대한 상소(『英祖實錄』 권37, 10/01/12) 등은 1인 상소의 예이다.

성균관 태학생들은 종종 집단으로 상소하고, 자신들의 의견과 관련해서 부당하다고 생각하면 권당까지도 마다하지 않았다.[24] 성균관이나 四學에서는 유생들이 연명으로 상소할 일이 생기면 여러 사람이 모이는 齋會나 식당, 泮村 등에서 발의를 한다(설석규, 1994:16). 이것을 掌議에게 보고하여 '停當'이라는 동의를 받아내면 비로소 집사(執綱)를 차출하고, 전체 관계인에게 疏意를 전달하고, 色掌을 여러 당상에게 보내 보고하고, 모두 명륜당에 모여 토론을 하여 논의를 하였다. 공론이 형성되면 疏頭, 疏色, 製疏, 寫疏, 別色掌 등 소임을 선정하고 소를 만들어 제출하였다. 향촌 유생들의 상소도 개인 또는 다수가 연명하여 상소를 하게 되는데, 다수가 연명하여 소를 제기할 경우에는 소두, 公事員, 掌儀, 製疏, 寫疏 등의 역할 분담을 하여 일을 처리하였다.

---

24) "太學 儒生 등이 심수현이 泮宮의 상소에 대해 비난을 가한 것으로 인하여 마침내 引嫌하고 捲堂하였다. 그리고 所懷를 적어서 진달하였다."(『英祖實錄』 권6, 01/06/28)

3. 상소 내용

상소의 내용은 제한이 없었다. 개인이나 가족 차원의 문제에서부터 지역이나 국가 전체에 관련된 사항, 주요 정책에 대한 건의나 반발 등 거의 모든 사항이 상소의 대상이 되었다.[25] 영조 때의 유소를 분류해 보면 간쟁(군주 수신, 치란, 용사, 궁중사 등) 3.0%, 탄핵(토역, 논죄, 추형, 폐출 등) 12.6%, 논사(시론, 의리, 도통, 예론 등) 4.3%, 시무(시폐, 무면, 국방, 읍폐 등) 10.6%, 청원(종사, 청액, 배향, 일반 청원 등) 65.8%, 변무(원정, 신구, 신변, 자변 등) 3.7%로 나타나고 있다(설석규, 1994:41). 疏頭를 기준으로 이들의 소속을 보면 館儒 16.5%, 鄕儒 60.1%, 무소속 11.2%, 연합 12.2%였다.

상소 내용 중에는 단순한 건의 형태의 것들도 많았지만 어떤 경우에는 구체적인 행정 결과에 대한 문제제기를 하고 행정 또는 정책 내용의 수정을 요구하는 것들도 적지 않았다.

상소의 내용 중에는 현실 정책과 관련된 구체적인 것들도 많아 관계부처로 하여금 책임 있게 논의토록 한 것들도 적지 않다. 영조 때 태안 유학 김진이 양역 폐단의 유형과 조운, 전세, 잡역의 문제를 상소한 것이나(『英祖實錄』 권4, 01/03/11), 원주의 유학 이신방

---

25) 영조 때에 正言 曹命敎의 상소 내용을 보면 매우 원론적인 것에부터 구체적인 것까지 총망라되어 있다. 聖孝를 돈독히 하고, 聖學에 힘쓰며, 氣質을 바로잡고, 신하들을 예우하며, 治體를 살피고, 무너진 기강을 진작시키며, 人材를 수습하고, 民心을 얻으며, 쓸데없는 비용을 줄여야 한다는 것이었다(『英祖實錄』 권1, 00/10/02 임신).

이 양역의 폐단과 사용원 등의 제반 폐해를 논한 것(『英祖實錄』권
4, 01/03/12) 등이 좋은 예다.26)

상소 내용 중 誣告 내용이 있는 경우에는 상소인이 처벌되는 수
도 있었다. 영조 때, 동학 훈도 이봉명이 상소해 붕당의 폐해를 극
언하고 김일경 등을 토죄하기를 청하자(『英祖實錄』권2, 00/11/09),
"原疏는 돌려주고, 지금 이후로는 일이 黨論과 관계되는 것들은 비
록 응지라고 일컬은 것이라 하더라도 절대로 捧入하지 말라."고 하
명하였다. 그런데 유생 최보가 똑같은 내용의 상소를 추가로 올리
자, 승지들과 상의하여 최보를 흑산도에 竄逐하고 이봉명을 양덕에
編配 조치하였다(『英祖實錄』권2, 00/11/12). 이는 처음 이봉명의

---

26) 다음은 전 판관 김만익이 군역의 폐단과 변통에 관해 상소하니 묘당으
로 하여금 품처케 한 내용이다(『英祖實錄』권2, 00/11/22). "'신이 적
이 듣건대, 안으로 兵曹와 각 軍門으로부터 諸道의 營, 鎭에 이르기까
지 바치는 軍布가 적은 것이 아니나, 낭비가 절반을 차지한다고 하니,
마땅히 조정에서 그 들어오는 것을 헤아리고 用下를 절약하되 정해진
法制를 거듭 밝혀 헛되이 낭비하는 것을 금하고 억제한다면, 國用이
풍족해질 것입니다. 軍額으로서 긴요하지 않은 것을 혁파해 버려야 할
것입니다. 수천 명의 군사를 하루아침에 마련해 금위영·어영청 두 營
에 나누어 예속시키고 한 달 간격으로 番을 바꾸되, 鄕軍의 상번처럼
한다면, 1천 명의 군사가 立番하는 것 외에도 하번 2, 3천 군사가 항
상 輦下에 있을 것이니, 설령 생각하지 못한 변란이 있더라도 한 번의
號令으로 隊伍를 이룰 수 있을 것입니다. 자장보 3만 9천 6백 9명은
진실로 마땅히 혁파하여 逃故의 闕額을 채울 수 있을 것이고, 白骨之
徵과 隣族之侵도 역시 조금은 늦추어질 것입니다. 訓局 砲手의 陞戶
가 더욱 州縣의 큰 폐단이 되고 있습니다.' 하니, 영조가 비답하기를,
'應旨하여 進言한 것을 내 마음속으로 가상히 여긴다. 의논해 처리할
만한 것은 廟堂으로 하여금 품처하게 하겠다.'고 하였다."

상소에 대해서는 그대로 본인에게 돌려보냈으나 추가 상소가 있자
大臣들에 대한 무고죄로 定配 조치를 내린 것이다.

4. 상소의 결과

상소 내용은 각 관계청의 장이 최종적으로 응대할 책임이 있었다.
상소 내용 중 중요한 것들은 내부 회의나 토론 과정을 거쳐 처결하
였다. 경우에 따라서는 상소의 책임자를 불러 소견하는 수도 있었
다. 철종 때, 伏閤한 유생 윤헌구 등을 불러 소견하고, 상소의 내용
과 관련해서 의견을 듣고 결정한 예가 그것이다.(『哲宗實錄』 권7,
06/10/15)

국왕에 대한 상소는 승정원에서 취합하고, 경연이나 차대 등의
과정에서 승지들이 국왕에게 보고하고 처결을 기다린다. 이 과정에
서 국왕과 대신들이 공동으로 의견 교환을 하고 최종적으로 국왕의
결정에 따라 처결하였다. 고성 유생 이봉징이 상소하여 時弊와 백
성의 고통을 논하니, 임금이 소견하여 비답을 내리고 그 상소문을
내려 비변사로 하여금 품의 처결토록 하였다(『英祖實錄』 권123,
50/08/29).

토론 과정에서 일리 있다고 여겨지는 것들에 대해서는 국왕이 관
계부처에 회람하여 사후 조치를 취하게 하였지만, 별로 의미가 없다
고 생각되는 것들에 대해서는 바로 처결하거나 폐기 처분하였다. 영
조 초기, 幼學 李義淵이 尹志述의 復享에 관한 상소를 올리자, 승

정원의 승지 이중술, 김동필 등과 상의하여, 응지로 처리하지 않고
바로 상소 당사자에게 되돌려 보내버린 것이 좋은 예다(『英祖實錄』
권2, 00/11/06).

상소 내용에 대한 처결 결과가 상소인의 본래 의도와 다를 경우에
는 여러 차례 추가 상소가 이루어지기도 하였다. 영조 때, 청주 유학
정규상이 송시열의 사향과 권상하의 작명을 회복시켜 줄 것을 상소
하였으나(『英祖實錄』 권2, 00/11/06), 의미 없다고 판단하여 상소 내
용을 되돌려주자, 다시 청주 유학 송재후가 재차 상소를 올려 같은
일에 대한 선처를 요구한 적이 있다(『英祖實錄』 권2, 00/11/08).

상소에 대한 국왕의 판단을 바꾸는 경우도 있었다. 다음 예에서
보는 바와 같이 태학생들의 상소에 대해 비답 내용을 새로 고쳐서
전달한 경우가 있었다.

太學生 정유 등의 상소에 대해 내린 批答의 내용을 고치기를, "沐
浴하고 討逆하기를 청하는 의리는 진실로 불가할 것이 없다. 그러나
合啓 이외의 말을 拈出하여 감히 차마 제기하지 못할 말을 인용하였
다. 지난날의 처분이 더없이 嚴明하였는데, 그대들이 어찌 듣지 못했
을 이치가 있겠는가? 賢關에 거처하고 있으면서 聖人의 훈계를 배우
고 성인의 道를 행하면서도 오히려 이러하니, 진실로 이상하다." 하
였다. 처음 비답에서 있었던 '五倫의 소중함을 모르고 감히 역적 李
天海의 말을 인용하였으니 士習이 괴이하고 悖理하다.'고 한 등등의
말을 고쳐 내린 것이다(『英祖實錄』 권6, 01/06/12).

이렇게 비답을 고쳐 내리자 正言 成震齡이 다시 상소하여 그 부

당함을 논하였으나 국왕은 이미 고친 비답 내용을 다시 수정하지는 않고 있다(『英祖實錄』 권6, 01/06/12).

심한 경우에는 관계관을 처벌하는 수도 있었는데, 정조 때 태학의 유생들이 捲堂을 하고, 所懷를 써서 상소한 적이 있었다. 이에 대해 국왕이 크게 노하고 "나이 젊은 유생에 대해 탓할 나위도 못되는 까닭에 비록 처분은 하지 않지만, 지금의 知館事는 바로 大官인 만큼 처치하도록 하겠다. 대사성은 파직시키라."고 하였다(『正祖實錄』 권28, 13/10/24).

철종 때, 팔도의 유생 유학 황규묵 등 3,415인이 상소하여 윤선거·윤증의 官爵을 推削하고, 이현일은 追奪하며, 조석우는 섬에다 안치시킬 것을 청하였다. 이에 대해 하교하기를, "일전에 유생들의 소장은 일 만들기를 즐기고 사단을 야기하기 위한 惡習임을 모르는 것이 아니었지만, 특별히 선비를 대우하는 도리로써 비답을 내렸었다. 마땅히 그칠 줄 알아야 할 것인데도 이제 다시 발론하였으니, 그 마음을 추구해 보면 기필코 朝家를 壞亂시키고야 말 심산이다. 이를 엄중히 징계하지 않으면 편안할 날이 없게 될 것이니, 疏頭를 秋曹로 하여금 定配시키게 하고, 原疏를 도로 내어주도록 하라."하였다(『哲宗實錄』 권7, 06/08/08). 만인소 등 집단 상소의 폐가 심하자, 이를 금하기 위해 특단의 조치를 내리기도 하였다.[27]

---

27) "萬人疏·八道疏라고 일컬어지는……儒疏가 지금까지 그칠 날이 없는 것은 전혀 謹悉에 구애받지 않는 소치로 말미암는 것이다. 이제부터 일체 申明하여 만인소·팔도소라고 하면서 멋대로 스스로 伏閤하는 경우 疏頭에게는 바로 엄중한 징벌을 내리고, 疏槪를 가지고 와서

상소를 통한 언로가 매우 잘 열려 있었다고 볼 수 있지만, 국민들의 불만도 적지 않았던 것 같다. 그 이유에는 여러 가지가 있겠지만 승정원 등에서의 거름 장치를 통한 여과, 국왕의 비답이나 처리 내용에 대한 중앙관료들의 관여로 인한 것일 수 있다.

V. 上言과 擊錚

1. 의미

상언과 격쟁은 국민들이 억울한 일이 있을 때 국왕이나 상급관청에 하소연하는 방법이다. 상언은 당사자의 억울한 일을 문자 형태의 문건으로 제출되는 것인 데 비해, 擊錚은 억울한 일을 당한 사람이 임금이 거둥하는 길가에서 징이나 꽹과리를 쳐서 임금의 下問을 기다리는 것이다. 상언과 상소를 특별히 구별하기가 쉽지 않지만, 상소가 주로 양반 지식인 계층에 의해 정책 호소나 제안 형태로 이루어졌다면, 상언은 향리 등의 도움을 받아 자신들의 억울한 사정을 호소하는 형태로 평민들에 의해 활용되었다. 격쟁은 조선초기인

喉院에 바치는 사람은 某司의 소속임을 논할 것 없이 刑曹에 出付시켜 그 자리에서 엄형을 가한 다음 먼 곳에 定配하는 일을 영구히 定式을 삼도록 하라. 듣건대 지금도 伏閤하는 자가 있다고 하니, 喉院에서는 이 傳敎를 가지고 가서 효유시키고 退送하도록 하라.”(『哲宗實錄』 권7, 06/09/01).

1402년(태종 2년), 民苦를 왕이 직접 해결해 주기 위하여 대궐 밖
門樓에 달았던 북인 申聞鼓의 정신을 이은 것이다.

조선초기에는 신문고가 의금부 당직청에 설치되어 있어서 백성들
이 소원을 빌 수 있었지만,[28] 이는 주로 서울 중심의 양반 계층이
활용하였다. 그래서 조선 중기 이후로는 신문고 대신 어가 행렬 앞
(駕前 上言)이나 임금 행차 시의 장막 밖(衛外 擊錚)에서 할 수 있
도록 하였는데, 그 결과 매우 많은 일반 서민들도 소원 사항을 국
왕께 직접 아뢸 수 있게 되었다.

2. 상언과 격쟁 내용

영조 때 신문고를 다시 설치하고, 또 그 정신을 살려 擊金을 부
활하면서 주요 소원 사항을 규정하였다(『속대전』 형전, 소원). 여기
에는 四件事라는 것으로서 형벌이 자신에게 미치는 것(刑戮及身),
부자 관계를 가리는 일(父子分揀), 부인과 첩을 가리는 일(嫡妾分

---

28)『正祖實錄』권13, 06/06/10. "영의정 徐命善이 아뢰기를, '都憲 이갑
이 일찍이 상소하여 申聞鼓를 金吾의 當直에게 붙일 것을 청하였습니
다. 신문고는 下情을 통하고 원통하고 억울한 것을 소통시키는 방법인
데 한결같이 신문고를 치는데다가 맡겨둔다면 肅淸하게 하는 방도에
매우 어긋나는 것입니다. 만일 그로 하여금 取捨하게 한다면 반드시
조종하는 폐단이 발생하게 되니, 상소의 내용대로 신문고를 당직에다
설치하여 하민(下民)들로 하여금 억울함을 아뢸 수 있는 길이 있게 해
야 합니다. 그리고 動駕할 때 擊錚하는 사람은 엄금하는 것이 마땅합
니다.' 하니, 임금이 좌상·우상에게 詢問하였다. 僉議가 또한 옳다고
하니, 그대로 따랐다."

揀), 평민과 천민을 가리는 일(良賤分揀)을 기본적 소원 사항으로 삼고 있다. 여기에 새로운 四件事로서 자손이 선조를 위하는 일(子孫爲父祖), 아내가 남편을 위하는 일(妻爲夫), 동생이 형을 위하는 일(弟爲兄), 노비가 주인을 위하는 일(奴爲主)이 추가되었고, 그 밖에 지극히 원통한 일이 있을 경우나 심각한 민폐에 관련된 것들에 대해서도 상언과 격쟁을 할 수 있었다.

영조 때의 신문고 정신 부활과 이후 정조의 후덕한 정치에 힘입어 정조 대에는 상언과 격쟁이 매우 증대하였다. 원래 소원은 자신과 직접 관련된 집안일에 국한되었으나, 이때부터는 부모 형제는 물론 지역의 민폐와 관련된 것들까지도 고발할 수 있게 되었다.

정조 때의 『일성록』에 기록된 상언, 격쟁 수는 모두 4,403건이었는데 이들의 지역별 분포와 비율을 보면 다음 <표 3>과 같다(한상권 1978:81∼82). 서울 경기가 압도적으로 많다.

<표 3> 상언과 격쟁의 지역별 분포(정조 때)

지형 유형	한성 (서울)	경기	충청	경상	전라	강원	황해	평안	함경	총계
상언 건 (비율, %)	651 (22.4)	652 (22.4)	422 (14.5)	325 (11.2)	446 (15.3)	112 (3.9)	148 (5.1)	110 (3.8)	42 (1.4)	2908 (100)
격쟁 건 (비율, %)	230 (20.6)	249 (22.3)	130 (11.7)	133 (11.9)	125 (11.2)	49 (4.4)	95 (8.5)	83 (7.4)	21 (2.0)	1115 (100)
합계 (비율, %)	881 (21.9)	901 (22.3)	552 (13.7)	458 (11.4)	571 (14.2)	161 (4.0)	243 (6.1)	193 (4.8)	63 (1.6)	4023 (100)

* 자료: 한상권(1978:81 - 82).

상언, 격쟁을 한 사람을 보면 양반(71.5%), 평민(19.8%), 중인 (5.2%), 천민(3.5%) 순으로 양반 계층이 압도적으로 많았다(한상권 1978:85~88). 그렇지만 서울의 경우에는 양반층이 47.0%인 데 비해 평민이 37.4%로 높은 비율을 차지하였다. 상언, 격쟁의 주제별 분포를 보면, 어떤 사람의 공적을 높이거나 은전을 요구하는 것이 가장 많은 41.1%, 각종 비리나 병폐의 철폐를 주장하는 것이 19.9%, 형옥의 억울함을 호소한 것이 17.5%, 산림이나 묘지의 소유권 분쟁이 12.2%, 봉사손에 관한 것이 9.3%였다.

격쟁의 내용을 보면, 가족의 일원인 부모 형제나 남편의 신원이나 억울한 일에 대한 것이 많다.

- 영조 3년, 정형익의 아들 정홍상이 격쟁하여 자신의 아버지가 억울하게 처벌받았다고 하소연했는데, 이에 대해 正言 呂光憲이 상소를 올려 그 부당함을 논하였다(『英祖實錄』 권13, 03/10/02).
- 영조 5년, 정형익을 당초에는 귀양 보내려고 했다가 그의 아들이 격쟁하였으므로 削黜에 그쳤다(『英祖實錄』 권24, 05/09/20).
- 정조 3년, 역적 민홍섭의 연좌로 유배되었던 죄인 민견섭의 아내가 격쟁을 하여 억울함을 호소하고 남편의 구제를 요청하자, 법전을 다시 확인하고 풀어주었다(『正祖實錄』 권8, 03/11/24).
- 영조 19년, 전 어사 홍계희가 박문수의 탐욕스런 정상을 논하자, 임금이 박문수를 잡아 가두라고 명하였다. 그러자 박문수의 아들 박구영이 격쟁하여 억울함을 호소하자 홍계희가 무고죄로

삭탈관직되었다(『英祖實錄』 권57, 19/03/20).
- 영조 39년, 홍양한이 호남 어사로서 여점에서 죽자, 그 아들인
  홍낙교가 격쟁하여 당시 곁에 있었던 겸인 김석준의 살인 여부를
  조사해 줄 것을 소원하였다(『英祖實錄』 권102, 39/12/17).

백성들이 행정의 폐단이나 관료들의 행패에 대해 부당함을 논하
고, 해결되기를 바라는 경우에도 격쟁이 이루어졌다.

- 정조 5년, 덕산의 백성 김성옥이 宮監 김응두가 폐단을 부린
  일 때문에 격쟁하였는데, 이에 대해 형조로 하여금 해당 宮任
  을 잡아다가 엄중히 신문하여 供招를 받아서 아뢰게 하였다.
  이어서 "만일 궁차가 폐단을 부리는 일이 있을 경우에는, 해당
  지방관은 즉시 巡營에 보고하고 순영에서는 또한 즉시 狀聞하
  도록 하라." 하였다(『正祖實錄』 권11, 05/0508).

3. 절차와 처리 방법

상언의 경우에는 억울한 일이 있는 사람이 서울에서는 업무를 주
관하는 부처의 장에게 제출하고, 지방의 경우에는 관찰사에게 제출
하는 것이다. 그런데도 불구하고 억울하다고 생각할 때는 사헌부에
고하거나 신문고 또는 격쟁을 하였다(『경국대전』 형전, 訴冤). 격쟁
은 의금부에 설치되어 있는 신문고나 징을 치거나 임금 행차 시에

징을 두드리는 것이다.[29)]

  격쟁은 궐문 밖에서 징을 두드리거나 설치된 신문고를 사용하였고, 임금이 행차할 경우에는 어가 주변이나 호위 천막 밖에서 격쟁이 이루어졌다. 격쟁 방법에 대해서는 다음과 같은 차대 내용에 잘 나타나 있다.

> "次對를 행하였다. 영의정 徐命善이 아뢰기를, '성내의 거둥에는 본래 격쟁하는 일이 없는 것입니다. 근래 어리석은 백성들이 이런 法意를 모르고 衛外에서 격쟁한 사람이 6인이나 되는 많은 수에 이르니, 일이 매우 놀랍습니다. 신의 의견은 4件 이외의 일로 격쟁한 사람에게는 속히 別般의 勘律을 시행해야 한다고 여겨집니다.' 하니, 임금이 이르기를, '이 일에 대해서는 이미 하교하려 했었으나, 아직 하지 못하였다. 4건의 일 이외에 관계된 것은 그 율이 어떤 율에 해당이 되는가?' 하였다. 형조판서 김노진이 아뢰기를, '充軍律을 적용해야 합니다.' 하니, 하교하기를, '充軍法은 한 번 충군되면 끝내 赦典에 들지 못하니, 이것

---

29) 정조 때에는 衛外에서 擊錚하는 것을 推問하는 법을 申明시켰다. "하교하기를, '御闕의 경우는 差備門에서 격쟁하고 動駕의 경우에는 衛外에서 격쟁하는 것이 옛 제도이다. 先朝(영조)에서 申聞鼓를 다시 설치한 뒤 격쟁하는 제도를 금하도록 명하였는데, 聖明의 뜻은 단지 징으로 하지 말고 북으로 하자는 데 있었던 것이다. 지금은 아울러 동가할 때까지도 또한 격쟁을 금하기 때문에 애당초 該曹에 내려지는 거조가 없었다. 金吾의 長官이 주달한 것으로써 有司가 거행하는 데 대해 어둡다는 것을 알 수 있었다. 이 뒤로 격쟁하는 사람은 궐내의 경우는 이미 북이 있으니 징은 논할 것이 없지만, 위외의 경우는 古例에 의거하여 형조에 移付한 다음 推問하여 아뢰게 하라.' 하였다."(『正祖實錄』 권3, 01/02/20)

이 어찌 형벌을 신중히 하는 도리이겠는가? 옛날에는 혼금이 엄하지 않아서 격쟁하는 사람들이 延英門 밖에서 마음대로 격쟁하였는데, 그럴 경우 中禁이 그 錚을 빼앗고 그 사람은 該曹에 出付시켰었다. 先朝 때 進善門에 북을 처음 설치하고서부터 격쟁법이 드디어 폐기되었다. 근래에는 혼금이 조금 엄하여져 들어와서 擊鼓할 수가 없기 때문에 위외에서 격쟁하는 사람을 금하지 않고 있는데, 이는 실로 下情을 통달시키게 하는 방도인 것이다. 그런데 도리어 외람되고 난잡스러움을 야기하고 있으니, 또한 안타까운 일이다.' 하였다. 또 아뢰기를, '근래 기강이 해이해져 백성들의 풍습이 완악한 탓으로 駕前에서 격쟁하는 것을 예사로 여기고 있습니다. 그리하여 御營 上番軍의 服色으로 바꾸어 입고 天聽을 驚動시키는 거조가 있기에 이르렀으니, 이는 준례에 따라 照律해서는 안 됩니다. 該營으로 하여금 棍杖을 치게 하여 回示하기를 기다린 뒤에 각별히 엄히 다스리소서. 軍門에서는 오로지 紀律을 제일로 삼는데 부하 군졸이 이런 죄를 범하였으니, 해당 대장 이창운은 파직시키고 해당 哨官은 먼저 沙汰시키고 나서 곤장을 치게 하소서.' 하니, 대장은 從重推考하라고 명하였다."(『正祖實錄』 권12, 05/07/16)

　　서민들의 상언이나 격쟁은 지방의 吏胥들에 의해 내용이 작성되었는데, 『儒胥必知』라는 책자를 보면 문안 작성의 예가 잘 나와 있다. 이 책 속에는 旌閭, 贈職 등에 관한 상언 작성 요령, 雪冤 및 復官 관련 격쟁 작성요령 등이 수록되어 있다.

　　상언을 하면 3일 이내에 당사자를 출현시켜 소원 내용의 진위를 말할 수 있게 해야 한다. 신문고의 경우에는 의금부 당직원이 받아 사헌부의 판결문인 退狀과 함께 5일 이내에 국왕에게 보고하고 처결을 받는다.

4. 처리 결과

상언, 격쟁의 남발을 막기 위해 엄격한 처벌 조항을 두어 운영하였다. 『大典會通』訴冤條를 보면 다음과 같은 처벌 조항이 있었다.

- 誣告하는 자, 몰래 타인을 시켜서 發狀하는 자,[30) 吏典, 僕隸로서 그 관원을 고소하는 자, 품관, 향리, 백성으로서 해당 관찰사나 수령에게 직접 고소하는 자: 장 100대, 3000리 밖으로 유배. 향리에서 축출.
- 상언하는 말이 不敬하거나, 단순히 은택을 구하기 위한 자: 장 100대.
- 읍민으로서 수령에게 맞아 죽은 일이 있었을 때: 관찰사가 몰래 조사하여 수령에게 죄가 있으면 처벌하고, 무고하면 당사자를 部民告訴律로 논죄.
- 사리에 맞지 않는 것을 訟事하기 좋아하여 격쟁하는 자: 장 100대, 3000리 밖으로 유배.
- 수령을 더 머물게 하기 위해(願留) 격쟁하는 자: 장 100대, 중

---

30) 정조 12년에, 제천현 사람 최인환 등이 정소하다 투옥되자, 그 아들을 시켜 격쟁케 하므로 엄히 처벌하다(『正祖實錄』 12/01/06). 영조 39년, "軍資監正 이정중의 아들 이의한에게 곤장을 치라고 명하였다. 이정중이 臺臣에게 탄핵을 받자 박규수가 그의 아들을 시켜 격쟁하여 訟怨하게 하였다. 그러자 국왕은, 대간의 論評을 당한 사람이 아들을 시켜 격쟁하여 송원하게 하였으니, 그 폐단이 크게 우려된다고 하고, 곤장을 치게 하였다."(『英祖實錄』 권102, 39/11/ 13)

대한 자는 徒 3년.

- 작은 일인데도 불구하고 외람되게 상언, 격쟁을 일삼은 자: 越
訴律로 논죄.

격쟁, 즉 登聞鼓는 함부로 칠 수 없었다.[31] 엄정한 판단에 따라 처벌이 주어지기 때문이다. 정조도 백성들의 상언과 격쟁이 지나치게 많아지자 이를 경계하기 위해 적잖은 고민을 하였던 것 같다.[32] 정조는 성내 거둥 시 격쟁하는 자가 있어도 특명이 없을 때에는 받아들이지 못하게 하기도 하였다(『正祖實錄』 권25).

김수묵이 고령 현감이 되었을 때에 고을 아전 이진신이 감정으로 인해 김수묵을 후욕(厚辱)했었는데, 김수묵이 그의 母子를 형장하여 형

---

31) 『英祖實錄』 권124, 51/05/01(정미). 申聞鼓를 함부로 쳐서 억울함을 호소하는 것을 금하도록 명하였다. 이때 임금이, 近仗軍이 뇌물을 요구하며 북을 치는 사람을 조종하는 것을 염려하고, 병조의 당상과 낭청을 파직하고 병리(兵吏)를 곤장으로 때려 다스렸으므로, 濫雜하게 억울함을 호소하는 자가 날마다 북을 치니, 그 시끄러운 것을 견디지 못하였기 때문에 이 명이 있게 된 것이다.

32) "형조판서 張志恒이 아뢰기를, '先朝에서 신문고를 설치한 뒤에 街路에서 격쟁하는 자는 杖配시키라는 하교가 있었기 때문에 그 뒤로는 四件事의 여부를 막론하고 모두 決杖하여 먼 곳에 정배시켜 왔었습니다. 일전에 動駕할 때 高靈의 女人이 가로에서 격쟁하였으니, 舊例에 의하여 거행하게 하소서.' 하니, 비답하기를, '門禁이 엄중하여 대궐에 들어와서 격쟁할 길이 없을 것이니, 그렇다면 下情이 상달될 수 없을 것이다. 이 뒤로는 四件事에 대하여는 으레 刑問하여 供招를 받고 四件事가 아니면 刑推한 뒤 시행하지 말게 하라.' 하였다."(『正祖實錄』 권3, 01/06/10)

제 세 사람이 일시에 치명(致命)하게 되자, 이진신의 아내가 輦路에서 격쟁하였다. 이에 의금부에 명하여 김수묵을 잡아다가 鞫問하도록 하고 또 嶺伯에게 조사케 하여 보고를 받은 뒤, 현감 김수묵을 강진현에 귀양 보냈다(『正祖實錄』 권3, 01/07/20).

VI. 현대 행정에 주는 시사점

조선시대 민의 수렴 장치로서 어사, 상소, 상언과 격쟁에 대해 살펴보았다. 이들 제도의 특징을 비교 정리하면 다음과 같다.

<표 4> 어사, 상소, 상언과 격쟁의 비교 정리

구분	어 사	상 소	상언과 격쟁
의의 특성	- 국왕에 의해 임명 - 임시적으로 특수 행정업무 담당	- 포괄적 언로 개방 - 자격 제한 없이 언제, 어느 때라도 가능	- 평민들의 억울한 내용을 호소 - 상언은 문자로, 격쟁은 징이나 북을 쳐서 의사 표현
주체	어사	주로 문자를 아는 지식인	평민
주요 내용	- 담당 업무를 국왕에 의해 특별히 지정 받음 - 파견 지역도 한정적임 - 顯行과 暗行으로 구분 활동	- 내용 제한 없음 - 현직 관료는 정규 보고체계를 통해서도 가능하지만, 개별적으로 비공식적 상소를 활용하기도 함.	- 四件의 일들 - 개개인의 억울한 사정 호소 - 어가 행렬 시 징을 치거나 궁궐 밖의 신문고를 치고, 억울함 호소

구분	어 사	상 소	상언과 격쟁
처리 절차	- 권한의 범위 내에서 　재량 활동 - 봉고파직 등의 현장 　권한행사 - 차자 등으로 보고하 　고, 임무수행 결과를 　국왕에게 보고 - 국왕은 묘당과 상의 　하여 행정 처리	- 관계 관청에서 숙의 　하여 처리 - 국왕에 대한 상소는 　승정원에서 취합하여 　보고 후 처리	- 담당 관청에서 1차적 　으로 업무 처리 - 격쟁의 경우 국왕(또 　는 관계관) - 신문고는 의금부

이런 제도들은 어느 시대의 국정 운영에서나 매우 의미 있는 민의 수렴장치로 이용될 수 있을 것이다. 그렇지만 조선시대에 비해 훨씬 더 민주화되었고, 국민들의 의견 표출과 국정 운영에의 반영이 활발해져 있는 현대 행정에 수백 년 전부터 사용되어 온 조선시대의 제도들을 그대로 적용하는 것은 무리가 있다.

앞서 살펴본 몇 가지 제도들은 농업경제시대의, 교통과 통신이 매우 불편했던 상황에서 나름대로 최선의 민의 수렴 방법이었던 것은 분명하다. 당 시대의 다른 어느 국가와 비교해도 결코 뒤지지 않을 정도의 소중한 우리의 국정 운영방식이었다. 전국이 하루 생활권으로 발전했고, 신문이나 방송이 전국의 모든 정보를 매일 보도하고 있는 상황이며, 民主 代議 政治가 잘 발달함으로써 각종 여론 수렴 장치가 활성화되어 있는 요즈음이다. 조선시대의 민의 수렴 장치에서 무엇을 배울 수 있을 것인가?

첫째, 민의 수렴을 하고자 하는 기본정신을 계승하는 일이다. 민본

정치를 내세웠던 우리 조상들의 고귀한 국정 운영원칙을 잘 살려 행정에 반영하는 것이다. 민의 수렴의 수월성이 증대했고, 수렴되는 민의의 양이 비교할 수 없을 정도로 늘어났지만, 항상 민의를 토대로 하고 이를 행정에 반영하려고 노력하는 정신은 크게 배울 점이다.

둘째, 여론 표출의 방법이 다양해지고 빈도도 크게 증가했다고 하지만 조선시대의 상소처럼 활성화되어 있지는 못한 것 같다. 국민 대표기관인 국회에서 다양한 민의가 대변되고 있지만, 여기서는 국민들의 민의가 자칫 黨利黨略에 의한 것으로 간주될 가능성이 높다. 반대편 정당에서 제시하는 여론은 무시되기 일쑤고, 편의에 따라 마음대로 조작된 여론이 판칠 수 있다. 상소처럼 모든 국민들이 자유롭게 진심어린 의견을 개진할 수 있고, 대통령을 비롯한 대통령 비서실에서 이들에 대해 진지하게 검토하고 批答하는 방식은 살려야 할 것 같다.

셋째, 국정 담당자들에 의해 조작된 여론에 대해서는 엄정한 대처 방법이 살아 있어야 한다. 誣告나 謀陷에 대해서는 사법부인 법원의 판결에 의해 처벌을 받지만, 잘못된 정보나 오도된 여론에 대해서는 방지장치가 없다. 행정담당자가 자기와 같은 의견만 듣고, 다른 의견에 대해서는 쉽게 폄하하는 수가 많은데 이에 대한 대처방법이 필요하다. 대통령 특사로 지방에 파견된 사람이 잘못 수집된 정보를 대통령에게 제공하고, 잘못된 행정을 유도했다면 곤란하다. 현대 정부의 민의 수렴 과정에서 이런 잘못된 민의를 전달한 사람들에 대해서도 엄밀한 대처가 필요하다.

조선시대에 많이 활용되었던 舊 制度를 있는 그대로 현대에 적용할 수는 없다. 그렇지만 당시의 제도를 연구하는 것은 그 바탕에 깔려 있는 '정신'을 배우기 위한 것이다. 부패행정을 방지하기 위해 원론 수준에 해당하는 선비 유학의 정신을 배우는 것이 필요하고, 민본정치의 정신을 계승하기 위해 조선시대 국왕의 고민을 배워야 한다. 언로 개방이라는 소중한 정신을 잇기 위해 상소와 신문고, 상언과 격쟁의 의미를 새겨야 한다. 국민들이 가지고 있는 작은 고충 하나라도 더 정확히 이해하고 최고의 통치, 행정을 수행하기 위해 어사 파견에 골몰했던 국왕과 행정 책임자들의 노력을 알아야만 한다.

|참고문헌|

『조선왕조실록』, 『儒胥必知』.

강대덕(1997) 華西 李恒老의 민족주의사상 연구: 개항 전후 華西學派의
        현실 대응론과 실천 운동 분석, 강원대 대학원 박사학위논문.

고석규 외(1999) 「암행어사란 무엇인가?」, 도서출판 박이정.

곽동찬(1975) 고종조 토호의 성분과 무단 양태: 1867년 암행어사 토호
        별단의 분석, 「한국사론」, 281~311.

김경래(2004) 인조대 조보와 공론정치, 서울대 대학원 석사학위논문.

김명숙(1987) 조선후기 암행어사 제도의 일 연구: 고종 5년(1968)의 서
        계, 별단을 중심으로.

김명숙(1987) 「역사학보」. 115. 73 - 127, 한양대 대학원 석사학위논문.

김세철(2004) 면암 최익현의 위정척사사상과 공론 활동에 관한 연구,
        계명대학교, 「사회과학연구」.

김영원(1990) 암행어사 제도의 소고, 「안학논총」, 144~157.

김정기(200?) 조선조 지방행정 통제와 암행어사제의 역할 및 한계, 「한
        국행정사학지」 7.

김정찬(2003) 중종 초기의 토론 문화: 폐비신씨 복위상소에 대한 논의
        과정을 중심으로, 한국교원대학교, 「사회과학연구」 4, 21~47.

김현준(2003) 조선시대의 가뭄 재해: 정조대왕의 권농윤음에 대한 신재
        형과 정도성의 상소, 「방재정보」 5 - 2(14), 11~16.

김현철(1999) 朴泳孝의 『1888년 상소문』에 나타난 민권론의 연구, 「한
        국정치학회보」 33 - 4, 9~24.

박성순(2002) 丙寅洋擾와 이항로의 斥邪 上疏, 「한국독립운동사연구」
        19, 1~34.

박영학(1988) 東學運動의 公示 구조 연구, 成均館大 大學院 박사학위

논문.

박현모(2002) 정조시대의 公論 연구: 臺諫의 활동과 유생들의 집단 상
　　　소를 중심으로,「한국정치연구」11 - 2, 93～117.

백남혁(2002) 고려 초기 정치의 개혁과 사상 연구, 상명대 대학원 박사
　　　학위논문.

백상기(1990)「조선조 감사제도 연구」, 영남대학교 출판부.

ㅡㅡㅡ, 김세일(1991) 조선조 암행어사 제도 연구 Ⅱ,「영남대 사회과
　　　학연구」11 - 1.

백철현(2000) 조선 관료제하의 행정 통제에 관한 연구,「한국행정사학
　　　지」8, 157～176.

설석규(1995) 16 - 18세기의 儒疏와 公論政治, 경북대 대학원 박사학
　　　위논문.

설석규(2001) 양반 정치와 공론, 일조각,「한국사시민강좌」29, 23～45.

송창한(1999) 趙仁沃의 斥佛論에 대하여: 昌王 즉위년 십이월의 上疏
　　　文을 중심으로,「大丘史學」58, 67～90.

신두환(2000) 訥齋 梁誠之의 상소문에 나타난 현실 대응 논리,「한문학
　　　보」3, 87～128.

심두환(2004) '상소문'의 문예 미학 탐색,「韓國漢文學研究」33, 235
　　　～263.

양만우(1981) 조선조 어사 소고,「전주교육대학 논문집」17.

양태진(2003) 허 미수의 弊政 論考: 특히 미수집에 나타난 上疏文과
　　　箚子를 중심으로, 미수연구회,「미수 연구논집」2, 59～100.

엄　훈(2002) 조선 전기 공론 논변의 국어 교육적 연구, 서울대 대학
　　　원 박사학위논문.

오영섭(1998) 갑오경장～독립협회기 勉菴 崔益鉉의 上疏 운동,「한국민
　　　족운동사연구」18, 41～99.

오인환, 이규완(2003) 상소의 설득구조에 관한 연구: 시무 상소문을 중

심으로, 「韓國言論學報」 47 - 3, 5~37.

유자후(1971) 암행어사고, 상, 하, 「한국학연구총서」 1.

이구의(2000) 蓮潭 李世仁의 문학에 나타난 사회의식: 그의 詩와 上疏 文을 중심으로, 「한국사상과 문화」 9, 7~32.

이규완(2004) 상소에 인용된 고사의 설득 용도에 관한 연구: 태조~명종 실록의 상소 기사를 중심으로, 「한국언론학보」 48 - 4, 299~322.

이미숙(1999) 1880년대 초 위정척사운동에 대한 고찰: <朝鮮策略> 배 척운동을 중심으로, 「육사 논문집」 55 - 1, 55~82.

이석규(1995) 조선초기 민본 사상 연구, 漢陽大 大學院 박사학위논문.

이석종(2005) 화서학파의 위정척사론에 관한 연구, 강원대 대학원 박사 학위논문.

이원영(1994) 개화사상의 구조적 분석. 이화여대 대학원 박사학위논문.

이중효(2004) 고려 인종조 國學生들의 정치적 활동: 국학생들이 올린 上疏 및 上書에 대한 검토, 「역사학보」 182, 33~62.

임노직(2004) 척암 김도화의 현실인식: 그의 疏 · 詞를 중심으로, 「국학연 구」 4, 145~170.

임선빈(1998) 조선초기 외관제도 연구, 한국학대학원 박사학위논문.

전봉덕(1968) 暗行御史 제도 연구, 서울대 대학원 박사학위논문.

조휘각(1985) 韓末 개화세력의 정치운동의 민중화과정에 관한 연구, 건국대 대학원 박사학위논문.

한상권(1978) 서울 시민의 삶과 사회 문제: 18세기 후반 京居人이 올 린 상언, 격쟁을 중심으로, 「서울학연구」 창간호, 78~101.

한상권(1993) 朝鮮後期 社會問題와 訴冤制度의 發達: 正祖代 上言 · 擊錚의 分析을 중심으로, 서울大 大學院 박사학위논문.

한우근(1956) 신문고의 설치와 그 실제적 효능에 대하여: 태종조 청원, 상소 제도의 성립과 그 실효, 「이병도박사화갑기념논문집」.

조선시대의 지방 자치와 주민 참여

김현영*

머리말

지방자치(地方自治, local self‑government)란 "일정한 지역을 기초로 하는 지방자치단체가 중앙정부로부터 상대적인 자율성을 가지고 그 지방의 행정사무를 자치기관을 통하여 자율적으로 처리하는 활동과정"이라고 정의되고 있다. 즉 지방 자치는 단체자치(團體自治)와 주민자치(住民自治)가 결합된 것으로서 자신이 속한 지역

---

* 국사편찬위원회 연구관

의 일을 주민 자신이 처리한다는 민주정치의 가장 기본적인 요구에 기초를 두고 있고 지방자치의 활성화는 민주주의의 척도라고도 할 수 있다.

우리나라 현대의 지방자치의 역사는 1948년 정부수립 이후, 1952년에 지방의회를 시작으로 지방자치가 시작되었다고 할 수 있다. 그러나 1950년 5.16 쿠데타 이후 1961년부터 1991년 다시 지방자치제가 부활될 때까지 지방자치는 중단되었다. 1991년 지방자치제가 부활된 이후 이제 16년의 세월이 경과되어 초기의 지방자치단체장, 지방의회 의원의 선거에서부터 출발하여 이제는 지방자치가 어느 정도 정착화되었다고 할 수 있으며, 참여정부에서는 정부혁신의 주요 과제의 하나로 지방분권을 내세우고 있다.

본 연구에서는 '조선시대의 지방자치와 주민참여: 오늘날의 활용 방안 연구'라는 주제로 조선시대의 지방자치와 주민참여의 원형이라고 할 수 있는 향약(鄕約), 향안(鄕案)조직, 향회(鄕會) 등 조선시대의 지방자치 조직과 주민참여의 방식에 대해서 정리하고 이러한 향약이 오늘날에 어떻게 활용될 수 있는가를 검토해 보고자 한다.

1. 선행 연구의 요약

행정자치부 옛제도연구기획단에서는 「조선시대 지방관의 책임성 확보 제도 연구」에 대한 소개에서 "조선시대 주민에 의한 지방관 통제 수단으로서, 부민고소법(部民告訴法)·원악향리처벌법(元惡鄕

吏處罰法) 등이 있다"고 서술하고, 오늘날의 관련 제도로서는 주민 소환제, 주민청구징계제, 징계위원회제 등을 들고, 오늘날의 시사점 으로 "민선자치 이후 자치단체장 등에 대한 주민의 실질적 제재 수 단이 부재한 현실에서, 지방행정의 책임성 확보를 위한 제도적 장치 마련"을 하고, 오늘날의 응용 발전 방향으로 "주민소환제도 등 단체 장에 대한 책임성 확보장치 도입"의 필요성이 있다고 하였다.

그런데 위의 설명에서 현재의 지방관 책임성 문제의 연원을 찾는 제도로서 부민고소금지법과 원악향리처벌법을 제시하였는데, 이에 대한 이해는 실제의 역사적 사실과는 전혀 반대의 해석으로, 역사적 사실 인식이 잘못되어 있음을 알 수 있다. 부민고소법은 '부민고소 법'이 아니라 '부민고소금지법'을 말하는 것으로, 어떤 지역의 수장 (首長)이 관할하고 있는 주민이나 부하 관원이 자신의 수장을 고소 하는 것을 금지하는 법이다. 원악향리처벌법도 지방관의 권한을 강 화하기 위하여 만들어진 것으로서, 지역 토호인 원악향리(元惡鄕吏) 를 억제하여 중앙에서 파견한 지방 수령을 보호하려는 데 목적이 있다고 하겠다.

또한 그 이후의 회의에도 「조선시대 지방관 책임성확보 방안」이라 는 대동소이한 제목의 과제가 올라왔는데, 여기에서는 그 개요로서 "조선시대 지방관(군수·현감 등)의 권한 강화에 따른 폐해방지책으 로써, 어사의 감찰에 의해 비리 행위가 적발·확인된 수령은 추후 사 면되더라도 관직에 다시 추천·임명되지 못하도록 한다."고 하고 "비 리로 적발된 수령과 함께 그를 추천한 자도 연좌시켜 처벌·유배 또는 파직시킨다.”고 하는 천주좌파지법(薦主坐罷之法), 장리거주병좌지법(贓吏擧主幷坐之法)의 예를 들고 있다.

아마도 1차 워크숍을 통하여 부민고소금지법과 원악향리처벌법이 지방관의 책임성 확보 방안과 관련이 없는 것으로 이해하여, 새로이 천주좌파지법과 장리거주병좌지법을 발굴하였던 것 같다. 그리고 이와 관련한 오늘날의 관련 제도로는 공직 추천제, 시민 단체의 낙선·낙천 운동, 뇌물 수수자와 수뢰자의 연대 책임 추궁 등을 들고 있다. 이와 관련된 선행 연구로는 ‘조선후기 수령의 비리에 대한 통제와 民의 정부에 대한 불만 해소를 위해 어사의 지방관 감찰 권한 강화’를 들고, 어사의 감찰에 의해 비리가 적발·확인된 수령은 감사가 직접 비리를 조사하며, 설령 감사의 조사에서 무혐의가 밝혀졌다 할지라도 사안이 중대하면 의금부에서 재조사토록 하고(영조 대의 『속대전(續大典)』 참조), 도(道) 감사(監司)의 조사를 거칠 필요도 없이 바로 의금부에서 수사·처벌토록 하는 규정 등을 거론하고 있다.(정조 대의 『대전통편(大典通編)』 참조) 또한 부정한 지방관에 대한 처벌 강화를 위하여, 어사의 감찰에 의해 장오죄(贓汚罪)로 금고자(禁錮者)가 된 수령은 사면에 관계없이 영원히 외직에 임명되지 못하도록 하고, 비리로 적발된 수령과 함께 그를 추천한 자를 연좌시켜 유배 또는 파직시키는 법(薦主坐罷之法 1731년, 贓吏擧主幷坐之法 1793년)을 엄격히 시행한 것을 예로 들고 있다.

이를 통한 오늘날의 시사점으로는, 의회 의원이나 지방자치단체장 등 선거직 공무원의 경우 각종 범법 경력에도 불구하고 공직에 재

진입하는 경우가 많고, 공무원의 비리 적발 대비 처벌 건수도 미약하여, 공직사회 기강 확립 및 도덕성 확보 문제가 지속적으로 제기되어, 범법 공무원에 대한 강력한 제재 장치를 통한 상시 견제 시스템을 구축할 필요성을 느끼고 있으며, 공직 사회가 유연화되면서 인사 추천·계약직 등 인력 채용 방식도 다양화되어, 이에 따른 신뢰성 및 책임성 확보 장치가 필요하다고 하였다. 이에 조선시대의 제도를 응용·발전시키는 방향으로서는 '공직 사회의 도덕성 및 기강 확립 방안 및 각종 인사 추천제도에 대한 신뢰성 및 책임성 확보 장치 마련에 참고가 될 것'이라고 하였다.

이상 옛제도연구기획단의 제1차와 제3차 자문회의에 제출된 「지방관의 책임성확보 방안」에 대한 서술을 요약한바, 이 자료의 작성자는 조선시대의 지방제도에 대한 사실 이해에 있어서 많은 오해를 하고 있음을 알 수 있다. 그러나 그러한 오해에도 불구하고 '조선시대 지방관의 권한과 책임'을 위한 장치를 마련하고 조선시대의 지방관에 대한 이해를 위해서는 위의 '부민고소금지법'과 '원악향리처벌법' 이 두 법이 매우 유용한 실마리가 될 수 있다.

그런데 오늘날과 조선시대는 근본적으로 체제에 있어서 차이가 있다. 따라서 이와 같이 체제 자체가 다른 사회를 병렬적으로 단순히 비교하는 것은 의미가 없을 것이다. 조선시대와 오늘날의 시대적 차이를 명확히 인식한 위에서 조선시대에서 배울 것은 배우고, 잘못된 것으로서 폐지되어야 할 것은 폐지되어야 할 것이다.

〈오늘날과 조선시대 지방제도의 차이점〉

	조선시대	오늘날
국가체제	왕정, 중앙집권제	민주주의, 지방자치제
수장(首長)	국왕 임명	주민 선출
주민구성	고정성 신분제적 구성	유동성 평등한 민주제적 구성(자본주의적 계급 존재)

위의 표에서 보는 바와 같이, 기본적으로 조선시대와 오늘날은 국가 체제에서 다른 점을 가지고 있다. 오늘날의 국가 체제는 민주주의를 토대로 한 지방자치제가 이루어지고 있다. 이에 반하여 조선시대는 왕정제(王政制)하에서의 중앙집권제라고 말할 수 있다. 따라서 지방을 통치하는 수장(首長)도 조선시대에는 국왕이 임명하는 데 반하여, 오늘날에는 주민들이 선거에 의하여 민주적으로 선출하고 있다. 또한 주민의 구성에 있어서도 조선시대에 있어서는 주민들의 이동성이 매우 낮고 고정적이었던 데 비하여 오늘날은 매우 유동적이라고 할 수 있다. 또한 조선시대의 주민들은 국왕과 양반관료들의 지배의 대상이었던 데 대하여, 오늘날의 주민들은 그 지역의 주인으로서 민주적 의사에 의하여 수장을 선출하고 있다. 이러한 차이점을 분명히 인식하여야 오늘날의 지방자치 단체장의 책임성 확보를 위한 제도 마련에 있어서 조선시대로부터의 교훈을 얻을 수 있을 것이다.

2. 조선시대의 지방 제도

조선의 지방제도는 다른 제도와 마찬가지로 고려의 지방제도를 이어받아 발전시켜 나가는 방향으로 정비되어 갔다. 지방행정의 최고 단위로서 자리잡게 되는 도의 정비과정을 보면, 제3대 태종 말년에 종래의 동북면(東北面)·서북면(西北面)을 각각 함길도(咸吉道)·평안도(平安道)로 개편해, 일원적인 팔도체제(八道體制)를 갖추게 되었다. 전국을 경기·충청·전라·경상·강원·황해·함경·평안의 8도로 구획하고, 장관으로 각각 관찰사(종2품)를 두게 되었다. 그리고 도 밑에 부·대도호부·목·도호부·군·현의 행정구획을 설치하고, 장관으로 부윤(府尹, 종2품)·대도호부사(정3품)·목사(牧使, 정3품)·부사(종3품)·군수(郡守, 종4품)·현령(縣令, 종5품) 또는 현감(縣監, 종6품) 등의 수령을 파견하였다. 『경국대전』 단계에서 이들 장관의 수는 아래 표와 같이 모두 332명이었다.

<조선 시기의 군현(郡縣)과 수령(守令)의 수>

	觀察使 (종2품)	府尹 (종2품)	大都護府使 (정3품)	牧使 (정3품)	都護府使 (종3품)	郡守 (종4품)	縣令 (종5품)	縣監 (종6품)	합계
京畿	1	0	0	4	7	7	5	14	37
忠淸	1	0	0	4	0	12	1	37	54
慶尙	1	1	1	3	7	14	7	34	67
全羅	1	1	0	3	4	12	6	31	57
黃海	1	0	0	2	4	7	4	7	24
江原	1	0	1	1	5	7	3	9	26
永安	1	1	1	0	11	5	7	4	29
平安	1	1	1	3	6	18	8	5	42
計	8	4	4	20	44	82	41	141	336

* 전거: 『경국대전(経國大典)』. 합계에서 관찰사 제외.

이들 수령의 품계는 종2품에서 종6품에 이르기까지 차이가 있었으나, 제도상 평시에는 모두 병렬적으로 다 같이 도장관인 관찰사의 관할 아래 있었다. 다만 이들 수령이 진관체제에 의해 전시(戰時)에 대비해 겸대(兼帶)하는 군사직으로 위아래의 계통이 서 있었을 뿐이었다. 중앙에서 지방관을 파견하는 지방행정단위는 군현까지였고, 그 아래로는 지방의 자치적 조직으로 면(面) 혹은 방(坊)·사(社), 그 밑에 이(里)·촌(村)·동(洞) 등이 있었다.

관찰사의 지방 행정을 보좌하는 직책으로는 경력(經歷)·도사(都事)·판관(判官) 등이 있었으며, 이 밖에 기술직의 심약(審藥, 종9품)·검률(檢律, 종9품) 등이 있었다. 수령 중 가장 품계가 높은 것은 종2품의 부윤으로서 관찰사와 격이 같았으며, 관찰사가 이를 겸하기도 하였다. 부윤을 둔 곳은 평양·경주·함흥·의주·광주 등이었다. 대도호부사는 안동·강릉·영변·창원·영흥 등에 두었다.

목사는 대개 행정 구획의 명칭이 주(州)로 되어 있는 곳 약 20군데에 두었다. 도호부사는 흔히 부사로 약칭되던 수령으로서, 전국의 약 80군데에 두었다. 군수도 약 80군데에 두었다. 현령은 큰 현의 수령으로서 약 30군데, 현감은 작은 현의 수령으로서 약 140군데에 두었다. 각급 수령을 임명하는 데에 있어서, 일반적으로 해당 품계에 있는 사람만을 해당 수령에 임명하지는 않았다. 예를 들면, 임명할 사람이 정5품 통덕랑(通德郎)인데, 종6품직인 전라도 부안현감에 임명될 수도 있다. 다만 이러한 경우에는 '계고직비(階高職卑)'이므로 '통덕랑행부안현감(通德郎行扶安縣監)'이 되는 것이다.[1]

지방관의 임기는 법적으로 규정되어 있었다. 관찰사는 1년(뒤에는 2년), 수령은 5년(뒤에는 3년)을 원칙으로 하였다. 관찰사와 수령은 중앙 관제를 본떠 이(吏)·호(戶)·예(禮)·병(兵)·형(刑)·공(工)의 6방(房)으로 나누고, 사무는 토착의 이속(吏屬)들로 하여금 맡게 하였다. 6방 중에도 이방·호방·형방이 중심이 되어 그 수리(首吏)를 3공형(三公兄)이라고도 하였다. 이 아전들은 지방 말단의 행정실무를 담당하면서 여러 가지 부정을 자행하기도 했는데, 이러한 부정은 국가에서 그들에게 보수를 지급해 주지 않은 데에도 그 원인이 있었다. 이러한 이속들 이외에 군관(軍官)·포교(捕校) 등 경찰 업

---

1) '階高職卑則稱行 階卑職高則稱守'(『経國大典』 吏典 京官職). 다만 7품 이하는 2계를 넘지 못하였고, 6품 이상은 3계를 넘지 못하였다.

무에 종사하던 이속들도 있었다.

한편, 수령의 지방 행정을 보좌하는 기관으로 유향소(留鄕所)가 있었는데, 조선후기에는 유향소가 수령의 수하(手下)기구가 되면서 향소(鄕所) 또는 향청(鄕廳)이라고 불렀다. 향소에는 좌수(座首) 1인, 별감(別監) 2인의 향임(鄕任)이 있었는데, 지방의 토착 유력자인 향반(鄕班)이 임명되었다. 향임은 중앙 정부에 소속된 관리가 아니라, 지방 유지로서의 지식과 영향력을 바탕으로 하여 지방 행정에 도움을 주는 기능을 담당하였다.

향소는 조선초기에 한때 수령과 대립해 중앙집권에 역행하는 경향이 있어 폐지된 적도 있었다. 그러나 1489년(성종 20)에는 이를 개혁해 좌수(座首)·별감(別監) 등의 임원을 두게 하여 그 체제를 정비하였다. 주·부에는 4, 5인, 군에는 3인, 현에는 2인을 두는 것이 통례였다. 지방의 사인(士人) 신분층 중에서 나이 많고 덕망 높은 사람을 좌수로, 그다음 사람을 별감으로 지방 양반들이 선거를 통하여 추천하면 수령이 임명하도록 되어 있었다. 그 임기는 대개 2년인데, 수령이 바뀌면 다시 선출할 수도 있었다. 향임도 6방을 나누어 맡았다. 좌수가 이방과 병방을, 좌별감이 호방과 예방을, 우별감이 형방과 공방을 맡는 것이 통례였다. 향소의 제도가 가장 발달하고 또 권위를 가지고 있었던 곳은 영남 지방이었다. 그중에서도 특히 안동이 유명하였다. 이곳에서만은 중앙의 고관을 역임한 사람도 향임을 맡았다고 한다. 말하자면 안동만이 조선초기의 유향소 제도의 유제를 가장 잘 보존하고 있었다고 할 수 있다. 그 이외의 지역에서는 유향소(향소, 향청)가 수령의 수하기구가 되어서 사족 출신들은 수령의 수하인 유향소의 좌수나 별감을 맡으려고 하지 않았다. 그러는 과정에서 대두되는 계층이 이른바 '향족' 계층으로 그들은 오랫동안 중앙의 관직을 받지 못하자, 지역 사회에서 향권이라도 장악하기 위하여 향임, 즉 좌수, 별감을 맡으면서 향족으로 전락하게 되었다.

주현의 밑에 있었던 면·사·방의 장(長)은 풍헌(風憲)·약정(約正)·집강(執綱)·면임(面任) 등 그 명칭이 다양하였고, 또 그 아래의 동·이·촌의 장도 동장(洞長)·이정(里正)·두민(頭民)·좌상(座上)·영좌(領座)·통수(統首) 등 호칭이 여러 가지였다. 이들은 좌수, 별감 등 유향소의 추천으로 수령이 임명하는 자리였다.

그리고 이들은 호칭에도 나타나 있듯이, 지역의 덕망 있는 사람이 추대되어 백성들을 교화하면서 자치(自治)하는 것이 주된 목적이었다. 뒤에는 지방 관청의 심부름꾼에 지나지 않아 이를 회피함으로써 점차 그 질이 떨어지게 되었다.

주자학이 지배하던 조선시대에 있어서, 지방 통치도 역시 전통적인 유교 윤리 규범에 의하여 실시하고자 하였다. 전통적 지방 통치 규범은 '향음주례(鄕飮酒禮)', '향사례(鄕射禮)' 등이 있었고, 주자(朱子)에 의하여 권장되었던 '향약', '사창(社倉)' 등이 현실적인 성리학적 지방 통치의 한 방법이었다.

3. 조선시대의 향약과 자치규범으로서의 향규

유교 국가인 조선조 사회에서 이상적인 통치 방식은 법치(法治)가 아닌 예치(禮治)였다. 정약용(丁若鏞)은 그의 「방례초본(邦禮草本)」(『경세유표(經世遺表)』의 원래 이름)의 서문에서, "선왕(先王)은 예(禮)로써 나라를 다스리고 예로써 백성을 인도하였으나, 예가 쇠퇴한 후에 법이라는 이름이 나왔다. 법(法)은 나라를 다스리는 바도 아니고 백성을 인도하는 것도 아니다. 천리(天理)에 헤아려서 인정(人情)에 합당하여 도움이 되는 것을 예라고 하고, 두려워하는 것으로 위협하고, 싫어하는 것으로 압박해서 이 백성으로 하여금 전전긍긍하게 해서 감히 어기지 못하게 하는 것이 법이다. 선왕은 예로써 법을 삼고, 후왕(後王)은 법으로써 법을 삼는다."고 하여, 법과 예의 본질을 갈파하고, 법에 의한 통치보다는 예에 의한 통치를 이상으로 생각하였다.2) 즉 중국 고대의 선왕을 이상으로 하려는 다산(茶山)으로서는 법으로서 통치를 하는 것은 차선일 뿐이고, 예로서 통치를 하는 것이 이상이라고 생각한 것이다. 따라서 『경세유표』도 원래는 「방례초본」이라고 명명된 것으로 조선후기 정조를 중심으로 다산을 비롯한 이상주의자들이 구상했던 이상국가는 『주례(周禮)』를 모범으로 한 예치국가였다.

---

2) 玆所論者法也　法而名之曰禮何也　先王以禮而爲國　以禮而道民　至禮之衰　而法之名起焉　法非所以爲國　非所以道民也　揆諸天理而合錯諸人情而協者　謂之禮　威之以所恐　迫之以所悲　使斯民兢兢然莫之敢干者　謂之法　先王以禮而爲法　後王以法而爲法　斯其所不同也(『經世遺表』 引)

오늘날 시민국가가 형성된 이후 보통선거권에 입각한 자치의 개념과 신분제에 입각한 전근대사회의 자치의 개념이 같을 수는 없다. 그러나 신분제사회라고 하는 전근대사회의 한계를 염두에 두고 논의를 전개시켜 간다면, 우리나라 자치제의 역사를 확대시킬 수가 있고, 향약의 자치규범으로서의 성격도 좀 더 명확히 드러나리라고 생각된다.

식민지시대에 방대한 우리 국학에 대한 저술을 남기고 우리 역사를 발전적, 민주적인 시각에서 정리한 안확(安廓, 1886~1946)은 『조선문명사(朝鮮文明史)』3)에서 조선시대의 향회(鄕會)와 촌회(村會)를 우리나라 자치제 발달사에 있어서 매우 주목할 만한 사실로 기록하고 있다. 그는 향회를 "자치로서 인민이 서로 모여 행정상 부정을 탄핵하며 또는 자치 사무 및 그 생활에 대하여 의론을 여는 것인데 이는 중앙정부의 유회(儒會)와 같은 것이라"고 하였다. 구체적으로 "좌수(座首)가 보통 촌민(村民)의 대표를 소집하여 향청(鄕廳)에 여는 것이라"는 그의 향회에 대한 설명은 통시대적(通時代的)으로 다 적합한 설명이라고 할 수는 없다. 조선 중기의 향회는 대체로 양반 사족으로 구성되었고, 조선후기 이후에 가서야 비로소 그가 파악한 것과 유사한 구성의 향회가 지역에 따라 나타나기 시작했다고 하겠다. 이러한 원리적, 유형적 파악은 기본적으로 새로운 시대로 지향하는 논리로서 전혀 의미가 없는 것이 아니다.4)

---

3) 1923년 1월, 匯東書館 간행. 정확히 말하면 『조선문명사(5)』, 일명 『조선정치사』.

안확은 향회에 대하여 다음과 같이 논평하였다.

> "이 향회의 조직적 형식을 금일의 회체(會體)에 비하면 떨어진다
> 할지라. 그러나 서양 희랍의 정회(政會)보다는 크게 발달한 것이요 또
> 한 이 향회는 동양 제국(諸國)에서 볼 수 없는 것으로 오직 우리 조
> 선 정치의 발달됨의 체현된 것이니, 그러므로 근세 정치의 원기는 이
> 향회에 있었나니라. 최근에 있어서 정치가 쇠퇴한 것은 이 향회의 무
> 기(無氣)로 말미암은 것이니 향회가 있을 때는 비록 군주독재정치로
> 되 입헌군주제나 공화제와 다름이 없어 나라가 태평하고 민(民)이 안
> 락하였다. 이 제도가 만일 발달하여 향청회(鄕廳會)와 유회(儒會)를
> 총합하여 완전한 조직체를 이루었다면 금일 문명국의 제도를 부러워
> 하리오."

그가 자치제적 기반으로 향회보다 더 중요시한 것은 촌회였다.
향회는 중앙관이 파견되는 군현 단위 이상에서 그 지방관을 통한
중앙집권 통치체제에 대한 대응이지만, 촌회는 군현 안의 여러 촌락
에서 민의가 결집되는 과정으로서 더 근본적인 것이다. 그는 촌회의
소집 및 회의 방법상의 특징까지 주목하면서, 이를 통한 "민주의

---

4) 안확에 대한 연구는 다음 논저가 참고가 된다. 이태진, 1984 「安廓의
   生涯와 國學世界」『歷史와 人間의 對應』(고병익선생회갑기념 사학논
   총), 한울: 1989.7 「한국의 역사가; 안확」『한국사시민강좌』5집 158쪽:
   최원식, 1981.8 「안자산의 국학」『심상』1981년 8월호(『민족문학의 논
   리』창비사, 1986년에 재수록: 한영우, 1984 「한국근대 역사학과 조선
   시대사 이해 ― 안확의 조선문명사 ― 」『인문과학의 새로운 방향』서울
   대 인문과학연구소.

소리가 사회 국가행위의 방향을 결정하는 잠세력(潛勢力)이라"고 하였다.5)

식민지 시기의 안확의 이러한 주장은 우리나라 지방 자치제의 역사의 특징을 잘 드러낸 것이라고 할 수 있다. 그는 유향소에 의한 향촌 지배를 향약에 의한 향촌지배질서로 이해하고 있다.

최근의 향촌사회사 연구의 진전에 의하여 이제 안확과 같은 이해는 각 지역의 향약에 대한 연구가 진전되어 향규(鄕規), 동계, 향약 등 여러 가지 형태로 나타나는 조선시대의 지방 자치의 규범을 우리는 향약이라고 포괄할 수 있게 되었다.

향약은 북송(北宋) 말 섬서성(陝西省) 남전현(藍田縣) 사람인 여씨(呂氏) 형제에 의해 시작되었고, 주희(朱熹)가 그것을 증손(增損)하여 성리학의 고전인 『소학(小學)』에 수록함으로써 성리학적 향촌지배원리의 하나로 정착되게 되었다. 조선 시기 유교국가를 표방한 가운데 성리학은 지배이데올로기가 되었다. 초창기에는 한당(漢唐) 유학 등이 지배원리로서 활용되어, 성리학만이 지배원리로 작용한 것은 아니었다. 새 지배세력은 성종대의 향음주례(鄕飮酒禮) 보급운동, 중종대(中宗代)의 향약보급운동 및 소학실천운동, 선조대(宣祖代)의 서원건립운동 등 시기에 따라 다양한 방법으로 향촌사회지배를 위한 시도를 하였으나, 그중 가장 큰 영향을 미치고 실천을 하게 된 것은 향약보급운동이다.

---

5) 이태진, 앞 논문, 158~159쪽 참조.

  향약은 사림파들에 의하여 향촌지배원리로서 받아들여져서 중종 대에 조광조(趙光祖) 일파의 급진사림파에 의한 도학정치의 일환으로 경향(京鄕) 각지에서 향약이 실시되었으나 그들의 정치적 실패와 함께 향약에 의한 지방지배도 실패로 돌아가고 말았다.

  그러나 1517년 경상감사 김안국(金安國)에 의하여 주자증손여씨향약의 언해본(諺解本)이 출간되고, 선조 대에 향약의 전국적인 시행 논의를 거치면서 전국적으로 보급, 확산되어 갔다. 특히 조선 중기 주자학에 대한 연구가 심화되고 퇴계(退溪)와 율곡(栗谷)에 의하여 조선적인 성리학이 정착되게 됨에 따라 향약의 조선화도 추진되어 '퇴계 향약'과 '율곡 향약'이라는 향약의 두 흐름이 형성되게 된다. 17세기 이후의 향약은 이 두 가지 유형의 향약을 전형으로 하여 계승 발전된 것이라고 하겠다.

  즉 퇴계와 율곡의 단계의 향약은 우리의 체질에 맞는 향약으로 수용된 것이라고 하겠다. 퇴계의 향약이 사족 중심의 자율적 성격이 강하였다고 한다면, 율곡의 향약은 시기와 장소에 따라 여러 가지 형태의 향약으로 시도되었다. 즉 반관(半官) 기구인 유향소를 활용하여 관권(官權)을 활용하는 측면이 강한 <해주일향약속(海州一鄕約束)>과 같은 것이 있는가 하면, <사창계약속(社倉契約束)>처럼 지역적인 범위가 20리를 넘지 않는 지역공동체의 재생산 기구로서의 역할을 하는 것도 있다. 17세기 이후에 <해주일향약속>은 향안(鄕案) 구성원을 모집단으로 하는 향안 조직으로 발전하여 이른바 군현 단위의 향촌사회를 규정하는 '향규(鄕規)'로 발전한다고 하였다. <사창계약속>은 일정한 지역공동체를 단위로 생활 속에 살아 움직이는 동약(洞約: 혹은 洞契)으로 발전하게 된다.(<참고자료 1> 참조)

향약의 지역적인 특성을 본다면, 사회적 신분적 변화와 함께 퇴계의 향약은 유(儒)·향(鄕)이 일치하는 영남(嶺南)형의 향규로 발전하고, 율곡의 향약은 유·향이 나눠진 호남(湖南)·호서(湖西)형의 향규로 계승된다고 하겠다. 이를 도식화 해본다면 다음과 같다.

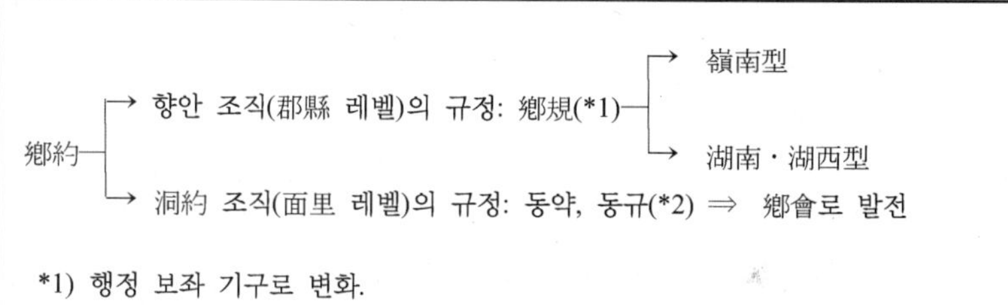

17세기 이후 거의 대부분의 지역에서 향약이 실시되었다. 즉 각 고을마다에는 향규가 만들어지고, 각 촌락마다에는 동약이 실시되었다.6) 여기에서는 남원 지방에 실시된 향약을 중심으로 향규와 동약을 검토함으로써, 향약의 한 모델이라고 할 수 있는 호남형 향약의 성격을 이해해 보자.

---

6) 호남 지방의 泰仁古縣洞約, 靈巖鳩林洞契, 求禮鳳南里洞契, 영남 지방의 慶州良佐洞契, 慶州伊助洞契, 大邱夫仁洞契 등이 동약의 대표적인 사례라고 할 수 있다.

1) 향약 - 향규 시행의 실제

: 남원 향안 조직의 사정(<참고자료 2> 참조)

조선후기 남원의 사족지배구조는 형태상으로 17세기는 향안 조직이 지배하는 시기, 18세기는 직월안(直月案)이 마련되고 사족과 향족(鄕族)이 이원화된 시기, 19세기는 사족지배구조가 형해화하고 동요되는 시기라고 할 수 있다. 즉 조선후기의 남원 지방은 17세기에는 향안을 매개로 사족과 향족의 공존과 갈등양상을 보인 시기라고 한다면, 18세기 초 향안이 파치된 이후에는 사족과 향족이 분화된 상태, 즉 유향분기(儒鄕分岐)된 상태에서 향촌사회가 운영되었다.

사족의 계층분화는 향권과 밀접히 관련을 가지면서 분화된 것으로 향임층(鄕任層)을 통하여 간접적으로 향권(鄕權)에 개입하는 사족과 직접 향임(鄕任)을 맡음으로써 향권을 장악하는 향족으로 나뉘게 되는 것이다. 조선후기에는 거의 전국적으로 유향분기가 일어나고 있었지만, 지역적으로 그 유형에 차이를 보이고 있다. 즉 ①호남·호서형, ②영남형, ③서북(西北)형으로 나뉘는데, 그중에서 ①이 주류를 이루고 있다고 할 수 있다. ②는 영남지방에서도 안동을 제외하고는 거의 대부분 소멸되어 가는 추세였다.7) ②와 같은 영남형의 사족지배체제는 말하자면 16세기 사족지배체제가 형성될 시기에

---

7) 『正祖丙午所懷謄錄』 1786(정조10)년 別軍職 孫相龍의 所懷. "蓋一道之內 獨安東一邑 不以鄕所爲品官 故名家子弟 不嫌爲鄕所 鄕所子弟 不妨爲名宦 而其他五十餘邑 則一邑之內 鄕族士族迥絕 雖士族之家 或有投鄕失婚之人 則一門之中亦間隔 惟士族乃許宣薦"

이상적인 형태로 만들어졌던 것으로 17세기 이후 유향분기가 본격화되면서 대부분의 지역은 ①과 같은 형태로 바뀌었다고 보인다.

17세기 말 18세기 초 남원지방에 살았던 최시옹(崔是翁: 1646~1730)은 군 단위에서 지방 수령의 공인을 받아 시행하는 향약을 향안조직인 향회와 동일시하였는데, 남원에서도 "옛날에는 승지(承旨)의 아들이 좌수가 되고 좌수의 딸이 서울에 가서 중앙 관료의 며느리가 된 적이 있다"는 것을 말하면서, 오늘날에는 그렇지 못하다는 것을 개탄하였다.[8]

이러한 가운데 사족과 향족이 분화하여, 사족은 향회를 통하여 좌수, 별감 등 향소를 선출하고, 향소는 향권을 장악하고 향리를 규찰하는 권한을 가지는 등 이원적인 사족지배체제를 구축하게 된다. 최시옹은 지방 수령인 남원부사 이성한(李聖漢)에게 보낸 편지에서 이러한 정황을 다음과 같이 말하고 있다.

"대개 향약의 옛 규정에, 향임은 반드시 고을의 추천을 받도록 한 것은 향청에서 공론이 아님에도 불구하고 사사로이 자의적으로 행하는 폐단을 방지하기 위해서요, 수리(首吏)는 반드시 향청의 도통인(都通引)을 거치도록 한 것은 작청(作廳)에서 향청을 거치지 않고 흉억(胸臆)을 자행하는 폐단을 방지하기 위한 것입니다. 향약이라는 이름을 두 곳(鄕廳과 作廳)에서는 모두 자신에게 해를 끼치는 것이라고

---

8) 崔是翁, 『東岡遺稿』 卷2. "吾鄕風俗 在昔則極嚴正 不待鄕約而每事可觀矣　有以承旨之子而廢擧後爲座首者　有以座首之女而入京爲吏判婦當時鄕風盖可想矣　自經昏朝以來　鄕風大壞　沒廉愚昧文字之類　冒據鄕廳　癸亥以後　亦未復古"

싫어하여 꼭 향약을 없애려고 하였습니다. 그러므로 전에 혹 감영의 유구(遊口)나 혹 부중(府中)의 향리(騰舌 또는 騰薛: 전국시대 소국의 이름, 즉 향리를 말함)가 향약을 맡은 자로 하여금 입을 다물고 말하지 못하게 하니 사대부도 역시 그들에게 해를 당할까 염려하여 시비하려 하지 않습니다. 급기야는 향소와 서리가 이름을 나란히 하여 계를 만드는 일까지 있게 되었습니다."9)

전통적인 향촌의 권력 관철 방식이 향회에서 향임을 추천하고, 향리의 우두머리인 수리(首吏)는 향청의 도통인을 거친 자로 하게 하여, 향회→향임→향리의 라인으로 통제를 가하려는 데 있었던 것이다. 그러나 현실은 향임이 원래는 사족에서 출발했음에도 불구하고 향리들과 함께 결계(結契)하는 지경에까지 이르렀다는 것이다. 이들은 향권을 장악하고 사족들을 향권으로부터 배제하기 위하여 향약을 없애려고 하고, 향약이 있다 하더라도 정령(政令) 기능은 제거하고 교화 기능만 담당하게 하려는 것이다. 최시옹은 위와 같이 향청, 작청의 연명결계를 비난하고 사족들이 주도하고 조적권(糶糴權: 환곡을 분담하게 하는 권한)과 부역권(賦役權: 부역을 분담하게 하는 권한)을 가지는 향약을 중심으로 수령이 서정을 펼 것을 권유

---

9) 崔是翁, 『東岡遺稿』 卷2. "盖鄕約古規　鄕任之必以一鄕之薦者　爲防鄕
廳之不有公論而循私恣行之弊也　首吏之必由鄕廳都通引者　爲防作廳之
不由鄕廳而恣行胸臆之弊也　鄕約之名　兩廳皆惡其害己而必欲去之　故
前此或遊口於監營　或騰舌於府中　乃使鄕約任事鉗口而不敢言　士大夫
亦慮其中毒　而不肯是非　終至於鄕所胥吏聯名作契而極矣　此實城主所
知　豈不寒心哉"

하고 있다.[10)

1712년(숙종 38) 최시옹이 남원부사에게 보낸 이 서간은 향약, 즉 향안조직을 싫어하는 향임이나 향리들에게 향권을 주어서는 안 되고 사족들이 향안조직을 통하여 조적권과 부역권을 가지고 실질적인 향약을 실시하면 좋겠다는 것이다. 조적 및 부역권에 대해서는 사족으로서는 여러 가지 입장이 있을 수 있겠으나,[11) 최시옹으로서는 사족들이 조적권 및 부역권을 중심으로 한 향권을 가져야지 실질적인 향약이 이루어질 수 있다는 것이다.

2) 향약 - 동약 시행의 실제: 남원 둔덕방 삼계동계(三溪洞契)

'삼계'라고 하는 지역은 조선시대 남원의 둔덕방(屯德坊, 현재는 임실군 둔남면)을 가리킨다. 둔덕방에서는 동약이 실시되고 있었는

---

10) 崔是翁, 『東岡遺稿』 卷2. "奉公一節 固是鄕約中一件事 而賦役之逋 欠積滯 果在於士夫及良民之家乎 鄕風所壞 此可驗矣 上項兩款事 乃 鄕約中大節而一番人所深惡也 其間或不無由於私者 而豈不愈於不恤 人言而全行私意者哉 今若有意復古 而先去此兩節 則是猶因噎而廢食 欲行而刖足也 適足以中其願而永杜存羊之義 此豈鄕中之所望哉 鄙意 縱未能卽復古制 姑勿擧論此兩款於邑規中 則猶有將來之望也 /城主 下臨 若欲擧行古規 則民雖老病 敢不竭盡心力 勸起同志 以承化民成 俗之至意也哉(壬辰四月)" * 兩節, 兩款＝조적, 부역의 포흠, 적체.

11) 임란 직후의 尙州의 상황이긴 하지만, 李埈은 향약은 풍속의 교화만 을 담당하고 조적 및 부역권을 비롯한 제반 邑務는 鄕任에 一任되어 야 한다는 입장을 견지하였다.(『月澗集』 권3, 雜著「鄕立議」) 즉 향약 에 政令의 업무부과에 대해서 이전과 최시옹은 서로 다른 견해를 보 이고 있다.

데, 그것을 삼계동계라고 하였다. 동계의 규약인 동규에는 덕업상권(德業相勸), 과실상규(過失相規), 예속상교(禮俗相交), 환난상휼(患難相恤) 등 향약의 4강목 중 과실상규와 환난상휼의 규정이 보다 구체화되어 지역의 생활공동체를 운영하는 원리로서 존재하였다. 삼계동계의 주요 규정은 다음과 같다.

① 婚謂長子長女婚嫁 或自娶妻

② 喪謂契員己喪及父母喪祖父母代喪長子喪長婦喪(子喪卽成人者之喪)

③ 一 氓俗無知 送葬之日 作樂徹夜 或至鼓吹前導 極加痛駭 一切嚴禁事

④ 一 穀田 放牛馬 草竊稻菽 偸斫墓松者 竝笞三十事

⑤ 一 採桑之弊 其來已久 雖不可猝然停止 而近來人心不淑 主者少加禁止 使肆惡言 甚者至於辱及兩班 如此頑惡之習 不可不痛禁 此後則恣採無忌者 厥主執而打之 被打而反辱桑木主者 打臂三十而懲其惡事

⑥ 契中喪事 下契四洞內助役之規 初喪造墓擔持三役 各出十名 每喪一百二十名 而兩班與庶類之喪 別無差等矣 今則契員之數 比前幾培 上契相助之軍已多 而此是烟戶役煩 下輩甚苦 故今秋契會時 僉議講定 此後於庶類之喪 下輩三役 皆減半 兩班則只減初喪役軍之半 赴役者 各持飛盖一立長木一箇立役事

위에서 보이는 삼계동계에서 볼 수 있는 둔덕방 향약의 주요한 특징은 다음과 같다.

첫째, 신분 질서의 유지를 목적으로 하는 상하합계(上下合契)이다.(위 향약 원문의 ⑥번. 이하 같음) 둘째, 유교적 교화를 중요한 목적으로 하고 있다.(③) 셋째, 동약 조직과 면리(面里) 조직이 혼재되어 있다.(동약 조직: 座上(契長) - 公事員 - 有司<上有司 - 鄕約有司, 典穀有司/下有司> 면리 조직: 風憲 - 約正) 넷째, 생활공동체, 생산공동체로서의 역할을 하고 있다.(⑤⑥)

이상 우리나라에서 향약을 수용과 변용, 그리고 남원 지방에 실시된 여러 형태의 향약을 검토하여 조선시대 향약의 성격을 고찰해 보았다. 호남지방의 향약은 동약 차원에서는 다른 지역의 그것과는 크게 차이를 보이지 않는다고 하겠으나, 향규에 있어서는 사족이 좌수나 별감을 하는 안동 지방의 향촌지배체제, 즉 영남형과 크게 차이를 보이고 있다. 즉 율곡의 <해주일향약속>을 계승한 '유향분기' 하의 호남, 호서 지역의 향촌지배체제는 유향소의 좌수나 별감을 향회를 통하여 간접적으로 규제하는 사족지배체제를 구축하였다고 할 수 있다. 이는 원래부터 사족이 희박하였던 관서(關西)나 관북(關北) 지방형의 향촌지배체제와도 다르다고 하겠다.

이상의 논의를 요약한다면, 아래 그림과 같이 국가와 수령, 향리 및 관속들과 민인이 연결되는 중앙집권적인 측면과, 경재소와 재지 사족이 민인을 지배하는 향촌자치적인 측면이 병존함을 이해할 수 있을 것이다.

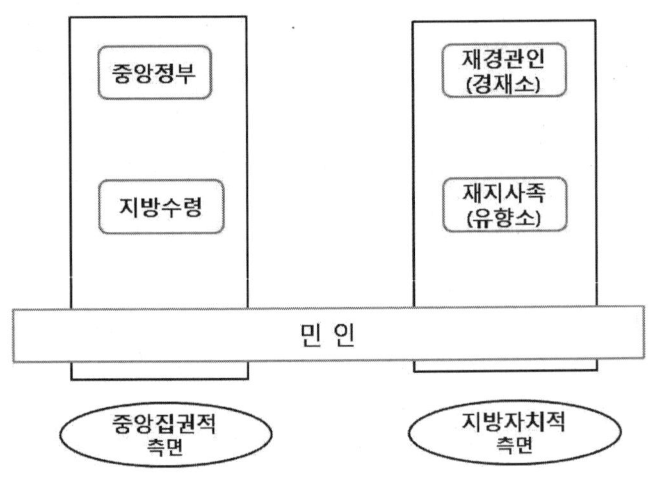

또 향약에 의한 자치는 통치 레벨에 따라 군현 단위의 자치와 면리 단위의 자치로 나누어 이해할 수가 있다.

군현 단위 수준의 자치는 유향소-향사당-향약으로 이해되는 부분으로서 관권과 직접적으로 접촉하고 있으며, 관의 향촌사회 운영에 직, 간접적으로 참여한다. 조선전기에는 좌수의 임명을 통하여 관권에 참여하였지만, 조선후기에는 추천권의 행사를 통하여 관권에 참여하였다. 이들의 자율적인 영역은 향원(향회구성원)에 대한 자율적인 심사권과 자율적인 대표기구의 구성권이다. 즉 좌수, 별감 등

향임을 임명하고 추천하는 데에서 자율적인 권한을 가지고 있다고
하겠다. 이들은 이러한 기구를 통하여 향리, 관속 등에 대한 규제를
하고 있다. 즉 향촌 사회의 기강을 유지하고 그중에서도 특히 신분
질서 유지에 많은 힘을 쏟고 있다.

면리 단위 수준의 자치는 동계 또는 동약을 들 수 있다. 이것은
관권과 관련은 없고, 자율적인 성격이 더 강하다고 할 수 있다. 후
기로 갈수록 관의 인준이 필요해진다. 상, 하계의 차별은 있으나,
공동체적 성격이 강하다. 주자향약의 4강목 중 주로 혼상부조의 규
정이 강화된다고 할 수 있다. 즉 소농민 공동체의 유지를 위하여
이러한 공동체 조직으로서의 역할을 하는 것이라고 볼 수 있다. 또
한 상계(上契) 내에서는 손도(損徒), 제마수(齊馬首), 출향(出鄕) 등
의 자율적 규정도 들어 있다.

지금까지 파악된 각 지역별 자치규범으로서의 향약, 향규 등 규
정을 열거해 보면 다음과 같다.

1) 1398년 咸興 太祖御製憲目
2) 1458년 咸興 孝寧大君 鄕憲
3) 1541년 淸道 鄕憲
4) 1584년 海州一鄕約束
5) 1595년 咸興 乙未鄕憲
6) 1601년 長水 鄕憲

7) 1603년 咸安 立議

8) 1605년 鄕憲錄

9) 安東 鄕規舊條, 新定十條

10) 1613년 密陽 鄕憲

11) 1621년 玄風 鄕案設立初定規膽草

12) 1628년 草溪 鄕規完議

13) 1639년 南原 約束條目

14) 1652년 燕岐 一鄕立法

15) 1656년 海南 鄕射堂約束

16) 1666년 鍾城鄕規

17) 1667년 咸興鄕案規式

18) 1708년 求禮鄕規約束條目

19) 1731년 長城 一鄕契約文

20) 1815년(?) 昌平 鄕中立規

21) 1878년 鳳山 鄕案幷約束

22) 1880년 淳昌 鄕有司節目

4. 오늘날의 지방 자치와의 비교

지방자치란 단체자치(團體自治)와 주민자치(住民自治)가 결합된 것으로서 "자신이 속한 지역의 일을 주민 자신이 처리한다는 민주 정치의 가장 기본적인 요구에 기초를 두고 있다"고 정의하고 있다.

지방자치가 이루어지기 위해서는 ①지역, ②지방자치단체와 주민, ③자치권, ④자치기관, ⑤자치사무, ⑥자치재원 등이 있어야 한다. 흔히 지방자치는 영국이나 미국과 같은 주민자치형의 지방자치와, 독일이나 프랑스와 같은 단체자치형의 지방자치로 구분된다.

우리나라의 지방자치의 역사는 1949년 7월 4일 제헌국회의 지방자치법에서 시작된다. 그러나 그 역사적 연원을 거슬러 올라가면, 일제시기의 학자인 안확이 지적하였듯이 조선시대에도 유향소(留鄕所) – 경재소(京在所) 체제와 조선후기의 향회(鄕會) 체제를 우리나라 지방자치제의 기원으로 소급할 수 있을 것이다. 향회는 지방자치제의 의결기관(지방의회)에 해당한다고 할 수 있다.

그런데 이러한 지방자치제가 실시되고 지방 분권이 이루어지면서 지방자치단체장 또는 지방정부의 책임성 확보에 관한 논의가 활발하게 이루어지고 있다. 최근 언론에 보도된 것만 하더라도 주민감사 청구제가 사실상 유명무실한 것이 되고 있어서 주민감사 청구의 서명 주민수를 낮추는 방향에서 개선 방향이 검토되는가 하면,(한겨레, 2003. 11. 22) 지방자치단체의 판공비 사용 내역을 공개할 것을 촉구하는 움직임이 전개되고 있고,(한겨레, 2003. 10. 22) 전국의 시장·도지사의 업무추진비가 인터넷에 공개되기도 하였다.(조선일보, 2003. 8. 20)

민선 제3기 지방자치단체장 가운데 각종 비리나 선거법 위반 등으로 수사나 재판을 받고 있는 단체장이 전체 248명(광역 16명, 기초 232명) 가운데 23%인 57명이나 되고,(조선일보, 2003. 9. 1) 이에 따라 부패공직자의 주민소환제 조례 제정을 하는 시민운동이 시작되기도 하였다.(한겨레, 2003. 9. 16)

이러한 움직임 속에서 중앙정부 차원에서 지방분권화에 따른 지방정부의 비효율적인 재정운용을 막기 위해서 자율성의 확대와 함께 책임성을 지울 것을 강조하는 움직임이 생기게 되었고,(대한매일, 2003. 8. 13) 대통령도 지자체의 책임성 확보를 위하여 감사에 의한 지방자치단체의 사후통제에 대한 의미를 강조하였다.(중앙일보, 2003. 8. 2)

지방 분권과 자치가 강조되는 가운데, 지방자치단체장의 책임성은 한층 중요하다고 할 수 있다. 현재의 지방행정에서의 책임성에 대한 연구는 내적 통제와 외적 통제 그리고 주민에 의한 통제의 세 가지로 분류하고 있다. 내적 통제는 행정기관이나 관료 또는 지방의회 스스로에 의한 통제를 말하며, 외적 통제는 상급 정부에 의한 통제, 그 다음으로는 시민 등 행정기관 외부에 의한 통제를 들 수 있다. 외적 통제는 지방자치단체의 권력 행사에 영향을 미치는 시기에 따라 다시 사전적 통제와 사후적 통제로 구분할 수 있을 것이다. 지금까지의 지방 행정은 느슨한 내부 통제와 상급 정부에 의한 강력한 사전적 통제로 특징지어진다.

먼저 내적 통제의 차원에서 검토해 보면, 자율적 내부통제장치 강화를 위해서는 우선 지방의회 기능의 활성화가 전제되어야 할 것이다. 또한 내부고발자의 보호, 적극적인 정보 공개 등과 함께 지방자치단체의 내부적 감사기능을 강화시킬 필요성이 있다. 그리고 필요한 경우 옴부즈만 제도도 실시하여야 할 것이다.

시민 참여를 통한 통제장치로는 참여예산제도, 참여계획제도 등 지방자치단체의 정책결정에 실질적인 주민참여를 보장하고, 동시에 주민감사청구제도의 청구요건 완화, 주민소송제 도입 등 주민에 의한 통제장치를 강화할 필요성이 있다.

다음으로는 상급 정부(감사기관, 국회)에 의한 사후적 통제장치 강화를 위해서 과도한 사전적 통제의 정비와 함께 상급 정부에 의한 중복 감사를 해소하여야 할 것이다.

이러한 모든 것 가운데 가장 바람직한 것은 지방자치단체 스스로 주요 사업과 시책을 평가하는 자체평가시스템을 만들고 그 정착을 위해 중앙과 지방이 함께 노력하는 것이라고 할 수 있다.

맺음말

전근대사회와 오늘날의 사회는 기본적인 지배구조, 사회체제 등이 다르기 때문에 평면적으로 비교할 수는 없으며, 또한 좋은 옛 제도라고 하여 옛날 그대로의 것을 도입할 수는 없을 것이다. 옛 제도에서 우리가 배우는 것은 옛 제도의 정신이라고 할 수 있을 것이다.

고려시대와 조선시대의 지방지배체제는 상당한 차이를 보이고 있다. 고려시대에는 아직 중앙정부의 지배력이 지방에까지 속속들이 미치지 못하고, 상당한 부분 지역 세력이었던 호족, 향리들의 자율에 둘 수밖에 없었다. 주현(主縣)과 속현(屬縣)의 비율이 고려후기에 올수록 주현이 많아졌고, 조선시대에 들어와서는 거의 대부분 속현이 없어지게 되는 것은 그만큼 중앙정부의 지방 지배력이 강화되었다는 것을 말해준다. 조선시대에 들어와서도 향리와 품관의 지방에서의 토호적 성격은 여전하였기 때문에 국가에서는 「원악향리처벌법」과 「부민고소금지법」 등을 마련하여 지역 토호들을 억제하였다. 향리들에 대한 억제책은 상당히 효과를 발휘하여 조선 중후기 이후에는 원악향리처벌법이 거의 무의미한 상태가 될 정도였다. 그러나 부민고소금지법은 조선 말기까지 여전히 효력을 발휘하였다.

최근의 보도에 의하면, 지방자치단체장들과 지역사회의 유력자들 사이의 결탁과 부정으로 사법기관에 의하여 인신구속이 되는 사례도 적지 않게 보이고 있다. 민주주의 정치제도하에서 지방자치는 필수적인 요소이고, 국가의 균형적인 발전을 위해서도 지방자치는 불가결한 요소라고 하겠다. 그러나 그러한 지방자치를 악용하여 중앙정부와의 대립과 다른 지방자치단체와의 갈등을 빚어서 국가의 전체적인 발전을 저해해서는 안 될 것이다. 따라서 민주제 하의 오늘날에 있어서도 지방자치단체장의 전횡을 규제하고 책임성을 확보하는 최소한의 장치는 필요하다고 생각한다. 개인의 범법 행위에 대해서는 물론 사법기관의 조사와 처벌이 있을 것이지만, 중앙정부와 지방자치단체의 조화를 이루기 위해서는 중앙정부가 지방자치단체를 적절히 조절할 수 있는 제도적 장치를 마련하여야 할 것이다.

고려시대의 강력한 지방 토호를 억제하기 위하여 마련된 원악향리처벌법과 조선초기에 지방관의 권한과 중앙정부의 권위를 확보하기 위한 장치로서 마련된 부민고소금지법은 지방 토호 세력의 효과적인 통제 장치였다고 할 수 있다. 반면 지방관의 부정과 자의적인 통치를 방지하기 위하여 중앙정부에서는 행대감찰(行臺監察, 뒤의 암행어사)을 수시로 파견하여 지방관들을 감시하였고, 부민들에게도 자기 자신에게 직접 관련되는 억울함에 대해서는 고소를 할 수 있도록 하였다.

　부민이나 향리는 오늘날의 상황과 비유를 하자면 지역 토호들이라고 할 수 있다. 지역의 토호들은 자신들의 이익을 위하여 지방관과 결탁할 수도 있고, 아니면 자신들의 이익과 배치될 때에는 중앙 권력을 대변하는 지방관을 모함하여 고소하는 경우가 자주 있었다. 이러한 것을 방지하기 위하여 조선초기에는 원악향리처벌법이라든가 부민고소금지법이 제정된 것이다. 따라서 오늘날의 지역 토호들의 자기 자신의 이익을 위한 범법행위나 모함 또는 지역이기주의를 위하여 중앙정부의 행정을 방해하는 행위에 대해서는 그것을 규제하는 장치가 필요할 것이다. 그것은 민주주의적 지방자치제가 실현되고 있는 오늘날에도 국가의 균형적 발전을 위해서 필요하다고 할 것이다.

<참고자료 1> 퇴계 향약과 율곡 향약의 주요 내용

퇴계 향약

① 禮安鄕立約條(1556년, 명종 11)－－－序/約條: 周禮의 鄕飮酒禮를 수용한 형태, 呂氏鄕約은 전혀 언급이 없음.

"지금의 유향소는 바로 옛날 향대부의 뜻이다. 사람을 얻게 되면 한 고을이 숙연해지고, 제대로 된 사람을 얻지 못하면 한 고을이 해체된다. 하물며 향촌의 고을은 국왕이 있는 서울에서 멀어서, 싫어하는 사람들이 서로 공격하고 강약이 서로 갈등하여 효제충신의 도리가 허물어지기도 하고 행해지지 않으니, 예의를 버리고 염치를 손상시키는 것이 날로 심하다. 그리하여 이적금수의 지경이 될 수가 있으니, 이는 실로 왕도정치를 하는 데에 있어서 큰 병통이다. 그것을 바로잡는 책임은 유향소에 있으니, 아! 그 책임이 중대하다.(今之留鄕所　卽古之鄕大夫之意也　得人則一鄕肅然　匪人則一鄕解體　而況鄕俗之間　遠於王靈　好惡相功　强弱相軋　使孝悌忠信之道　或尼而不行　則棄禮義損廉恥日甚　流而爲夷狄禽獸之歸　此實王政之大患也　而其糾正之責　乃歸之鄕所　嗚呼其亦重矣)"

② 金圻의 安東鄕約으로 계승되면서 영남 지방 향약의 주류를 이룸

율곡 향약

① 坡州鄕約(序)(1560, 명종 15)－－－庚申年 봄에 국가에서 郡邑에 향약을 닦을 것을 명령하고 坡州郡守 邊協이 경내에 반포함.

"한 고을의 의논을 모아서 여씨 향약을 모방하여 법을 세웠다.(採一鄕之論 倣呂氏鄕約而立法焉)"

② 西原鄕約(1571, 선조 4)－－－立議/條目: 都契長 4인/契長 25인(童蒙訓誨, 色掌 각 1인)－別檢……員籍과 善惡籍, 4孟朔講信, 喪 賻助

立議: "나는 오활한 선비로서 외람되이 큰 고을을 책임지고 있는데 정무에 익숙지 못하여 정말 허물이 많다. 오직 백성을 교화하고 풍속을 이루는 뜻에 정성을 다하여 그만두지 않았다. 이에 고을의 어른들과 함께 계도하는 방안을 의논하니, 고을 사람들이 모두 향약을 하는 것이 좋다고 하였다. 대개 이 고을은 전 목사 李增榮이 처음 향약을 실시하였고, 그 후 李遴이 증손하였으니 그 규모가 볼만하다. 다만 이공이 조정으로 돌아가고 나자 고을 사람들의 의욕이 저해되어 마침내 헛된 문구가 되어버렸다. 내가 이 목사의 길을 이어서 드디어 전의 규정을 채용하고 여씨 향약을 참고하여 번거로운 것은 간략히 하고 성근 것은 세밀하게 하여 다시 조약을 만들었다. 비록 중도를 얻었다고 할 수는 없으나 권하고 징계하는 술법은 대개 크게 빠지지 않을 것이다.(余以迂儒 叨守大邑 不閑政務 固多疵累 惟是化民成俗之志 惓惓不已 茲與鄕中父老 商議導迪之方 鄕人皆以爲莫如申明鄕約 蓋此邑李使君增榮 始申鄕約 厥後李公遴 因

而損益之 規模可觀 第恨李公還朝 鄕人意沮 竟爲文具 余承李侯之
躅 遂採前規 參以呂氏鄕約 煩者簡之 疎者密之 更爲條約 雖不敢
自謂得中 而勸懲之術 庶幾無大滲漏矣)”

③ 海州鄕約(1578년경)---立約凡例/增損呂氏鄕約文/會集讀
約法: (書院이 중심), 都約正＝齒德學術者 1인/副約正＝學行者 2
인/直月(奴僕 있는 자), 司貨(書院儒生) 매회 輪回/3籍을 直月이
관장/財政은 司貨가 관리, 20% 利息으로 대여/及第, 生進, 冠禮,
筮仕, 加階, 婚姻 등에 부조/喪禮 등 4강목을 자세히 정함.

④ 社倉契約束(16세기 후반)---立約凡例/約束(4綱目)/社倉法/
講信儀……約長 1인/副約長 2인/有司 2원/掌務 1인, 庫直 2인, 使
令 4인(庶賤으로 차임)/約員은 20里內人/作伍하여 伍長을 임명, 放
牛馬 금지.

⑤ 海州一鄕約束(16세기 말)---(約束)/鄕會讀約法/附 同居戒
辭……鄕憲 1인, 副憲 2인, 有司(鄕所 1員이 有司)/座首 50세 이
상, 別監 30세 이상.

<참고자료 2> 남원 지방의 향규

1. 己卯鄕會圈點立法(1639년, 고문서): 향회에서 향안에 입록할
기준으로 제시한 문서이다. 전집의, 전도사, 전정언 등 남원 지방의
전직 관료와 장의 등이 14명의 향원 중에서 12명 이상의 찬성으로

입록을 허가하도록 규정하였다.

己卯十二月初七日鄕會圈點
  立法
會員十四用十二點以上
        前執義李(手決)
        前都事金(手決)
        前正言黃(手決)
        掌議李(手決)
          金(手決)
          金(手決)

2. (己卯)完議 및 約束條目(1639년, 「龍城誌」 및 「風憲有司案」 所收): 校理 李尙馨이 규정한 남원 지방의 향규이다.

(完議) 吾鄕素稱南方雄府 文獻之盛 風俗之淳 甲于一道 而經亂 以後 卿宰所廢 士大夫賤惡其執鄕權 凡自論議 全不可否 故無識無 恥之徒 縱恣忘行 而鄕籍爲發身之私券 而鄕任爲起家之大橐 奔競 雜亂 罔有紀極 鄕籍之再焚 鄕任之非人 職由於此 而名目譏謗 傳 播遠邇 豈不寒心哉 人心日至於偸薄 風俗日極於乖亂 弊生種種 不 可救藥 崔右尹令鑑之革罷新舊籍 亦出於不獲已也 無綱之網 萬目 皆廢 無領之裘 萬毛皆亂 則鄕風之壞敗 至於此極 無足怪者 道內 全羅靈三大邑 向來皆爲戰場 論議乖離 鄕籍罷廢 而獨光州一邑 鄕 風最正 至今無異議者 朴僉判光玉 因奇高峯朴思菴之通議 嚴立約

東　傳之永久　使士大夫主論故也　鄕老鄕長鄕有司之設立　盖倣周禮

鄕士大夫之遺義　實合三代盛制　而皆以一鄕首望分定　故雖屢經大亂

紀綱不壞　非徒光邑爲然　隣邑如順天長城咸平等官　亦依光州條約者

皆見其效　仁人君子之利博哉　許靑松令鑑　欲法光州條約　以革本府

弊風　已定主論之員　規畫幾完　未就而歿　豈非一鄕之遺恨乎　今鄕中

父老　以無籍爲拂鬱　連續出文　欲復其舊　非復之難　復善後之爲難

雖復無而統領條約　則日後之弊　有信於前　而鄕籍全歸徇私　鄕任亦

至失人　而奔競乖亂　日甚一日　公論不行　民受其弊　則約束紀綱　不

可別也　上年議于崔右尹　則亦以爲可使生出文　而適赴　朝命　亦未之

果　今聞崔右尹　已許復籍　鄕中將欲還書　故茲因許靑松令鑑　排定規

畫　略加潤色　搆草以送　非生之私自臆決也　大槩一國有一國公論　一

鄕有一鄕公論　亦非鄕先生所可獨擅　但使士夫主論　公議得伸　則治

國化鄕　其揆無二　傳之後日　亦可無弊　伏願僉尊　通于一鄕　商確正

書　行之久遠　永爲恒式

　約束條目

　　○　鄕老鄕長鄕有司排定　皆依許靑松令鑑所選　略加添入　而年少

　　　　則不書待後　倘有遺漏可合之人　則後會相議加書事

　　○　七十以上爲鄕老　六十以上爲鄕長　六十以下爲鄕有司　一依光

　　　　州例　而或有子弟可爲鄕有司者　則雖未滿六十　陞爲鄕長　而

　　　　子弟爲鄕有司事

　　○　凡鄕會圈點及鄕任受薦時　依光州例　而鄕老鄕長鄕有司　同議

　　　　爲之　而此外只出文於前朝官及父老年七十以上之員　以防雜

亂之弊 又圈點時 衆所知士族 則勿爲受點直書事

○ 凡鄕老有故 鄕長年滿 則以次陞書 鄕有司亦有故 則鄕中可合
之人 從公論入書事

○ 凡鄕老鄕長鄕有司 所見各異 則一從正論 正論岐而爲二 則從
多施行事

○ 凡鄕老鄕長鄕有司之員 則勿擬鄕任 或有自圖鄕任者 則相議
削名 勿許主論之列 違公議妄擬薦望者 論罰事

○ 凡鄕中大小事 一二鄕所品官 不可獨斷出文 若有不得已之事
則必禀于主論之員 以存體統 又鄕會及鄕所受薦時 則依此條
約出文 其他遍論一鄕之事 則鄕僉各員處 皆出文事

○ 鄕任之員 或有所失 或有作弊者 則主論之員 隨聞見出文 告
于城主改遞 施罰之際 若非大段負犯 則只付標不削名事

○ 凡下吏 或有弄奸作弊頑惡不恭之事 則鄕所摘發 通論一鄕 依
法典科罪事

○ 約束條件 或有未備 則主論之員 相議加定 亦問于光州 俾無
未盡之弊事

○ 鄕所乃主一鄕風憲 薦望時 相議克擇 凡鄕會及鄕任受薦時 曾
經座首之員 亦爲出文同僉事

|참고문헌|

오영교, 2001『조선후기 향촌지배정책연구』, 혜안.
한국역사연구회 조선시기사회사연구반, 2000『조선은 지방을 어떻게 지배했는가』, 아카넷.
장동표, 1999『조선후기 지방재정연구』, 국학자료원.
김현영, 1999『조선후기의 양반과 향촌사회』, 집문당.
고석규, 1998『19세기 조선의 향촌사회연구 – 지배와 저항의 구조』, 서울대 출판부.
정진영, 1997『조선시대 향촌사회사』, 한길사.
이훈상, 1990『조선후기의 향리』, 일조각.
김용덕 외, 1990『조선후기 향약연구』, 민음사.
이수건, 1989『조선시대 지방행정사』, 민음사.
김인걸 · 한상권 편, 1986『조선시대 사회사연구 사료총서』, 보경문화사.
정약용(이우성 외 역), 1984『역주 목민심서 1 – 6』, 창작과비평사.

『조선왕조실록』, 『경국대전』, 『대전회통』 등 기본 사료.

조선전기 전세(田稅) 개혁의
내용과 시사점

원윤희*

Ⅰ. 서 론

조선 개국이 이루어지는 시기에 마련된 과전법(科田法)은 혼란스러웠던 여말(麗末)의 토지제도를 대대적으로 정비함으로써 새로운 국가건설의 초석으로서 작용하였다. 이 과전법에서 제시된 전세(田稅) 제도는 손실답험(損失踏驗)이라는 재해 조정방식을 통해서 개개 경작지별로 그 실제 수확에 바탕을 둔 과세를 가능하게 하는 것

---

* 서울시립대 교수

으로서 상당히 합리적인 조세제도였다고 평가된다. 그러나 이러한 제도의 내용은 매우 높은 수준의 행정비용을 요구하는 것이었으며 품관(品官)이나 고을 수령, 경차관(敬差官) 등 제도운영을 담당하는 관리들[1)의 자의적인 답험이 이루어지고 그에 따라 농민들의 폐해가 커짐으로써 그 개편에 대한 요구가 커지게 되었던 것이다.

본 연구는 과전법을 기반으로 하는 조선초기의 전세제도(田稅制度)가 장시간에 걸쳐 공법(貢法)이라는 제도로 개편되는 과정과 그 배경, 개편의 구체적인 내용을 살펴보고, 이러한 과정을 통해서 이 전세제도 개편과정이 오늘날 우리에게 주는 의미는 무엇인가를 살펴보고자 한다.

이하에서 본 연구의 진행은 다음과 같다. Ⅱ장에서는 세종을 중심으로 약 15년간에 걸쳐 이루어진 조선전기 전세제도 개편의 과정

---

1) 이와 관련되는 내용으로 다음과 같은 내용을 예로 들 수 있다.
호조에서 계하기를, "여러 도(道)의 손실(損實)을 답사하여 증험하는 것은 일절 『경제육전(經濟六典)』에 의지하여, 관과 민 양편이 다 편하도록 힘쓸 것이오나, 그러나 지방의 수령들이 한 몸으로 수확(收穫) 전에 두루 다니며 살펴보기란 어렵습니다. 그리하여 근년에 이미 행하여 오던 예에 따라 향리에 사는 공정하고 청렴한 품관(品官)을 택하여 위관(委官)을 삼아 각지에 나누어 보내어 답사하게 하되, 위관이 답사한 후에 수령이 직접 살펴보아 맞지 않는 것이 있거든 경차관(敬差官)에게 보고하여 다시 조사하여, 그 수령이나 위관이 손(損)을 실(實)로 하였거나 실을 손으로 하였으며, 개간된 땅을 묵은 땅이라고 하였거나 묵은 땅을 개간된 땅이라고 한 자가 있으면, 3품 이상이거든 위에 아뢰고, 4품 이하이거든 직접 결단하여 논죄하도록 하시옵소서." 하여, 그대로 좇았다.(세종 즉위년 8월 17일, 원전: 2집 262면)

과 내용을 과전법과 손실답험법, 그리고 공법을 중심으로 살펴본다. Ⅲ장에서는 이러한 조선초기 전세 개편이 오늘날 우리에게 어떠한 함의를 주고 있는지 살펴본다.

Ⅱ. 조선전기 전세제도(田稅制度) 개편의 내용[2]

1. 과전법(科田法)

가. 배경

위화도 회군 이후 이성계파는 대대적인 사전개혁(私田改革, 1389~1391년)을 단행하였다. 전국적인 양전(量田)을 실시하여 임의로 사전(私田)이 된 토지를 국가에 귀속하고 누락되어 있던 토지(隱結)들을 국가에게 귀속되도록 하였다. 또한 군전(軍田)을 제외하고는 중앙관료를 위한 과전(科田)은 경기에만 설치하도록 하는 등 많은 조치들을 통해서 전국의 전토(田土)가 국가수조지(國家收租地)로 수용됨으로써 정상적인 국가운영이 이루어질 수 있는 계기를 마련하였다. 이러한 개혁에 힘입어 공양왕 2년(1390)경 약 80만 결(結)[3]이던 전국 토지결수가 1440년대 세종 때에는 150~160만 결로

---

2) 이 부분의 내용들은 김옥근(1994), 박시형(1994), 한국민족문화대백과사전 등을 주로 참조하였으며, 조선왕조실록의 관련되는 내용들을 추가하였음.

확대되었던 것이다.

　공양왕 3년(1391)에 발표된 과전법은 개인관료들에게 분급하는 수조지(收租地)인 과전에 관한 규정을 자세히 설정하고, 또 일반적으로 국가수조지, 중앙 및 지방 각 기관 혹은 외역인(外役人)들의 수조지에 관한 규정과 조(租) 및 세(稅)에 관한 일반적인 규정 등을

------

3) 농토의 면적 단위. 이 넓이가 농가 일가구에 나누어 주기 위한 면적이었으므로 '목'이라고도 하였다. 삼국시대에서 고려 문종 때까지 1결의 넓이는, 장년 농부의 10지(指)를 기준한 지척(指尺)으로, 사방 640척이 차지한 정방형으로 1만 5447.5㎡가 된다.
고려 문종 때부터는 전토(田土)를 3등급으로 나누어 옛 1결은 하등전(下等田) 1결이 되고, 중등전(中等田) 1결은 하등전의 9분의 6.25배, 상등전 1결은 9분의 4배에 해당하게 되었다.
이러한 삼등전 제도는 다시 개혁되어 조선 세종 26년(1444)부터는 6등급으로 나누게 되었는데, 1등전 1결의 넓이는 고려 때 하등전 1결의 3분의 2의 넓이로, 그 넓이는 주척 477.5척 사방의 정방형으로 하였다. 따라서 1등전 1결의 넓이는 9,859.7㎡로 변했다.
임진왜란 이후 다시 변하여 인조 12년(1634)부터 1등전 1결의 넓이는 1만 809㎡가 되었다가 대한제국 광무 6년(1902)부터는 1만㎡인 1ha를 1, http://www. encykorea.com)
한편 『경국대전』에서는, "1척(尺)이 파(把)(18) 가결로 제정하였다. 1등에서 6등으로 갈수록 1결의 면적은 일정한 비율로 넓어진다. (『한국민족문화대백과사전』되고, 10파(把)가 속(束)(19), 10속(束)이 부(負)(20), 100부(負)가 결(結)(21)이 된다. 1등전(一等田) 1결(結)은 38무(畝)에 준하고, 2등전(二等田)은 44무(畝) 7분(分), 3등전(三等田)은 54무(畝) 2분(分), 4등전(四等田)은 69무(畝), 5등전(五等田)은 95무(畝), 6등전(六等田)은 152무(畝)에 준한다. 각 등전(等田) 14부(負)는 중조전(中朝田) 1무(畝)에 준한다."고 규정하고 있다.(『經國大典』 卷2, 戶典/量田, 출처: 동방미디어, http://gate.dbmedia.co.kr/uos/)

설정하고 있다. 이하에서는 이들을 토지제도와 세제로 나누어 살펴
본다.

나. 토지제도의 개편

각 유형의 수조지에 대한 원칙들을 규정하고 있는데, 우선 경기
의 범위를 확대하여 이 지역을(그리고 이 지역만을) 새로 정하는 과
전 이하 사전들의 급여 지역으로 하도록 하였다. 과전은 시관(時官,
현직자)과 산관(散官, 퇴직자 및 대기발령자) 모두에게 분급되었는
데, 제1과에서 18과까지 18등급으로 하였으며, 제1과는 150결, 그리
고 제18과는 10결로 하였다.

경기 이외의 6도에는 과전을 설치하지 않지만 특수한 사전의 일
종인 군전(軍田)은 설정하며, 양계에서는 과전과 군전을 일체 설정
하지 않고 모두 군수축적에 사용하도록 하였다. 공신전은 폐지하였
지만 일부 공신전을 인정하였는데, 공신전은 가장 특수한 사전으로
서 자손들에게 영구히 전하는 것이 인정되는 것이다.

수신전(守身田)이란 수조지를 지급받은 자가 죽은 뒤 그 수절처
(守節妻)가 망부(亡夫)의 수조지를 전수받아 경작하던 토지를 말하
는데, 그 처가 아들이 있고 수신(守身)하는 경우 남편 과전 전액을,
아들이 없이 수신하는 경우 반액, 그리고 수신하지 않는 경우 해당
하지 않는다. 휼양전(恤養田)이란 과전을 받은 부모가 다 죽고 자식
이 20세 미만인 경우 휼양(恤養)을 위해 아비의 과전 전액을 주고
20세가 되면 회수하고 자신의 벼슬등급에 따라 지급되었다. 딸인

경우 시집갈 때까지 두고 시집간 이후에는 회수하였다. 이와 같은 수신전이나 휼양전은 관인층에 대한 우대의 뜻으로 지급된 것인데, 과전법이 관인층의 관직 자체는 지킬 수 없을지라도 관인층으로서의 신분은 유지할 수 있도록 물질적으로 보장해 준 것이며, 계급지배가 유지되도록 운용되었다는 사실을 나타낸다.

그런데 과전법은 관인 수조지로서의 과전을 경기도 내에 설정한다는 원칙 아래 운용되었으므로 새로운 관인의 계속적인 증가는 과전으로 지급될 토지가 절대적으로 부족해지는 결과를 낳았다. 이에 따라 조선왕조 초기부터 직사관(職事官: 일을 맡은 관리) 우선의 원칙을 세워갔으며, 마침내 1466년(세조 12)에는 과전을 폐지하고 현직의 관리에게만 수조지를 절급하는 직전제도(職田制度)가 시행되었다.

조선초기 전국의 총 전수는 약 80만 결로 추정되는데, 그중 실질적인 사전은 15만 결로서 상당한 비중을 점하였던 것이다. 언급한 바와 같이 과전법에서는 현직관리만이 아니라 산관, 유가족 등에도 수조지를 분급하는 것이기 때문에, 점차 부족이 발생하게 되는 것은 당연한 현상이었고, 이는 결국 현직관리에게만 수조지를 분급하는 직전법(職田法)으로 변화하게 되었던 것이다.

다. 과전법과 조세 부담

1) 전조(田租)와 전세(田稅)

과전법에서는 경작자가 수조권자에게 납부하는 '전조(田租)'와 토지를 수급 받은 수전자가 국고에 납부하는 '전세(田稅)'를 구별하여 규정4)하였는데, 1결 최고 30두의 공사전전조(公私田田租), 1결 2두의 사전전세(私田田稅)에 관한 규정을 설정하였다. 즉 과전법은 토지 1결의 생산량을 논(水田)은 조미(糙米) 20석(300斗), 밭(旱田)은 잡곡(黃豆) 20석으로 추정하고, 수조율은 1/10으로 하여 전조(田租)는 공전이나 사전을 불문하고 논 1결에 조미(糙米) 30두, 밭 1결에 잡곡 30두를 최고로 하였다. 조(租)의 부과는 경차관(敬差官)이나 사전의 전주가 매년 농사의 작황을 실제로 답사해 정하는 답험손실법(踏驗損實法)이 적용되었다.

전세(田稅)는 특별한 경우를 제외하고 사전을 받은 자들은 경작자로부터 받은 전조 중에서 1결당 전세 2두5)를 국고에 수납하도록 한 것이다. 여기서 능침·궁원 등 왕실관계 수조지, 창고전(국고수조지), 공해전(公廨田)6) 등을 포함한 광의의 국가수조지와 공신전(功臣田) 등은 전세 납부대상에서 면제되었는데, 따라서 전세의 대

---

4) 한편 이들은 후에 다 전세(田稅)라는 이름으로 통일되었다.
5) 수전 1결은 백미 2두, 한전 1결에는 황두 2두.
6) 중앙의 각 관청에 분급된 수조지로서 그 수조는 관리들에 대한 음식제공을 주로 하고, 일부는 용지나 필묵 비용에 충당하기 위한 것이었다.

상은 과전과 사원전, 군전 등의 사전이었던 것이다.

여기서 사전인 공신전을 세 부담에서 제외하고 있는 것은 당시 집권자들의 대부분이 공신으로서 공신전을 지급받고 있었던 만큼, 자신들의 이해관계에서 공신전에 대한 전세를 면제하는 규정을 둔 것이라고 할 수 있다. 그러나 이것은 사리에 어긋나는 일이라는 논란이 있어서 태종 2년(1402)에는 공신전의 면제를 삭제하고 다른 사전에서와 마찬가지로 전세를 납부하기로 하였다.

한편 이후 각종 토지와 관련되는 전세 등의 내용이 『경국대전』에 규정되고 있는데 그 내용은 다음과 같다. 첫째, 자경무세지(自耕無稅地)는 국가에 전세를 납부하지 않아도 되는 토지들인데, 이러한 토지들은 수전자가 직접 자경하고 있는 토지로서 전조 및 전세가 없는 토지이다. 관둔전(官屯田), 마전(馬田), 원전(院田), 진부전(津夫田), 빙부전(氷夫田), 수릉군전(守陵軍田) 등을 들 수 있다.

둘째, 무세지는 국가에 전세를 납부하지 않아도 되는 토지들로서 국행수륙전(國行水陸田), 제향공상제사채전(祭享供上諸司菜田), 내수사전(內需司田), 혜민서종약전(惠民署種藥田) 등을 들 수 있다. 이러한 토지들은 농민이 경작하고 있는 토지로서 농민으로부터 전조를 수납하되 수전자는 국가에 대하여 전세는 납부하지 않는 토지, 즉 유조무세지인 것이다. 다만 이러한 토지에 있어서의 전조는 수전자가 직접 수납하는 것이 아니라 관에서 농민으로부터 전조를 수납하여 수전자에게 지급하는 관수관급지이다.

셋째, 『경국대전』에는 각자수조지(各自收稅地)로서 시전(寺田),

아록전(衙祿田), 공수전(公須田), 도전(渡田), 숭의전전(崇義殿田), 수부전(水夫田), 장전(長田), 부장전(副長田), 급주전(急走田) 등을 열거하고 있는데, 이러한 것들은 그 세를 국가에게 귀속하지 않고 일정한 수세권자들이 전세를 직접 수납하는 토지들이다.

이상과 같이 과전법에서는 경작자가 부담하는 전조와 수전자가 부담하는 전세를 분명히 구분하였으나, 후기의 기록에서는 조와 세를 기록상으로 혼용하고 있었다.

2) 손실답험(損失踏驗)

과전법에서 제정한 1결 30두의 전세는 1결 최고 수확고의 1/10을 표준으로 한 최고 전세액이었다. 이에 첨가하여 감수의 정도에 따르는 전세감면의 규정과 감수의 정도를 사정하는 방법의 규정이 설정되었다. 처음에 감면의 규정을 「손실법(損失法)」, 사정의 규정을 「답험법(踏驗法)」, 이것들을 합하여 「손실답험법(損失踏驗法)」이라고 하였다.

이러한 제도는 손재율을 반영한 실수율(實收率)에 따라 수조액을 결정하도록 한 것으로서 작황에 따라 손(損)과 실(實)을 각각 10분(分)으로 나누어 손재가 1분에 이를 때마다 1분을 감세하며 손재가 8분에 이르면 면세하도록 하였는데 그 내용은 다음 표와 같다.

〈표 1〉 과전법의 田租減免表

實收率	損災率	減租率	收租率
10分(平作)	0	0	30斗
9分	1分	1分(3斗)	27斗
8分	2分	2分(6斗)	24斗
7分	3分	3分(9斗)	21斗
6分	4分	4分(12斗)	18斗
5分	5分	5分(15斗)	15斗
4分	6分	6分(18斗)	12斗
3分	7分	7分(21斗)	9
2分	8分	免租	0

한편 이러한 감면을 위해서는 실질조사(踏驗)가 필요하였는데, 과전법에서 규정한 답험절차는 다음과 같다. 국고수조지인 공전의 답험은 먼저 그 고을의 수령이 실시하여 그 결과를 감사에게 보고한다. 감사는 이를 확인하는 의미에서 다수의 위관(委官)을 파견하여 재심하고, 이를 다시 감사와 수령관(首領官, 감사의 보좌관)이 심검한다. 과전 등 사전인 경우에는 수조권을 가지는 전주가 손실을 답험하도록 하고 있다.

2. 공법(貢法)

가. 손실답험제의 변천과 평가

손실답험제도는 태종 때 이르러 크게 수정되는데 그 내용은 다음과 같다. 첫째, 과전법에서는 각관 수령이 답험하도록 하고 있는 것을 다른 도의 청렴한 품관(品官, 지방토호) 중에서 위관(委官)을 위촉하여 먼저 매개전답의 손실을 답험하게 하고 그 결과를 수령이 검핵하도록 하였다. 둘째, 과전법에서는 9분손(1분실)인 경우에 조를 전액 감면하던 것을 1분 수조하는 것으로 변경하였다. 셋째, 중앙정부에서 경차관(敬差官)을 임명해서 수시로 지방에 파견하여 점검하도록 하였다.

이러한 변경은 과전법에서의 손실답험보다 엄격해진 것과 함께 그 내용을 보다 현실에 맞춘 것이라고 할 수 있다. 즉 각 고을의 수령이 관내의 모든 토지를 필지별로 일일이 답험하기는 어렵기 때문에, 현실적으로 품관들을 위관으로 임명하여 답험하던 현실을 반영한 것이었다.

전체적으로 볼 때, 이러한 손실답험제도는 현지실사를 통해서 각 경작지별로 정확한 재상률을 파악하고 그에 따라 조를 감면(隨損給損制)하는 것으로서, 겉으로 본다면 매우 합리적이고 이상적인 제도였다고 할 수 있다. 그러나 실제로 이것이 구체적으로 집행되는 과정에서는 여러 가지 문제가 발생하였던 것이다. 답험을 위해 파견된 관리들은 지방향리와 결탁하여 정실에 치우쳐 공정한 판단을 하지 못하는 경우가 많았으며, 위관이나 경차관 등 답험관리에 대한 과중한 접대비 부담 등으로 막심한 폐해를 빚어내었던 것이다. 조선왕조실록은 다음과 같이 적고 있다.

"사헌부에서 3도(道) 양전경차관(量田敬差官)의 죄를 청하니, 그대로 따랐다. 거년(去年)에 경상·전라·충청 3도(道)의 전지를 다시 양전(量田)한 뒤로 민간(民間)의 수심과 탄식이 없지 않은 까닭에, 수조(收租)할 때에 백성으로 하여금 고하게 하여 다시 분간하게 하였습니다. 그러나 경차관이 양전(量田)한 상황을 보게 되면 간혹 용렬하고 게으른 무리가 있어, 용심(用心)하여 정밀하게 살피지 못해서 지품(地品)의 비옥하고 척박함과 결(結)·부[卜]의 높고 낮음이 적당함을 잃었으니(하략)"(『太宗實錄』 권12, 태종 06년 10월 27일(계축))

"(전략) 공법의 실행을 원하는 자가 자못 많다고 하므로, 그 실행하기를 원하는 바의 뜻을 물은즉 모두 말하기를, '위관(委官)이 손실을 심사할 때에 제멋대로 하는 것이 이미 심하고, 주육(酒肉)을 대접하는 폐해가 매우 크며, 서원(書員)과 산사(算士)들이 꾀를 피우고 간사한 짓을 마음대로 하여서, 손실의 문부(文簿)를 마감(磨勘)할 때에, 손(損)이 있는 것을 없는 것으로 하고, 손(損)이 없는 것을 있는 것으로 하고, 손(損)이 적은 것을 많은 것으로 하고, 손(損)이 많은 것을 적은 것으로 하여, 실전(實田)을 속이고 숨기는 것이 매면(每面)에 수십 결(結) 미만이 아니옵고 또 그 고을[官]에서 손실답험(損實踏驗)의 비용이라 칭하여 잡다하게 이름도 없이 거두는 것이 조세보다 많사온데, 공법(貢法)에는 이런 등의 폐해가 없으므로 실행하고자 할 뿐입니다.'라고 하였다."(『세종실록』 권93, 세종 23년 7월 5일(기해))

그리하여 세종 때 이르러 이 답험법을 대체하는 새로운 방법이 고안되었는데, 그것이 정액수조를 중심으로 하는 공법이었다.

나. 공법의 도입과정

이러한 손실답험법의 문제점은 전세 개혁에 대한 논의를 지속적으로 불러일으켰는데, 공법 제정문제가 처음 제기된 것은 세종 10년(1430)이었다. 그 후 십여 년간의 논의와 일부 실시·개정·폐지 및 부활 등 여러 과정을 거쳐 결국 고정된 것은 세종 26년(1444)이었다.

원래 '공법'이라는 용어는 중국 하(夏)나라 시대의 수세법이라고 하여 전해 온 것인데, 많은 부분에서 그 구체적인 내용은 다르지만 손실답험법과 달리 상대적으로 고정된 세액을 가진다는 의미에서 유사하다는 것이었다. 손실답험법의 각종 폐해에 대한 문제점 인식으로부터 출발한 공법의 도입논의와 제도정착은 약 15년 이상의 오랜 시간에 걸친 많은 논의와 시행착오를 거쳐 이루어지게 되었는데, 그 과정을 살펴보면 다음과 같다.

1) 논의의 시작: 세종 10년~12년

수손급손(隨損給損)을 중심으로 하는 손실답험법의 폐해가 많아지자 이를 개혁하고 고대의 정액제를 중심으로 하는 공법을 도입하여야 한다는 논의들이 이루어지기 시작하였다. 이러한 논의에 대해서 세종도 처음에는 수손급손제(隨損給損制)가 선왕들이 택한 제도로서 경솔히 개정할 수 없다는 의견[7]이었으나, 전세의 징세체계가

---

7) "공법(貢法)이 비록 아름답다고 하지만은, 손해에 따라 손해를 보충(補充)하여 주게 되니, 조종(祖宗)께서 이미 이루어 놓으신 법을 경솔히

큰 문제점을 나타내자 1결에 15두 또는 10두를 과세할 때 세수가 얼마나 될 것인지를 추계할 것과 공법시행에 대하여 관민에 널리 논의하도록 하였다.8)

　호조에 의해서 제시된 시안의 내용과 특징은 다음과 같이 요약된다. 첫째, 공법에 따라 1결에 10두를 수조하되 평안·함경에서는 9두를 수조하는 것으로서, 기본적으로 정액세라는 의미를 가지는 것이었다. 둘째, 재해에 대해서는 일부감면을 하지 않고 전량 손실을 입은 경우에만 면제하는 것으로서 재해의 정도를 반영하는 답험손실법에 비해서는 후퇴한 것이었다.

　이러한 공법의 도입 여부 등과 관련하여 호조에서는 그해 8월에 시산관료(時散官僚), 지방에서는 감사·수령·품관으로부터 서민에 이르기까지 광범위한 여론조사를 실시하여 보고하였다. 조사 의견은

　고칠 수 없는 것이다. 만약 공법(貢法)을 한 번 시행하게 되면 풍년에는 많이 취하는 걱정은 비록 면할 수 있겠지마는, 흉년에는 반드시 근심과 원망을 면할 수 없을 것이니 어찌하면 옳겠는가."(『세종실록』 권39, 10월 1일(기해)조)

8) "연전에 공법(貢法)의 시행을 논의하고도 지금까지 아직 정하지 못하였으나, 우리나라의 인구가 점점 번식하고, 토지는 날로 줄어들어 의식이 넉넉하니 못하니, 가위 슬픈 일이다. 만일 이 법을 세우게 된다면, 반드시 백성들에게는 후하게 되고, 나라에서도 일이 간략하게 될 것이다. 또 답험(踏驗)할 때에 그 폐단이 막심할 것이니, 우선 이법을 행하여 1, 2년간 시험해 보는 것이 옳을 것이다. 가령 토지 1결(結)에 쌀 15두(斗)를 받는다면, 1년 수입이 얼마나 되며, 10두를 받는다면 얼마나 된다는 것을 호조로 하여금 계산하여 보고하도록 하고, 또 신민들로 하여금 아울러 그 가부를 논의해 올리도록 하라."(『세종실록』 권46, 11년 11월 무오조)

다음 <표 2>와 <표 3> 같이, "(전략) 무릇 가하다는 자는 9만 8천6백57인이며, 불가하다는 자는 7만 4천1백49명입니다."(『세종실록』권49, 12년 8월 10일(무인))로 요약되고 있다. 이 결과에서도 나타나고 있듯이, 토지의 비옥도에 관계없이 정액을 부과하는 공법에 대해서 상대적으로 비옥한 토지가 많은 경기·충청·경상·전라도에서는 찬성이 압도적으로 많은 반면, 열등지가 많은 함경·평안·황해·강원도에서는 반대의견이 훨씬 많게 나오고 있다.

〈표 2〉 戸曹에서 조사한 貢法에 대한 의견 (1)

찬성	반대	절충안
− 知敦寧府使 안수산 등 9명, 3품 이하 현직관료 259명, 전직관료 443명 − 留後司에서 조사한 품관·촌민 1,194명 중 1,123명	− 礪山府院君 송거신 외 7명, 3품 이하 관료 393명, 전직관료 117명 − 留後司에서 조사한 품관·촌민 1,194명 중 71명	− 同知摠制 박초 등
	− 공법은 세수를 감소시키며, 우량지를 경작하는 부농에게 유리하고 열등지를 경작하는 빈농에게 불리 − 답험실습의 폐단 시정 방안	− 토지를 3등 또는 9등으로 구분한 차등과세 주장(차등정액세제) − 산간 열등지에는 隨損給損制 시행하고, 평야의 우등지에는 공법 시행

자료: 『세종실록』 권49, 12년 8월 10일(무인).

〈표 3〉 戶曹에서 조사한 貢法에 대한 의견 (2)
－貢法 可否에 대한 道別 여론조사 결과

구분	可		否	
	首領	品官・村民	首領	品官・村民
경기도	29	17,076	5	236
평안도	6	1,326	35	28,474
황해도	17	4,454	17	15,601
충청도	35	6,982	26	14,013
강원도	5	939	10	6,888
함길도	3	75	14	7,387
경상도	55	36,262	16	377
전라도	42	29,505	12	257

자료: 『세종실록』 권49, 12년 8월 10일(무인); 김옥근, p.215에서 재인용 및 수치수정

개별 토지별로 수확 정도를 파악하여 세 부담을 결정하는 기존의 손실답험제와 정액을 부과하는 공법제도는 모두 나름대로의 장단점을 가지는 것이기 때문에 양 제도를 보완하려는 의견들도 많이 제시되었는데, 특히 토지의 비옥도를 설정하고 이를 바탕으로 조세를 부과하는 방안들이 제시되었다. 예를 들어,

"집현전 부제학 박서생(朴瑞生) (중략) 등은 아뢰기를, '답험하여 손실에 따라 세액을 감면하는 법[踏驗給損法]은, 수많은 위관(委官)을 다 옳은 사람으로 얻을 수 없어 혹은 정실에 흘러 중정(中正)을 잃는 예가 십상팔구(十常八九)이온데, 경차관(敬差官)・차사원(差使員) 등

도 곳곳을 순시 적발할 도리가 없어 국가에 손실을 가져오고, 백성들은 그 폐해만을 받아 온 그 유래는 너무나 오랫동안 내려왔던 것입니다. 그러하오나 공법은 그 시행에 앞서 먼저 상·중·하 3등으로 전지의 등급을 나누지 않으면, 기름진 땅을 점유한 자는 쌀알이 지천하게 굴러도 적게 거두고, 척박한 땅을 가진 자는 거름을 제대로 주고도 세금마저 부족하건만 반드시 이를 채워 받을 것이니, 부자는 더욱 부유하게 되고, 가난한 자는 더욱 가난하게 되어, 그 폐단이 다시 전과 같을 것이오니, 먼저 3등의 등급부터 바로잡도록 하소서.'라고 하였다."(『세종실록』 권49, 12년 8월 10일(무인)).

고 하였던 것이다.

2) 공법의 시험 실시(세종 18년~세종 25년)

세종 18년 2월 다시 결당 15두씩 정액과세하는 공법안을 심의하였으나 결론에 이르지 못하였고, 5월에 세종은 토지비옥도에 따라 전국 8도를 상·중·하의 3등급으로 분류하고 다시 전품(田品)을 3등급으로 구분하여 지난해의 손실과 세수를 참작하여 세를 정한다는 것을 기본내용으로 하는 공법절목을 심의 결정하였다.9)

공법제정과 관련된 이러한 원칙이 결정되자, 6월에 의정부참찬(議

---

9) "'각 도를 나누어서 3등으로 하되, 경상·전라·충청도를 상등으로 하고, 경기·강원·황해도를 중등으로 하며, 평안·함길도를 하등으로 하고, 토지의 품등은 한결같이 도행장(導行帳)대로 3등으로 나누어, 지나간 해의 손실수(損實數)와 경비의 수를 참작해서 새액(稅額)을 정하소서.' 하니, 그대로 따랐다."(『세종실록』 권72, 18년 5월 22일(정해))

政府參贊) 하연(河演)이 개혁안을 제시하였고, 10월에는 의정부에서 하연의 안과 유사한 개혁안(丙辰案)을 제시하였다. 그 내용은 전국 8도를 비옥도에 따라 3등급으로 나누고 또 전품을 구분하여 도별·전등별로 수세액을 정하는 것이었는데, 그 구체적인 내용은 <표 4>에 제시되어 있다.

다음 해인 세종 19년 7월에는 세수를 고려하여 세율을 인상하는 것으로 시안을 수정하였고, 논에는 조미(糙米), 밭에는 황두(黃豆)로 수세한다는 보완 조항을 설정하였다. 이후 여러 논란을 거쳐 수정된 시안(丁巳案)을 세종 20년에 경상·전라도에서 시험적으로 실시하도록 하였다.

세종 22년에는 미비된 조항을 보완하고 세율을 수정하였으며(庚申案), 세종 23년에는 시범실시 지역을 충청도까지 확대하였다. 한편 이러한 시행결과 특히 그 부담이 하등전에서 무겁게 나타나고 있어 세종 25년에는 이들 3개 도의 하등전 1결에 2두씩을 감세하도록 하였다.

〈표 4〉 공법 시행안의 변화 과정

丙辰案(세종 18년)		丁巳案(세종 19년)		庚申案(세종 22년)			
上等道 (경상, 전라, 충청) 上田 中田 下田	18 15 13	上等道 (경상, 전라, 충청) 上田 中田 下田	20 18 16	경상 전라	上等官	上中田	20
						下　田	17
					中等官	上中田	19
						下　田	16
					下等官	上中田	18
						下　田	15
上等道 (경기, 황해, 강원) 上田 中田 下田	15 14 12	上等道 (경기, 황해, 강원) 上田 中田 下田	18 16 14	충청 경기 황해	上等官	上中田	18
						下　田	15
					中等官	上中田	17
						下　田	14
					下等官	上中田	16
						下　田	13
上等道 (평안, 함경) 上田 中田 下田	14 13 10	上等道 (평안, 함경) 上田 中田 下田	16 14 12	강원 함길 평안	上等官	上中田	17
						下　田	14
					中等官	上中田	16
						下　田	13
					下等官	上中田	15
						下　田	12
제주	10						

　전체적으로 시험단계에서도 공법에 대해서는 그 부담구조 등과 관련하여 계속 많은 논란이 따르게 되었기 때문에, 결국은 공법을 시행하는 것이 사실상 불가능해지게 되었다. 이에 따라 세종 25년 11월에 전제상정소(田制詳定所)를 설치하고 진양대군(晋陽大君)을

도제조(都提調)로, 하연을 제조로 하여 세제개혁에 대한 조사·연구
를 진행하도록 하였다.

다. 공법의 제정(세종 26년)

전제상정소에서는 약 1년간의 연구 끝에 세종 26년 11월 개혁안
을 마련하여 세종의 재가를 거쳐 공포하였는데, 세액이 결정되는 전
체적인 과정을 살펴보면 다음과 같다.(『세종실록』 26년 11월 13일,
무자)

1) 하등전(下等田) 1결(結)의 면적은 57무(畝)로 기준을 삼고서
먼저 그 소출(所出)의 수량을 정하는데, 대체로 상상년(上上年)의 1
등 수전(水田)의 소출을 80석으로 정하고, 6등 수전의 소출을 20석
으로 정하며, 그 사이의 4등급을 고르게 나누어 정하고, 한전(旱田)
의 소출은 수전의 절반으로 한다. 예를 들어, 상상년의 수전의 세납
이 쌀 20말[斗]이면, 하전의 세납은 콩으로는 20말, 쌀[田米]로는
10말로 정하는 것이다.

2) 1결(結)의 면적 57무(畝)의 수세(收稅)도 역시 이에 의하여 20
분의 1로 한다. 상상년(上上年)의 1등 전지의 조세는 30말, 2등 전지
의 조세는 25말 5되, 3등 전지의 조세는 21말, 4등 전지의 조세는 16
말 5되, 5등 전지의 조세는 12말, 6등 전지의 조세는 7말 5되이다.

3) 연분(年分)을 9등으로 나누고 10분 비율로 정하여 전실(全實)
을 상상년(上上年)으로 하고, 9분실(九分實)을 상중년(上中年), 8분
실(八分實)을 상하년(上下年), 7분실을 중상년(中上年), 6분실을 중

중년, 5분실을 중하년, 4분실을 하상년, 3분실을 하중년, 2분실을
하하년으로 한다.

이상의 과정을 요약하면 다음 <표 5>와 같다.

<표 5> 세액계산과정 1

年分	토지등급		1等	2等	3等	4等	5等	6等
생산량 (皮穀, 石) (1결＝57무)	상상	1.0	80.0	68.0	56.0	44.0	32.0	20.0
	상중	0.9	72.0	61.2	50.4	39.6	28.8	18.0
	상하	0.8	64.0	54.4	44.8	35.2	25.6	16.0
	중상	0.7	56.0	47.6	39.2	30.8	22.4	14.0
	중중	0.6	48.0	40.8	33.6	26.4	19.2	12.0
	중하	0.5	40.0	34.0	28.0	22.0	16.0	10.0
	하상	0.4	32.0	27.2	22.4	17.6	12.8	8.0
	하중	0.3	24.0	20.4	16.8	13.2	9.6	6.0
	하하	0.2	16.0	13.6	11.2	8.8	6.4	4.0
세액 (米穀, 斗)	상상	1.0	30.0	25.5	21.0	16.5	12.0	7.5
	상중	0.9	27.0	23.0	18.9	14.9	10.8	6.8
	상하	0.8	24.0	20.4	16.8	13.2	9.6	6.0
	중상	0.7	21.0	17.9	14.7	11.6	8.4	5.3
	중중	0.6	18.0	15.3	12.6	9.9	7.2	4.5
	중하	0.5	15.0	12.8	10.5	8.3	6.0	3.8
	하상	0.4	12.0	10.2	8.4	6.6	4.8	3.0
	하중	0.3	9.0	7.7	6.3	5.0	3.6	2.3
	하하	0.2	6.0	5.1	4.2	3.3	2.4	1.5

주: 1석＝15두: 피곡 2단위＝미곡 1단위

4) 6등의 전지를 다 57무(畝)로 1결을 삼되, 이에 의하여 조세 징수를 각각 다르게 하자면 절목(節目)이 번잡할 뿐 아니라, 토지의 비례로 군대에 나가고 부역(賦役)에 응하는 등의 일에 계산하기도 매우 곤란하니, 마땅히 전례(前例)에 의하여 결복(結卜)의 광협(廣狹)을 등급마다 각기 다르게 분정(分定)하고 동과(同科)로 수조(收租)한다. 예를 들어, 6등 전지를 기준으로 하면 1등·2등의 전지는 너무 좁게 되고, 1등 전지를 기준으로 결(結)을 정하면, 5등 6등의 전지는 너무 넓게 되어서, 이로 말미암아 넓고 좁음이 알맞지 않게 된다.

따라서 20말을 수조할 수 있는 면적을 결(結)을 정하면, 1등지는 38무(＝57×20/30), 그리고 6등지의 1결은 1백 52무(畝)(＝57×20/7.5) 등으로 계산되고, 조세액은 1등지를 기준으로 할 경우 상상년은 20말, 그리고 하하년은 4말이 된다.[10)]

이상을 요약하면 다음 <표 6>과 같다.

---

10) 각 등전의 1결이 오늘날의 기준으로 대략 1등전 1결은 2,700여 평, 2등전은 3,200여 평, 3등전은 3,900여 평, 4등전은 4,700여 평, 5등전은 6,800여 평, 6등전은 11,000여 평으로 추정된다.

<표 6> 세액계산과정 2

年分＼토지등급	1等	2等	3等	4等	5等	6等
1결(＝20두의 전조를 받을 수 있는 면적) (단위: 무(畝))	38.0	44.7	54.3	69.1	95.0	152.0
세액 (米穀, 斗) 상상	20	20	20	20	20	20
상중	18	18	18	18	18	18
상하	16	16	16	16	16	16
중상	14	14	14	14	14	14
중중	12	12	12	12	12	12
중하	10	10	10	10	10	10
하상	8	8	8	8	8	8
하중	6	6	6	6	6	6
하하	4	4	4	4	4	4

한편 각 등급지의 면적을 계산하기 위하여 양전척(量田尺)을 설정하였는데, 해당 척은 각 등급 1결 토지의 1면의 1/100로 하였다. 위 표에서 1결에 해당하는 6등급 토지면적은 1등급 토지면적의 4배(＝152/38)이기 때문에 6등급 토지 양전척은 1등급 토지 양전척의 2배이다. 즉 6등급 토지의 경우 9尺5寸5分이고 1등급 토지의 경우 4척7촌7분이다.

5) 각도 감사(監司)는 각 고을마다 연분(年分)을 살펴 정하되, 재상(災傷) 외의 곡식의 실(實)·부실(不實)이 비록 다 같지 아니할지라도 총합하여 10분으로 비율을 정하고 수전과 한전을 각각 등급을

나누어서, '아무 고을 수전 아무 등년(等年), 한전 아무 등년(等年)'으로써 아뢰게 하고, 1분실(分實)은 조세를 면제한다.

6) 각도 감사의 계본(啓本)을 혹 의정부에나 육조(六曹)에 내려서 의논한 후에 아뢰어서 그 연분(年分)을 정하든지 혹은 조관(朝官)을 파견하여 다시 심사한 후에 아뢰어서 연분을 정하든지는 그때마다 의논해서 시행한다.

7) 재해(災害)를 입은 전지는 일부분[片段]의 재해를 제(除)한 외에 일반 사람들에게 널리 알려진 10결(結) 이상의 넓은 면적이 전부 손상(損傷)한 전지는 수령이 친히 심사하여 감사에게 보고하고, 감사가 위에 아뢴 후에, 파견된 경차관(敬差官)이 재해의 수량을 위에 아뢰어서 분부에 따라 조세를 감면하게 한다.

이상과 같은 내용을 가지는 새로운 제도는 기존의 공법이 전품을 3등급으로 구분하고 정액세를 택했던 것에 비해서 전품을 6등급으로 구분하고 다시 연분 10등에 따라 세액이 계산되도록 하였다는 점에 특징이 있다고 할 수 있다. 특히 이전에는 상중하(上中下)의 3등급이 있었을 뿐이요, 또 그 가운데에서도 하등전이 대다수를 차지하고 있음으로 하여 토지의 질적 차이에 상응하는 납세상의 차이가 거의 없었던 것에 비해서 새로운 제도하에서는 그 부담이 실질적 손실에 상응하게 설정함으로써 납세상의 합리성을 도모하였다.

또한 기존에는 동일한 면적의 토지를 기준으로 그 전품에 따라 다른 세액을 부과하였던 것에 비해서 새로운 방식에서는 동일한 생산량을 산출할 수 있는 면적을 기준으로 등급이 정해지고 연분에 따라 세액이 달라지도록 한 것이었다. 공법실시 이후 국고수입이 상당히 증가함으로써 봉건국가에 상당한 이익이 초래되었는데, 이는 등전 토지 1결의 면적을 산정하면서 '1결'의 실지면적이 전반적으로 감소됨으로써 전국의 전결총액이 상당히 증가하였다는 점 등에 기인하는 것이다.

그런데 이러한 방식은 연분, 즉 매년도의 손실률(損實率)을 고려한다는 점에서 과거의 손실답험법과 유사한 것이라고 할 수 있기 때문에 매년의 답험에 따르는 폐해가 그대로 반복될 수 있다는 위험성을 가지는 것이다.

이러한 위험성을 피하기 위해서 고안한 것이 1읍등제법(邑等第法)인데, 이는 연분의 사정을 고을 단위로 이루어지도록 한 것이다. 즉 과거의 손실답험이 개개 전답에 대해 손실을 평가한 것을 폐지한 것이다. 이는 제도 그 자체로 본다면 개개의 사정을 반영하지 못하는 것이기 때문에, 오히려 세 부담이 공평성이라는 관점에서 본다면 후퇴한 제도라고 평가할 수 있는 것이다. 그러나 새로운 공법이 지닌 장점은 답험과정에서 발생한 중간수탈이나 답험위관·경차관에 대한 과도한 접대비 등의 폐해를 막고 개별 농지에 대한 자의적인 산정에 따르는 폐해를 막았다는 점에서 찾을 수 있을 것이다. 한편 이와 같이 관리들의 중간착취를 상당한 정도로 감소시킴으로써 국고수입도 상당히 증대될 수 있었던 것이다.

라. 공법의 수정

공법의 전세감면규정은 재해에 의한 경우 '일반 사람들에게 널리 알려진 10결(結) 이상의 넓은 면적이 전부 손상(損傷)한 전지'의 경우에 한하여 소정의 절차를 거쳐 면세되도록 하였는데, 이 규정은 너무 강한 것이라는 반발에 따라 세종 28년 6월에 연 5결(結) 전손지(全損地)로 하향조정하였으며, 8월에는 다시 전일전재상전(全一田災傷田)으로 그 대상이 완화되었다. 그리고 이후 문종에 이르러서는 과반재손전(過半災損田)에 대해서도 재손율에 따라 면세하도록 하였다.

새로운 공법의 또 다른 특징은 한 고을의 평균적 작황을 기준으로 모든 경지를 단일연분율(單一年分率)로 사정하는 일읍등제법(一邑等第法)이다. 그러나 개별 토지의 작황을 고려하지 않고 같은 고을의 모든 토지를 같은 율로 사정하는 것에 대해서는 많은 문제점이 지적되었다. 물론 개별 토지의 작황을 고려하는 것은 과거 손실답험법으로 돌아가는 것을 의미하는 것이기 때문에 많은 논란을 거쳐 단종 2년에 읍내와 읍 외를 구분하는 사면등제법(四面等第法)이 시행됨으로써 절충을 취했다고 할 수 있다. 이후 이 제도는 조선후기 인조 12년(1634)에 정액세제인 영정법(永定法)이 시행되기까지 유지되었는데, 이 영정법은 양전(量田) 때 전세(田稅)의 수입을 안정시키고 농민의 부담을 경감시키기 위하여, 하지하(下之下) 또는 하지중(下之中)의 연분(年分)으로 1결당(結當) 4두(斗) 또는 6두를 징수하여 오던 관행을 법제화하여 1결당 4두로 고정시키는 것이었다.

Ⅲ. 조선전기 토지세제 개편의 현대적 의미

이상에서 살펴본 바와 같이 조선전기의 세제는 과전법에서 출발하여 많은 논의를 거쳐 세종시대 공법으로 정착되었다. 이러한 개편 과정이 오늘날 우리에게 주는 의미는 다음과 같이 요약될 수 있다.

1. 광범위한 의견 수렴

우선 가장 인상적으로 다가오는 것은 세제개편을 위하여 광범위한 의견수렴 과정이 이루어졌다는 것을 들 수 있다. 특히 봉건 왕권시대에서 국정에 참여하고 있는 관료들만이 아니라 지방의 품관이나 농민에 이르기까지 그 의견수렴의 대상과 범위가 매우 폭넓게 이루어졌다는 점도 시사하는 바가 크다고 할 수 있다. <표 2>와 <표 3>에 제시되었던 바와 같이 공법 시안을 마련하고 시행하는 과정에서 폭넓은 의견수렴이 이루어졌는데 이것은 절대군주인 왕 자신이 먼저 요구하였던 것이며, 그 표본 수도 17만여 명에 이르고 있다는 점은 매우 놀랍게 평가된다.

오늘날 국가정책을 추진함에 있어 여론수렴과 홍보의 중요성이 크게 강조되고 있다. 의견수렴과 조정 과정에 많은 노력이 투입됨으로써 어려운 정책이 성공적으로 수행되었거나 반대로 이러한 과정이 생략됨에 따라 많은 문제가 나타났던 사례들을 우리는 빈번히

보고 있는데, 전세 개편과정에서 세종이 보여주었던 노력은 시사하는 바가 크다고 할 수 있다.

조세문제의 경우 특히 국민들의 부담과 직결되고 있으며 계층 간 또는 부문 간의 재분배와 연계되고 있어 정책의 가시성이 높다고 할 수 있기 때문에 의견수렴의 중요성이 더욱 부각되고 있다고 할 수 있다.

2. 시범사업 등을 통한 장기간에 걸친 시행과정

조선전기 전세제도의 개편과정에 나타나고 있는 또 다른 특징은 매우 오랜 기간에 걸쳐 이러한 개편작업이 이루어졌다는 점이다. 세종 10년경부터 답험손실법에 대한 문제인식과 공법 제도로의 개편이 논의되기 시작하여 세종 26년 전제상정소를 설치하여 개편방안을 마련하기까지 약 15년 이상의 기간을 두고 치열한 논의과정과 시범사업 등을 거쳐 제도개편이 이루어졌던 것이다.

물론 당시는 오늘날에 비해서 통신수단 등이 발달하지 못했기 때문에 의견수렴과 의사결정에 많은 시간이 소요된다는 측면과 함께 어떤 정책을 놓고 오랜 시간 동안을 숙고하는 것이 반드시 바람직한 것인가라는 의문이 제기될 수도 있다. 그러나 특히 국민들의 생활에 직결될 수 있는 정책 등의 경우 심도 있는 효과분석 등이 필요할 것이다.

3. 제도의 합리성과 집행 가능성의 조화

조선초기의 전세개혁은 조세제도가 제도적인 타당성 못지않게 그 집행 가능성이 매우 중요하다는 것을 보여주고 있다. 손실답험법은 각 개별 경지를 대상으로 그 손실 정도를 파악하여 세 부담을 경감할 수 있도록 한 것으로서 세 부담의 공평성을 고려할 때 가장 합리적인 제도라고 할 수 있다. 그러나 고을 수령이 모든 토지를 답험하도록 함으로써 사실상 처음부터 집행 가능성이 매우 낮은 것이었으며, 중앙에서의 경차관 파견 등 여러 단계에 걸친 행정으로 인하여 과다한 비용을 야기하는 것이었다. 더욱이 답험 및 사정 기능을 가지는 많은 관계자들이 관련되도록 함으로써 수탈 등 폐해가 발생할 수밖에 없는 구조가 마련되었던 것이다.

그러나 동시에 행정편의를 크게 중시하여 합리성이 결여된 정책을 추진하는 것도 매우 어려운 것이라는 것을 본 사례는 보여주고 있다. 손실답험의 폐해를 해소하기 위하여 손실 정도에 관계없이 정액의 세액을 부과하는 것은 사회적으로 인정되는 공평의 정도를 크게 벗어난 것이었기 때문에 그 정책은 추진될 수 없었던 것이다.

결국 조선초기 전세개혁의 사례는 국가정책을 추진함에 있어 그 정책의 합리성과 집행 가능성이 동시에 조화롭게 고려되어야 한다는 것을 보여주고 있다. 사실상 집행 가능성이 허락하는 범위에서 제도의 합리성이 강화되어야 한다고 할 수 있을 것이다.

|참고문헌|

강인애,『한국근대조세사상연구』, 서울: 조세통람사, 1997.
金玉根,『朝鮮王朝財政史研究 I』, 서울: 一潮閣, 1992.
朴時亨,『朝鮮土地制度史 (中)』, 서울: 신서원, 1994.
한국학데이터베이스연구소,『국역 조선왕조실록』.

조선후기 구빈(救貧)복지정책의
실패와 교훈
- 조선의 환곡(還穀)정책과 영국의 구빈(救貧)정책의
비교분석 -

임승빈*

I. 들어가며

다산 정약용은 『목민심서(牧民心書)』에서 지적하기를, 진휼에는
두 가지 관점이 있으니 첫째는 시기를 맞추는 것이며, 둘째는 규모
가 있어야 한다고 했다(다산연구회 편역, 2005). 다산이 인용한 명
나라의 임희원(林希元)이 가정(嘉靖) 8년(1529년)에 '황정총서(荒政

叢書)'를 올렸는데 구황(救荒)에는 두 가지 어려운 일과 세 가지 하여야 할 일이 있다고 했다. 두 가지 어려운 점은 진휼을 책임질 사람을 선정하는 것과 호구조사이다. 세 가지 즉시 하여야 할 일은 극심한 빈민(국민기초생활보장대상자)에게 쌀을 내주는 것, 다음가는 빈민(차상위대상자)에게 돈을 꿔주는 것, 조금 가난한 백성에게 관아의 곡식을 꿔주는 것이라고 하였다. 그 밖에도 여섯 가지 급한 일과 세 가지 임시변통하여야 할 일에 대하여 적고 있다. 다산은 목민관의 역할로써 진청(賑廳)을 설치하고 감리를 두어 가마솥과 소금·간장·미역·마른새우 등을 갖추어 놓도록 하고 공명정대한 인물을 골라 진휼(賑恤)에 힘쓰도록 하였다.

이와 같이 조선시대 역시 지금의 사회복지정책과 마찬가지로 극심한 빈민인 국민기초생활보장대상자, 그리고 다음가는 빈민, 즉 차상위대상자를 구분하여 진휼(구제)토록 하였다. 또한, 국가가 제도적으로 이들을 구제하기 위하여 조선(朝鮮) 초기에는 비상설적인 기구로서 그리고 조선 중기에 들어서면 상설기구로서 상평청 제도를 도입함으로써 자연재해 및 전쟁, 가난 등에 대비하는 것은 지금의 시각에서 보면 사회적 수요가 정책으로 채택되고 제도화되는 측면에서 지금과도 대동소이하다고 볼 수 있다.

그러나 19세기 조선 말기에 이르면 사회복지정책의 일환으로 그 필요성과 의의가 있었던 진휼정책, 즉 환정(還政)이 문란(紊亂)해져 오히려 백성의 원성이 되어 많은 민란의 원인이 되고 급기야는 조선을 멸망에 이르게 하는 하나의 도화선이 되었다는 점은 주지의 사실이다.

본고의 목적은 조선의 사회복지정책의 일환으로 추진되었던 환정(還政)이 어떠한 과정을 거쳐 제도화되고, 또한 왜 실패하였는지에 대하여 규명해 보고자 하는 데에 있다. 이를 위하여 조선의 사회복지 정책이 제도화되어 가는 과정을 객관적으로 평가하기 위하여 비슷한 시기에 유사한 목적으로 시행하였던 영국의 구빈정책을 비교 분석하여 그 시사점을 찾고자 한다. 구체적으로는 17세기 영국의 엘리자베스시대 이후부터 19세기의 빅토리아시대에 이르기까지 현대 영국의 사회복지정책의 근간이 된 구빈(救貧) 정책이 제도화되어 가는 특성을 살펴보아, 조선의 사회복지정책인 환정(還政)에 대한 보다 객관적인 평가를 통하여 시사점을 얻고자 한다.

Ⅱ. 정책의 제도화 과정에 대한 이론적 고찰

1. 사회적 수요의 정책화 및 제도화

사회적 수요가 한 국가의 정책으로 채택되고 제도화(institutionalized)로 가는 유형은 법률을 제정하는 것 또는 정부가 담당 조직을 설치하여 인력과 예산을 배정하는 정책적 행위로 구분할 수 있다. 그러나 사회적 수요가 법률적 형태로 제도화되었다고 해서 사회적 수요에 대한 국가적 대처가 완성되는 것은 아니다. 본 연구의 대상이 되는 영국의 구빈정책의 사례를 보더라도, 빈민층에 대한 정부의 역할이 요구되어 1601년 구빈법(救貧法)이 제정되지만 실제적인 집행에 소요되는 재원과 노동력을 민간에 대부분 의존하는 정책내용이었으며, 신(新)구빈법(救貧法)이 제정되는 1834년까지 정부가 책임지는 구체적인 제도화까지는 발전되지 못했다. 즉 이와 같이 어느 하나의 정책이 제도적으로 안정되기까지는 상당한 시간을 요하는 것이다.

이러한 사회적 수요를 반영하여 정책이 생성되는 현상을 정책과정론으로 설명한 것이 James Anderson(1994)이다. 그는 정책과정을 정책의제→정책형성→채택→정책집행→정책평가 등의 다섯 단계로 설명하였다. 그는 실제로 정책이 개발되고 시행되는 과정에 관련되는 복잡한 정책환경에서 각 단계의 참여자와 의사결정의 기준 등을 자세히 단계별로 설명하였다. 또한 이 과정에서 여러 가지 정책사례가 어떻게 적용되는가를 Ronald Reagon 대통령의 1981년 조세감축정책과 Lyndon Johnson 행정부의 "Head Start"(유아교육) 시책 등을 사례로 들어서 정책과정을 쉽고 자세히 설명했다. Charles Jones(1977; 1984) 역시 정책과정의 각 단계의 활동을, 문제의 인지와 정의→총의(aggregation)→조직화→대표성 확보→의제형성→정책형성→법령화→예산확보→집행→평가→적응(adjustment)과 종결 등으로 좀 더 자세히 구분했다(이해영, 1997, 재인용). 이러한 정책과정론적 접근방법의 효시는 다음의 <그림 1>을 주창한 David Easton의 정치체계(The political system)라고 볼 수 있다.

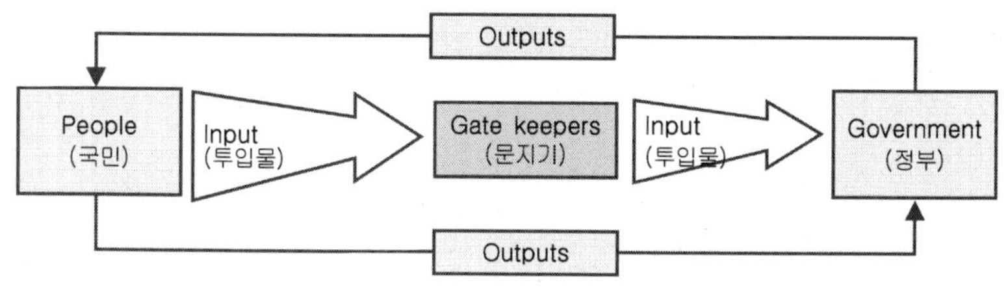

자료: Heywood. A.(1997: 19)

〈그림 1〉 David Easton의 정치체계(The political system)

D. Easton은 상기 그림과 같은 체계분석이라 칭하는 모델을 적용함으로써, 중요한 정치행위자가 가지는 기능과 전체의 정치과정을 설명하고자 하였다. 하나의 체계는 조직체이거나 복합적인 전체로서 집합적 전체를 형성하는, 서로 연관되어 있고 상호의존적인 일련의 부분이다. 정치체계에서 Easton이 '투입(input)'과 '산출(outputs)'로 일컫는 것은 연결되어 있다. 정치체계 속의 투입은 공중의 요구(demands)와 지지(supports)로 구성된다. 요구는 더 높은 생활수준, 고용에 대한 기대감, 좀 더 관대한 복지지출을 위한 압력에서부터 소수 민족과 개인의 권리에 대한 더 큰 보호에까지 이른다. 한편, 지지는 국민이 세금을 납부하고, 동의하고, 공적 생활에 기꺼이 참여함으로써 정치체계에 기여하는 방법이다. 산출은 정부의 결정과 행동으로 구성되는데, 정책결정, 법률통과, 세금부과, 공공기금 배당 등이 포함된다. 이 산출은 '환류(feedback)'를 발생시키고, 이 '환류'는 또 다른 요구와 지지를 형성한다. 이스튼 모델이 제시하고 있는 핵심적 통찰은 이 모델의 생존이 투입과 일치하여 초래된 산출에

의존할 때, 정치체계가 장기적 균형 혹은 정치적 안정을 향해 나아
가는 경향이 있다는 것이다(조현수, 2003).

2. 분석의 틀

상기 언급한 정책의 투입과 산출이라는 일련의 과정을 David
Easton은 지나치게 단순화했다는 비판이 있을 수 있다. Easton보다 조
금은 복잡하지만 비교적 상세하게 정치체계를 비교 분석한 관점에서
의 Morton의 정책과정론은 다음과 같다. 즉 정책의 목표 혹은 목적
(goals)이 정해지면 정책정보가 노출되고(Rules of Exposure), 다양한
이익집단의 의견이 대변되고(Spokesman), 구체적인 행위를 위하여 조
직이 만들어지면(Organizations for Action), 구체적인 협상이 시작되고
(Beginning), 집행(Implementation)이 되는 일련의 흐름으로 파악되는 것
이다(Morton Gorden, 1972).

따라서 본 연구에서는 D. Easton의 정치체계 모델과 Morton의 정
치체계 비교분석 모델을 단순화시켜 다음의 <그림 2>와 같이 조선과
영국의 17－19세기 사회복지정책 비교분석의 틀을 제시하고자 한다.

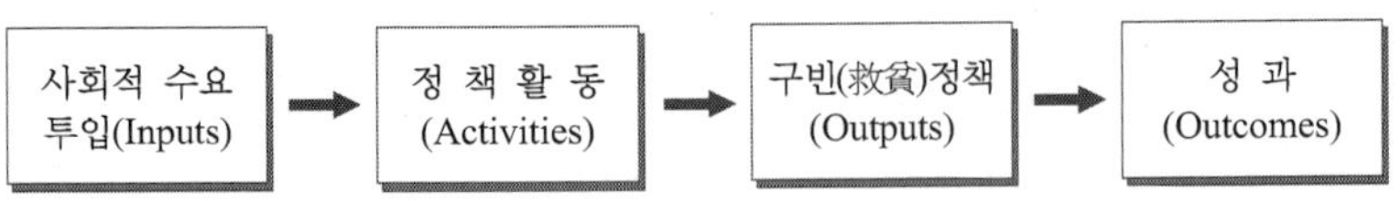

〈그림 2〉 조선후기와 영국의 17~19세기 구빈(救貧)복지정책
비교분석의 틀

Ⅲ. 조선의 진휼정책과 영국의 17세기 구빈법의 사회복지정책의 제도화 과정에 관한 비교

1. 조선의 16세기 ~ 19세기

가. 사회적 수요의 투입(Inputs)

조선시대 사회복지 정책에 대한 사회적 수요는 다음과 같은 다양한 요구, 특히 자연재해에 대한 구휼이라는 측면에서 발생했다고 볼 수 있다.

1) 수재(水災)와 한재(旱災)

"수재(水災)와 한재(旱災)가 없는 해가 없으니, 진휼하는 정사가 흉년에 대비하는 것보다 우선하는 것이 없습니다. 지금 기후가 순조롭지 못하고 비의 혜택이 때를 잃었으나, 100리 안에 비 오고 볕 나는 곳이 다르고 마르고 습한 것이 같지 않아서 비록 한건(旱乾)한 해를 만나더라도 반드시 풍등하는 곡식이 있는데, 두려운 것은 농민이 오늘의 주림에 부대껴서 내년의 계교를 미처 생각지 못하고 새 곡식을 모조리 먹어서 종자가 끊어지게 되는 것으로, 비록 창름을 털어서 진휼하더라도 구제할 수 없습니다. 엎드려 바라건대, 유사(有司)로 하여금 주현(州縣)의 창름의 묵은 곡식을 많이 퍼내어 민간에서 먹는 새 곡식과 바꾸었다가 내년에 이르러 나누어 주어 종자를 삼게 하고,

또 안팎으로 하여금 널리 구황(救荒)의 물자를 비축하게 하여 생민의 목숨을 구제하소서.”(이민수, 2000)라고 할 정도로 조선에서는 수재와 한재가 매우 극심했다는 것을 알 수 있다.

2) 지진

사료에서는 조선왕조 500여 년 동안 지진은 총 1,952건이 일어났다고 한다. 최초의 지진은 태조 2년(1394) 1월 29일에 발생했다. 태종 13년(1413) 1월 16일에는 경상도 거창현에 지진이 일어났는데, 인시(寅時, 새벽 3~5시)부터 진시(辰時, 아침 7~9시)까지 불과 몇 시간 사이에 모두 20차례에 걸쳐 일어났다(이민수, 2000). 조선시대에도 지진이 적지 않게 일어나고는 했지만, 그 피해 상황은 집이 흔들리거나 지붕에서 기와가 떨어지는 정도였던 듯하다. 하지만 숙종 때는 지진해일을 연상시키는 사례가 있었다.

“강원도 여러 고을에서 지진이 발생했다. 소리가 우레와 같았고 담벼락이 무너졌으며 기와가 날아가 떨어졌다. 양양에서는 바닷물이 요동쳤는데 그 소리가 마치 물이 끓는 것 같았고, 설악산 신흥사 및 계조굴의 거대한 바위가 모두 붕괴했다. 삼척부 서쪽 두타산 충암(層巖)은 예부터 돌이 움직인다고 하였는데, 모두 붕괴했다. 그리고 부(府)의 동쪽 능파대 물속의 10여 장(丈) 되는 돌의 가운데가 부러지고 바닷물이 조수(潮水)가 밀려가는 모양과 같았는데, 평일에 물이 찼던 곳이 100여 보(步) 혹은 50~60보 노출되었다. 평창·정선에서도 산악이 크게 흔들려 암석이 추락하는 변괴가 있었다. 이후 강릉·양양·

삼척·울진·평해·정선 등의 고을에서 거의 10여 차례나 땅이 흔들렸는데, 이때 팔도에서 모두 지진이 일어났다."(숙종 7년 5월 11일)

이 같은 자연재해에 대해 조선시대에는 단순한 재앙으로 보기보다 현실정치와 관련지어 이해하거나 해석했다. 인간의 일에 대해 하늘이 경계를 내렸다고 보는 천인상관론(天人相關論)적 사유를 했던 것이다. 전근대시대에 흔히 볼 수 있는 자연관인 셈이다.

그런데 세종의 경우 그런 식의 해석에 지나치게 집착하는 것을 경계했다. "지진은 천재지변 중의 큰 것이다. (중략) 우리나라에는 지진이 없는 해가 없고 경상도에 더욱 많다. 지난 기유년에 경상도로부터 시작해 충청·강원·경기의 세 도(道)로 파급됐다. 우리나라에는 비록 지진으로 집이 무너지는 일이 없으나, 지진이 하삼도(下三道)에 매우 많으니 오랑캐의 변란이 있지나 않을까 의심된다." 시강관 권채는 "지진은 재변의 큰 것입니다. 그러나 반드시 어느 일을 잘하였으니 어느 좋은 징조가 감응하고, 어느 일을 잘못하였으니 어떤 좋지 못한 징조가 감응한다고 하는 것은 억지로 갖다 붙인 사리에 맞지 않는 말입니다."라고 말했다. 세종은 "경의 말이 맞도다. 천재지이(天災地異)의 응보는 혹은 가깝기도 하고 혹은 멀기도 한 것이니, 10년 사이에 반드시 응보가 없다고 말할 수 없으나, 중국의 여러 선비들이 다 천재지이설에 빠져 억지로 끌어다 붙인 것은 채택하지 않겠다."고 말했다.(세종 14년 5월 5일)

숙종 때는 중국에서 지진이 일어나 5만 7,000여 명 이상이 사망했다고 전하기도 하면서 외국에서의 지진에 경계하는 모습을 보여

주고 있다.(숙종 5년 11월 28일)

3) 해일

조선왕조실록에 나타난 최초의 해일은 태조 2년(1394) 12월 2일 서강(西江)에서 조수(潮水)가 넘쳐 민호(民戶)를 침수시켰다는 내용이다. 서강은 『세종실록지리지』에 의하면 서소문 밖 11리에 있는 강으로, 배로 실어온 세곡(稅穀)을 거둬들이는 곳이었다. 이어 태종 7년(1407) 7월 3일에는 김포·통진에서 남양·수원과 연안·배주 등에 이르기까지 연해 14개 고을에 해일이 일어 농사에 피해를 입혔다.

명종 때의 기록은 해일 당시의 상황을 생생하게 전해 준다. 다음은 전라도 감사 권철의 보고내용이다. "올해 4월 3일, 나주·진도·영암·임피·해남·함평·무장에 비바람이 크게 불고 해일이 일어나 둑이 무너져 짠물이 들어와 벼싹이 모두 말라 죽었으므로 매우 참혹합니다. 군관 김일이 와서 고하기를, '3일 조사하기 위해 고리포에 갔더니 갯가에 사는 팔십 노인이 지팡이를 짚고 간신히 나와, 내가 해변에 거주한 지 이제 80여 년인지라 평상시 기운만 보아도 바다에서 큰 바람이 일어날 것을 미리 안다. 근일 바다 가운데의 여러 섬과 강변이나 산골짜기에서 소리가 난 것이 한두 번이 아니니 풍수의 큰 변이 곧 발생할 것이다. 그대는 부디 배에 오르지 말라고 했는데, 그날 풍파가 크게 일어났다. 그리하여 판옥선과 진선 등이 폭풍 때문에 모두 떠내려갔고, 격군 무동이 헤엄을 잘 치는 것을 믿고 옷을 벗고 물에 들어갔다 방향을 잃고 기진해 죽었다.'고

했습니다. 함열에서도 같은 날 비바람이 크게 일고 비와 우박이 섞여 내렸는데, 큰 것은 개암만 했습니다. 또 4일 밤에도 해일이 있었으니 기이한 재변입니다. 논밭이 모두 물에 잠겨 전혀 추수의 희망이 없으니 매우 걱정됩니다.”(명종 12년 4월 3일) 이 같은 보고에 대해 사관은 다음과 같이 평하고 있다. “해일의 변은 참혹한 이변이다. 무슨 일 때문인가를 찾아보아도 그 원인을 분명히 지적할 수 없으나 백성들이 구렁에 나뒹구는 정경이 눈앞에 절박하니 이것이 큰 재변이 아니겠는가?”

지진과 해일이 거의 동시에 발생하는 경우도 있었다. “평안도 철산에 바닷물이 크게 넘치고 지진이 일어나 지붕의 기와가 모두 기울어졌으며, 사람이 모두 놀라 넘어졌다. 평양과 황해도 해주·안악·연악·재령·장연·배천·봉산, 경상도 창원·웅산, 충청도 홍산, 전라도 김제·강진 등에 같은 날 지진이 있었다.”(현종 9년 6월 23일)

바다와 관련한 재해로는 해일 외에 바다가 ‘피같이 붉고 물고기가 죽는’ 적조(赤潮)현상이 적지 않게 나타났다. “경상도 바닷물이 울주에서 동래까지 길이 30리, 너비 20리로 피같이 붉었는데, 무릇 나흘 동안이나 그러하였다. 수족(水族)이 모두 죽었다.”(정종 1년 8월 6일) “전라도와 경상도의 바닷물 색깔이 변하였다. 순천부 장성포에서는 물이 15일부터 비로소 붉어져 20일에 이르러서는 변하여 검은색이 되었는데, 고기와 새우가 죽어 물 위로 떠다녔다. 물을 길어 그릇에 부으면 그 빛깔이 보통 것과 같았다. 양주 다대포에서는 18일부터 20일까지 물이 붉어지고, 27일에서 28일까지 또 붉어져

고기가 죽어 물 위로 떠 나왔다. 물을 퍼 그릇에 담으면 응결되어 끊인 우모(牛毛)의 즙과 같았다."(태종 13년 7월 27일)

예나 지금이나 자연재해가 사람들에게 안겨준 충격과 피해는 이루 헤아릴 수 없는 것이었다. 심한 경우 현실에 대한 비관으로 인해 민심이 흉흉해지기도 했다. 영조 13년(1737) 11월 3일, 수찬 이정보는 상소문에서, 동해에 적조 현상과 달성에 지진이 일어난 뒤부터 인심이 흉흉해 진정할 수 없음을 보고했다.

4) 전염병

TV드라마 '허준', '대장금'과 대하소설 '토지'를 통해서도 일반인에게도 전달된 바와 같이 조선시대에는 전염병이 매우 심했다. 그 가운데 가장 심각한 시기는 현종(顯宗: 1660~1674) 시기인 1671년과 1672년이었다. 기록에 의하면 경신(庚申)대기근이라고 할 정도로 전염병이 창궐하여 약 100만 명이 사망했다고 할 정도였다.[1]

실록에서는 이상과 같은 천재지변에 대해 "섭리의 책임을 맡은 자는 나라구제에 마음이 없고, 외척의 친분을 가진 자는 뇌물만 일삼아 위아래가 모두 맡은 직무를 게을리 하므로 풍속이 무너지고 인정이 야박해졌으니 천재지변이 무섭게 일어나는 것은 그 원인이 있는 것"(명종 12년 10월 21일)이라는 식의 현실 비판도 보인다.

다음의 <표 1>은 조선(朝鮮)의 사회복지 정책의 수요를 만들어 낸 자연재해(自然災害)의 일람을 보여주는 것이다.

---

1) 『顯宗改修實錄』 권25, 顯宗 12年 12月 25日; 38卷90.

<표 1> 朝鮮時代의 災害一覽

王代	王朝	在位	在位年	水害	旱害	飢餓	風害	霜害	雹害	雪害	地震
1	太祖	1392~1398	7					1			
2	定宗	1399~1400	5			1					
3	太宗	1401~1418	18	1	3	1	2	2	2		2
4	世宗	1419~1450	32	1		2					
5	文宗	1451~1452	2								
6	端宗	1453~1455	3		1	1					1
7	世祖	1455~1468	14		1	1					1
8	睿宗	1469	1			1					
9	成宗	1470~1494	25	2	5	1					1
10	燕山君	1495~1506	12			1					1
11	中宗	1506~1544	39	2	2	1					4
12	仁宗	1545	1			1	1				3
13	明宗	1546~1567	22	2	1	2				1	1
14	宣祖	1568~1608	41	8	7	1	3	3	3	2	9
15	光海君	1609~1623	15		2	2			1		1
16	仁祖	1623~1649	27	6	5	3	8	6	8	3	16
17	孝宗	1650~1659	10		1	7	1	1			
18	顯宗	1660~1674	15	2	3	8					9
19	肅宗	1675~1720	46	3	8	10	3	6	1	9	23
20	景宗	1721~1724	4								
21	英祖	1725~1776	52	9	8	13	2	3	3	3	15
22	正祖	1777~1800	24	6		1					2
23	純祖	1801~1834	34	14		1			2		2
24	憲宗	1835~1849	15	6							1
25	哲宗	1850~1863	14	21							
26	高宗	1864~1907	44	20	2			1	1	1	4
27	純宗	1907~1910	4								
合計				103	49	59	20	23	21	19	96
總計	27代		519年	390回							

* 출처: 이민수(2000). 93쪽. 일부수정.

나. 정책 활동(Activities)의 특징

1) 자연재해에 대한 운명론적 대응

이 같은 자연재해에 대해 조선의 중앙정부 및 지방은 어떻게 대응했을까? 자연재해를 놓고 해석하고 대응하는 방식은 역시 당시의 자연관과 밀접하게 연관되어 있다. 예컨대 바다가 붉어지는 적조 현상은 천구성(天狗星, 유성 또는 혜성)이 떨어졌다고 보았다.

그러나 조선시대에도 재해가 발생하면 자연관으로만 대처한 것은 아니고 오늘날과 마찬가지로 먼저 구호와 구제정책도 이루어졌다. 우선 관가에서 곡식을 풀어 구제했으며, 언로를 열어 좋은 방책을 구하기도 했다. 아울러 억울한 죄인을 선별해 풀어주기도 했다. 그리고 조정 내에서는 백성들의 궁핍함을 인지시켜 서로 경계할 것을 권했다.

명종 12년(1557) 5월 16일, 비변사에서는 다음과 같이 건의했다. "전라·청홍·경기·황해·평안도 등 해변 고을에 해일이 일어난 곳이 많습니다. 해일이 있게 되면 전답이 모두 짠물에 잠겨 오곡이 자랄 수 없으므로 2~3년 동안은 농사를 지을 수 없습니다. 그곳의 백성들이 생활할 수 없어 모두 흩어지게 됩니다. 해변의 고을은 모두 방어에 긴요한 곳인데 백성들이 유산되면 방어할 수 없게 되는 매우 한심한 일입니다. 해일이 일어난 각 고을의 백성에 대해서는 특별히 어루만져 돌보아 유산되는 폐단이 없도록 해야 합니다."

이에 명종은 각도 감사를 시켜 해일 피해를 본 민호(民戶)의 남녀 숫자 및 장정과 노약자를 자세히 뽑아 아뢰게 한 다음 전세(田稅)와 공물(貢物)·잡역(雜役) 등을 상의해 감면해 줌으로써 안정되게 살 수 있게 하였다. 또한 각 도 감사로 하여금 백성들의 실정도 조사해 시행할 만한 방법이 있으면 자세히 기록해 아뢰도록 했다.

아울러 조선시대 사람들은 하늘에 진휼의 일환으로 해괴제(解怪祭)라는 제사를 지내기도 하였다(이남희, 2005).

2) 중앙정부의 대응조직의 설립

17세기 후반 조선의 진휼정책의 가장 큰 특징은 진휼을 담당하는 부서가 상설화되고 이들이 환곡을 운영하게 됨으로써 재정아문으로 등장하게 된다는 점이다. 상평청은 '권설(權設)'기관으로 치폐를 거듭하다가 1648년(仁祖 26)에 이르러 상설기관으로 변모하기에 이른다(문용식, 2005. 277). 또한 진휼청도 17세기 후반에 만들어져 상평청·진휼청이 모두 있어 환곡을 운영하기에 이른다. 양청의 환곡은 기본적으로 이자의 4/5를 원곡(元穀)에 보충함으로써 자체 증식의 구조를 가져 18세기에 이르러서는 대폭적으로 환곡이 증가하게 된 것이다(문용식, 2005). 따라서 관아에서는 환곡이 필요 없는 백성들에게 강제적으로 가져가도록 하고 이자를 받는 행위 등이 빈발하여 황정(荒政)의 문란이 발생하게 된 것이다. 특히 양란 이후의 조선후기는 빈번한 자연재해 및 오랜 전쟁으로 인한 농토의 유실 등으로 빈곤층이 급증하게 된다. 이에 조선정부는 17세기 후반부터 환곡 비축량을 증가시키기 위하여 노력하였으며 18세기에 들어서는 흉년이 들 때 飢民에게 곡물을 무상으로 분급하는 진휼정책을 본격적으로 정비하였다.

3) 명망가 중심의 진휼정책

다산 정약용의 『목민심서(牧民心書)』에서는 재해 발생 시에 수시로 활용하였던 조선의 권분법(勸分法) 운영에 관한 문제점을 지적하고 있다. 그에 의하면 재해 발생 시에 마을의 자산가들이 관아에 바치도록 하는 제도가 권분(勸分)인데 그 시행이 용이치 않고 용도 또한 명백하지 못하다고 소개하고 있다(다산연구회 편역, 2005). 다산은 중국의 법에는 부자에게 가난한 사람을 돕도록 하는 것도 조미(糶米)와 사미(賒米)[2]에 불과할 뿐이나, 조선은 거저 주게 하고 따르지 않는 부자가 있으면 엄한 형벌을 내리고 곤장을 사납게 치는 것이 마치 도적을 다스리는 것과 같다고 하였다. 따라서 기근이 들면 부자는 놀라고 가난한 사람들은 탐욕스럽게 변하는 세태를 바로잡기 위해서는 아무리 진휼이라도 백성이 나태해지고 지역의 부자들이 자신의 재산을 떳떳하게 사용하지 못하도록 막는 것은 문제라고 지적하고 있다.

4) 공동체 책임

조선은 상평청을 통하여 중앙정부에서의 전담기구를 만들기에 이

---

2) 조미(糶米)란 쌀을 좀 싸게 내다 파는 것을 의미하며 사미(賒米)란 이자를 받기로 하고 외상으로 쌀을 내주는 것을 의미한다.

르기는 하나 오히려 환곡 제도가 부패되어 환곡을 견디지 못한 백
성이 도망치는 경우에는 마을에 부과하여 유민(流民)화를 가속화시
켰다.

다산은 『목민심서(牧民心書)』에서 중국의 진휼정책은 유민 위주
이기 때문에 유민을 줄여 나라의 걱정을 덜 수 있지만 조선의 진휼
정책은 거주민 중심이어서 재해 이후에는 유민들이 많이 생기는 것
을 지적하고 있다. 즉 조선시대의 진휼정책은 이재민들에 대한 대책
을 소홀히 했음을 알 수 있다. 따라서 조선 말기에 이르러서는 환
정이 심히 문란하게 되어 재해가 발생되었을 때에도 환곡이 없어
흉년이 들었을 때 진휼청에서 진자(賑資)를 확보하는 방안은 지방
고을의 각 아문의 재화를 확보한다거나 공명첩(空名帖)을 판매하여
매관매직을 중앙정부가 직접 한다거나 돈을 발행하는 것이었다3)고
할 정도로 그 폐해가 심각하였다.

5) 아전(衙前)들에 의한 관리

다산 정약용의 『목민심서(牧民心書)』에서도 목민관의 수행업무
가운데 중요한 업무로써 환곡 수행방식에 대하여 상세히 기록하고
있다. 환곡의 배급 및 관리 장부를 지방목민관들이 아전(衙前)들의
손에 맡겨 생기는 폐해를 적고 있다. 아전들은 자신들 스스로가 값
싸게 환곡을 사들여 시골집에 숨겨두었다가 몰래 파는 행위가 관행
처럼 되어 있다는 점을 지적하면서 목민관 스스로가 환곡을 관리할

---

3) 문용식(2001), 『朝鮮後期賑政과 還穀運營』, 경인문화사: 서울, 42.

것을 권고하고 있다(다산연구회 편역, 2005).

또한, 다산은 양식이 떨어진 양반들이 재해를 당했다고 거짓말하거나 도랑을 파거나 제방을 쌓는다고 거짓말하여 사사로이 창고의 곡식을 구걸하고 세월이 지나도 환급하지 않는 사례를 별환(別還)이라 하고 이와 같은 사례가 매우 많으므로 목민관은 이를 허락해서는 안 된다고 했다. 뿐만이 아니라 큰 기근이 들거나 나라에 큰 경사가 있어서 이전의 환곡(還穀)을 탕감해 주는 경우 수령이 사사로운 정으로 양반들의 빌린 것을 탕감해 주는 행위가 많으며 특히 경기도와 충청도에 이러한 폐단이 많다고 지적하고 있다.

다. 조선후기의 구빈(救貧)정책의 결과물(Outputs)

1) 조세(租稅)로써 사회복지정책 추진

양란 이후의 조선후기에 들어서면 이러한 환곡제도는 사회복지정책이라기보다는 조세정책으로 정착되었다고 파악해야 할 것이다. 19세기 전반 호조(戶曹)에서 편찬한 『사정고(四政考)』에서는 목민관이 수행하여야 할 업무로써 환정(還政)·황정(荒政)·전정(田政)·군정(軍政)의 4정을 들고 있으므로 진휼정책인 황정(荒政)제도가 재정제도로 조선후기에 가면 정착되었다는 것을 알 수 있다. 그러나 이와 같은 진휼정책의 성격 변화는 조선후기의 환곡이 재정에 보충되고 있다는 점은 명백하지만 모든 환곡이 국가재정 운영만을 위해서 사용되었던 것은 아니었다는 지적도 있다. 즉 조선후기에도

조선전기와 마찬가지로 비축된 곡물은 흉년 시에 무상분급의 재원
으로 이용되었으므로 환정제도는 재정기능과 진휼기능을 동시에 가
지고 있었던 제도라고 볼 수 있다는 것이다(문용식, 2001).

2) 중앙집권 방식의 사회복지 정책의 추진체계

17세기 후반에 기민에 대한 구제가 죽의 분급에서 건량의 무상분
급 중심으로 변화한 이후 18세기 후반의 변화는 진휼에서 국가의
통제를 강화하려는 목적이 내포되어 있었다. 무상분급을 위한 진자
(賑資)는 왕조정부에서 일부 지급하고 나머지는 지방에서 스스로
해결하여야만 하였다. 공명첩을 발급하더라도 그것을 곡물로 바꾸는
것은 일선 수령의 책임이었다. 또한 중앙아문의 돈을 빌려서 요변
(料辨)을 통하여 진자를 확보하여야 하였으며, 수령 스스로 진휼 곡
물인 자비곡을 마련하여야 하였고, 향촌의 부민에게서 곡물 납부를
독려하여야만 하였다. 왕조정부에서 각 지역에 구획한 진자의 대부
분은 무상이 아니었다. 무상분급으로 사용하라는 지시가 없는 한 상
진곡을 비롯한 환곡의 모곡을 제외하고는 상환해야만 하였으나 기
민에게 무상으로 지급된 곡물을 다시 회수할 수는 없었다.

이와 같이 왕조정부의 진휼정책에서 중앙정부는 일부 진자를 구
획하고 실제 진휼의 담당은 지방 수령이 전적으로 책임져야 하는
구조로 이루어졌다. 그러므로 중앙정부에서는 지방에서 진휼의 시행
을 정확히 파악할 필요가 있었다. 진휼의 시행과정을 매달 보고하게
함으로써 수령의 책임을 확인시키고, 진자의 양을 확인하려는 의도

였다(문용식, 2001).

3) 정책대상자를 세분화한 사회복지정책 집행

18세기 후반 진휼정책에서 중요한 변화는 진휼방식이 확립되고 있었다는 점이다. 흉년이 들었을 때에는 환곡 분급을 확대하는 것이 가장 중요한 일이었으나 환곡은 회수하여야만 하였다. 그러므로 다수의 빈민들은 무상으로 분배하는 진민(賑民)으로 뽑히기를 원하였다. 환곡을 분급 받는 환민(還民)과 진휼곡을 무상으로 분급 받는 진민(賑民)은 기본적으로 토지소유 여부를 기준으로 하였다. 그러나 기민 가운데는 토지가 없어도 생활을 유지할 수 있는 자도 있었기 때문에 진민(賑民)과 환민(還民)의 구분은 가좌성책(家座成冊)에 나타난 생활정도에 따라 구분하였다.

다음은 1762년(영조 38) 충청도 예산(禮山) 지역의 기록이다. 양반(兩班)·상한(常漢)을 논하지 않고 본래 가계(家計)가 초실(稍實)한 자는 그 이름 아래 초실로 기록하고 혹 전토(田土)가 있거나 혹 타인의 전답을 병작(竝作)하여 금년 이앙자(移秧者)는 작농(作農)으로 기록한다. 비록 농사를 짓지 않더라도 수공업 혹은 상업으로 스스로 살아 갈 수 있는 자는 자활(自活)로 기록한다. 그중에서 우마(牛馬)가 있는 자는 우마(牛馬)가 있다고 기록한다. 지극히 빈궁하여 아침에 저녁을 도모하지 못하는 자는 빈궁(貧窮)으로 기록하고, 표주박을 쥐고 떠돌며 구걸하는 자는 개걸(丐乞)로 기록한다(문용식, 2001).

이렇게 진휼대상이 되는 기민(飢民)의 생활능력과 자활(自活) 여
부를 구체적으로 파악한 다음, 다시 환곡을 받지 않고 살아갈 수
있는 자를 '상(上)'으로 하고, 환곡을 받아야 살아갈 자는 '중(中)'
으로, 부황개걸(浮黃丐乞)하며 조석(朝夕)을 잇기 어려워 진구(振
救)에 들지 못하면 보전하지 못하는 자를 '하(下)'로 구분하였다.
'하'에 포함된 자는 진민(賑民)으로서 그중에서 다시 완급을 고려하
여 하일등, 하이등, 하삼등으로 세분하고 있다. 이렇게 등급을 세분
화한 것은 환곡 분급대상자와 무상분급 대상자를 정밀히 구분하기
위한 것이며, 또한 무상분급 대상자를 3등분한 것은 가장 빈궁한
자에게 우선적으로 무상으로 곡물을 지급하기 위해서였다(문용식,
2001).

2. 영국의 17세기 ~ 19세기

가. 사회적 수요의 투입(Inputs)

영국의 16세기와 17세기는 청교도 혁명 과정에서 만들어진 크롬웰
의 철기군대가 1645년 국민군 성립에 뿌리가 되는 내란(內亂)이라고
할 정도로 극심한 혼란기였다(Gaston V. Rimlinger, 1971). 당시의
사회경제적 현상에 대하여 1577년에 William Harrison은 '우리가 사
는 영국은 4종류4)의 인간이 존재한다.'고 했으며, 약 100년 후 Kent

---

4) 당시 영국국민을 4계급으로 나누는 일반적인 구분은 귀족, 시민, 요만,
   직인 또는 농촌노동자이다. 그러나 좀 더 세분하면 귀족도 최하위층인

County의 성공회 교구(parish) 목사도 자신의 속한 교구가 있는 지방에는 5종류의 세대주가 있다고 기술하고 있다(Keith Wrightson, 1982). 당시 영국의 사회상황은 사회적 불평등구조가 매우 팽배했었다는 점을 알 수 있다. 부의 불평등은 사회적 권위의 불평등을 가져왔고 복장도 현격히 달랐으며 행렬의 순서, 그리고 교회에서의 좌석도 달랐을 정도이다.

따라서 영국의 사회복지정책의 효시인 1601년의 엘리자베스 여왕의 구빈법(poverty law)이 제정되게 된 것은 이와 같은 당시의 사회경제적 상황과 분리해서 생각해 볼 수는 없다. 즉 1601년의 구빈법은 사회의 가장 빈민층인 농촌노동자의 구제에 가장 중요한 핵심을 두었던 것이다.

나. 정책 활동(Activities)의 특징

1) 민간인을 활용한 구빈(救貧)정책 집행

1601년 구빈법(救貧法)의 집행을 중앙정부가 직접 담당한 것은 아니었다. 구빈법에 의해 치안판사가 교구(parish)마다 구빈감독관을 임명하여 빈민구제를 위한 과세권(課稅權)을 부여하였다. 이 법률의 근본적인 목적은 구제할 만한 무능력빈민 및 빈곤아동의 취로에 중

Knight로부터, Esquire, Gentleman으로 구분하고 성직자는 Gentleman에 속했다. 상업자본을 통하여 부를 소유한 요만도 대요만(Husband man)과 요만으로 구분하였을 정도로 16, 17세기 영국은 철저한 신분제적 사회였다고 볼 수 있다.

점을 둔 것이었다. 즉 빈민감독관은 1) 양친이 부양하지 못하는 모든 아동을 취로시키는 일, 2) 스스로 부양하지 못하고 생계를 세워 통상적인 생업을 하지 못하는 기혼자 또는 미혼자의 취로, 3) 빈민을 취로시키기 위하여 아마(亞麻), 대마(大麻), 양모, 실, 철 그 밖의 도구 및 원료의 제공, 4) 빈곤해서 일을 할 수 없는 신체장애인, 노동불능자, 노인, 맹인 등 4종류의 빈민자를 구제하기 위한 것이었다(東京大學校 社會保障硏究所, 1987).

이들 빈민감독관은 중앙 또는 지방의 관리가 아니고 요만 또는 지역의 소(小)젠트리층이 담당하는 경우가 대부분이었다. 즉 부유농촌민은 교구의 교회대표위원, 교구집행위원, 자선관리위원, 빈민감독관 등을 담당하는 볼란티어이지만 지역에 따라서는 그들의 횡포도 심하여 영주와 부유농촌민의 과두제지배가 형성되었다고도 볼 수 있다(Keith Wrightson, 1982).

2) 교구(parish) 중심의 복지정책집행 전달체계와 워크하우스
(Work House)

영국의 빈민구제 정책적 단위는 교구(parish) 단위에서 이루어진 것이 특징이다. 구제는 교구 내에만 한정하였고 교구가 구빈세(救貧稅)를 징수하였던 것이다. 영국에서는 14세기부터 교구가 행정적 기능을 수행하였기 때문에 교구는 국가의 말단행정기관이라고 볼 수 있다.

또한, 1601년에 제정된 구빈법은 1834년에 신구빈법이 제정되기까지 많은 개정을 하게 되는데, 정주(定住)법 내지 거주지제한법 이후 18세기에는 워크하우스(Work House)라는 제도로 체계화하기에 이른다.

Sidney Webb에 의하면, 빈민을 위하여 설립된 워크하우스(Work House)의 사용목적은 다음과 같이 6가지로 나누어볼 수 있다고 한다(東京大學校 社會保障硏究所, 1987). 1) 빈민의 유리한 고용의 수단, 2) 나태한 빈민에 대한 형벌(刑罰)시설, 3) 무상구제억제, 4) 무능력빈민의 수용, 5) 규율(規律)적 생활을 통한 노동의욕의 시험 장소, 6) 병원, 아동, 장애자와 같은 특수시설 장소였다. 따라서 당시의 워크하우스는 빈민들의 집단노동의 장소라고 볼 수 있기 때문에, 빈민들은 이들 워크하우스가 공포의 대상이 되었다고 한다.

18세기에 이르면, 1662년에 제정된 거주이전을 제한하는 정주법(定住法: Law of Settlement)[5]이 있음에도 불구하고 도시로 많은 농민들이 이동하여 새로운 노동자층을 이루게 된다. 특히 1793년의 보불전쟁, 산업혁명 등에 의하여 교구 중심의 사회복지정책 집행력은 교구(parish)별 구빈세(救貧稅)에 의한 세수가 교구마다 차이가 커 사회복지서비스 수준의 차도 교구별로 극심하게 나타났다는 문제점도 지적된다.

---

5) 1662년에 제정된 빈민의 이동을 금지하는 법. 가난한 이입자가 구빈(救貧)세를 못 내겠다고 하면 해당자는 원래의 교구로 끌려갈 수 있는 제도이다.

3) 19세기에는 유급의 국가공무원을 통한 사회복지 정책의 집행

영국의 사회복지정책의 제도화 가운데 가장 큰 특징은 조선과 달리 의회제도가 일찌감치 발달되었던 관계로 법률의 제정을 통하여 제도화를 이루어갔다는 점이다. 1601년의 구빈법 제정 이래로 유사한 목적을 가지면서 각 교구 간의 격차를 줄이고자 제정된 법률이 1782년의 Gilbert법이다. 동법에서는 워크하우스에서 행해졌던 빈민을 부역시키는 행위가 금지되었으며, 종래 무급의 봉사자였던 빈민감독관6)을 유급의 전문관리로 임명하도록 하였다. 교구별로 인구의 격차 및 세수의 격차가 발생하여 교구 간의 통폐합이 진행되어 행정구역의 확대로 이루어진 점도 흥미롭다. 그리고 1834년의 개정구빈법은 영국의 사회복지정책이 법률적 기반에서 제도화되었다는 점을 반증하고 있다.

다. 영국의 구빈(救貧)정책의 결과물(Outputs)

1) 정책대상자를 세분화한 사회복지정책 집행

1782년 제정된 Gilbert법률에서는 1601년의 구빈법과 달리 워크하우스가 빈민을 사역(使役)하는 장소가 아닌 노인, 병자, 고아, 모자가정 등 노동력이 없는 사회적 약자들의 보호시설이 되도록 하였다. 한편으로는 노동력이 있는 빈민들에게는 각 교구의 구제위원이

---

6) 논자에 따라서는 1782년 Gilbert 법률에 의하여 유급화된 전문관리로서의 빈민감독관을 영국 최초의 지방공무원제도의 시작이라고도 한다.

직업을 알선토록 하였으며, 노동을 하여도 생계가 힘든 경우에는 보
조를 하도록 하였다.

또한, 1834년의 개정된 신구빈법은 빈민처우의 전국통일과 구빈
행정의 중앙집권화를 꾀했다. 동법에 의하여 구제(救濟) 수준이 전
국 일률적으로 되었다는 의미이다. 1834년의 법률에서는 노동력이
있는 빈민들의 거주지 보호를 폐지하고 국가가 행하는 구제를 극도
로 제한하였다. 그리고 종래의 현금 급부를 금지하고 현물 급부를
하도록 하였다. 일할 수 있는 빈민에게는 구제를 금지하도록 하는
등 일련의 조치가 국가적 단위에서 집행되기 때문에, 영국 사회복지
정책의 중앙집권화의 효시가 된 법률이라고 일컬어진다. 그러므로
동 법률은 1601년의 엘리자베스 여왕의 구빈법과 비교되어 구빈법
이 인도주의(人道主義)가 원칙이었다면, 1834년의 신구빈법은 빈민
들의 자립·자조 정신을 기르자고 하는 데에 원칙이 있었다고 볼
수 있다(Gaston V. Rimlinger, 1971).

2) 중앙기구의 설립 및 중앙집권 방식의 사회복지정책의 추진체계

1834년의 신구빈법에 의한 영국의 사회복지정책의 제도화 가운데
하나는 중앙정부의 기구로 '잉글랜드 및 웨일즈 구빈법위원회'를 설
립하여 적극적으로 교구연합을 통한 행정구역 통합 및 새로운 개념
의 워크하우스 건립을 추진한 점이다. 자료에 의하면 1839년에는
전국 교구의 95%가 1834년의 개정구빈법에 의하여 13,691교구가
583교구연합으로 조직화되었다고 한다. 그러나 '잉글랜드 및 웨일즈

구빈법위원회'의 활동은 지역 간 격차문제를 해소하지 못하여 1847
년에 폐지되고, 보다 강력한 권한을 가진 '구빈법청'으로 바뀌게 된
다. 이후 '구빈법청' 법률과 전문 관료가 있는 정부기구를 갖게 되
었으며, 1871년 신설의 지방자치청(Local Government Bureau)의
구제법(救濟法) 국(局)으로 자리를 잡는다. 즉 영국의 사회복지정책
집행에 대한 책임이 중앙집권화되면서 법률적 체계를 잡게 되는 시
점은 1834년의 신(新)구빈법이라고 볼 수 있으며, 정부기구로서는
1871년 신설의 지방자치청부터라고 볼 수 있다.

3) 민간인들에 의한 자조적 사회 복지시스템의 구축

앞서 살펴보았듯이, 신구빈법이 성립되었지만 여전히 농촌에는 절
대적 빈민층이 존재했었다. 신구빈법(1834년)이 발효되기 이전인
1793년에는 Rose법률인 '우애조합의 장려와 구제에 관한 법률'이
제정되어 빈민의 상호부조를 장려하고 구빈세(救貧稅)를 경감하도
록 하였지만 성공하지 못하였다(東京大學校 社會保障硏究所,
1987).

그러나 19세기에 들어서는 잉글랜드, 웨일즈 지방에만 259만 명이
공제조합에 들었으며 1872년에는 자발적으로 민간인들(gatekeepers)
약 400만 명이 자조(自助)적인 민간조합에 가입했다고 한다. 따라서
세계최초라고 볼 수 있는 영국의 자조적인 공제조합은 이후에 국민연
금제도로 발전되어 독일에 영향을 주어 사회보험제도로 발전하게 이
른다. 그러므로 이러한 자조적 공제조합의 상호부조적 기능은 중앙정

부의 사회복지정책의 보완적 기능을 수행하며 20세기에 들어서도 제도적으로 정착되어 발전하기에 이른다.

그러므로 영국 사회복지정책의 발달은 정부부문과 민간부분의 상호 협력 및 상호영향력을 행사하면서 발달하였다고 볼 수 있다. 초기에는 교회로부터 시작된 자선(charity)행위가 수요자가 급증함에 따라 정부가 이에 대해 대처하지 않으면 안 되는 상태에서 제정된 법률이 1601년의 구민법이다(Ralph M. Kramer, 1981).

19세기 중반에는 각 지역사회에서 많은 수의 자선단체가 생겨났다. 자선단체의 융성은 빅토리아시대의 경제적 번영에 있으나 1861년에는 London만 해도 640개 단체가 있었을 정도였다. 이들 단체의 빈민을 위한 구제액수가 정부의 사회복지예산보다 많았다고 하니, 이들 단체의 영향력은 대단했다. 그리고 이들 자선단체는 1869년에 보다 더 원활한 자선조직 간의 네트워크를 위하여 협회(COS)를 만들고 조직적으로 정부의 사회복지정책의 영역에서 유력한 단체로 발전하게 된다(東京大學校 社會保障研究所, 1987).

Ⅳ. 조선후기와 영국의 17∼19세기 구빈(救貧)복지정책의 비교분석의 함의

1. 자조적 사회복지 시스템의 유무

상기에서 살펴본 바와 같이, 사회적 수요가 있어서 정책이 만들어지고 사회복지정책으로서 제도화되는 과정을 조선이나 영국의 17∼19세기의 사회복지정책과 비교 분석한 결과, 정책투입에서는 큰 차이점이 없지만 정책 산출물의 특징에서 큰 차이점이 있다는 점을 발견할 수 있었다. 이와 같이 정책결과물에서 차이점이 나타난 원인은 여러 가지 있겠으나, 우선적으로 강조하고 싶은 것은 민간인들이 자조적으로 만든 공제조합의 유무라고 볼 수 있다. 양국에서의 매개자의 유무는 구빈정책의 차이를 가져왔으며, 정책수요자와 공급자 간에 매개자가 없었던 조선은 무능한 국왕과 탐관오리(貪官汚吏)에 의하여 사회복지정책이 전횡되었다는 점에서 조선의 비극이 있다고 볼 수 있겠다.

또한, 영국의 경우 <그림1> D. Easton의 모델에서 보이는 바와 같이, 정책결정자와 수요자 사이에 매개자(gatekeepers)에 해당되는 의회(하원)와 민간단체(공제조합 및 자선단체)가 있어 정책의 투입과 산출과정에 개입하게 되어 정책 환류가 있었으며 이를 통하여 구빈복지정책의 효율적 안정화를 꾀한 것이다. 결국은 영국의 이러한 구빈정책을 중심으로 하는 사회복지정책은 지나치게 공급되지도 않고 자조(自助)적인 사회복지 시스템으로 발전되면서 사회적 자산(資産)층과 빈민층을 아우르는 사회통합을 이루게 된 것이다. 반면에 조선의 경우에는 매개자(gatekeepers)에 해당되는 정책 수요자를 대변하는 의회와 이익단체가 존재하지 않아 환정(還政)에 대한 체크기능이 없어 환곡(還穀)은 장부상에서만 거래되고 탐관오리(貪官汚吏)의 곳간에 환곡이 쌓이는 제도로 전락하여 국가 몰락의 길을 가속화시킨 것이다.

2. 자산(資産)층의 사회적 책임성 강조

다음으로 조선과 영국의 사회복지 정책이 대비되는 점은 정부가 재정적으로 어려울 때 구빈(救貧)을 누가 하느냐라는 정책과제에서 그 처방이 다르게 나타났다는 점이다. 조선은 자신들의 재정이 궁핍할 때는 권분(勸分)이라고 하여 가진 자로부터 징수하고 영국 역시 부유한 농민이나 상업인에게 징수한 것은 모습은 같아 보인다. 그러나 조선은 권분의 액수가 정해진 것이 없으며 수령의 인치(人治)에 의하여 그 규모가 정해졌다는 점은 다산의 『목민심서』에서 지적한 바와 같다. 따라서 수령과 부자는 뒷거래를 하게 되며 아전은 이중장부를 만드는 데 협조하여 더욱더 많은 환곡을 착취하여 백성이 유리걸식하게끔 되어 환정의 문란이 조선 말기의 민란의 직접적 원인이 되었다. 그러나 본문에서 살펴보았듯이, 영국은 1601년의 구빈법 제정에 의하여 구빈세(救貧稅) 징수를 통하여 부자와 빈민층과의 조세를 달리하는 누진세를 도입하였으며 세입과 세출을 투명하게 관리하였다는 점이다. 또한, 그 집행적 책임을 민간 자선단체에 의존했던 것이 19C 말까지의 영국의 사회복지정책의 특징이라고 볼 수 있다(Ralph M. Kramer, 1981)는 점에서, 19세기 말 조선과 영국은 다른 역사의 길을 걷게 된 것이다.

3. 자조적 기능을 가지지 못한 조선의 상평청(常平廳)과 자립적 노동력을 키우는 영국의 Work House의 비교

조선의 상평청은 환정(還政)을 수행하는 재정기능과 진휼기능을 아울러 가지고 있었다는 점은 앞서 언급한 바와 같다. 그러나 조선의 상평청(常平廳)은 상평창(常平倉)으로 보다 많이 알려진 바와 같이, 나라의 곳간의 의미여서 곡물을 거둬 비축하여 기근과 자연재해 시에 방출하는 형태로 운영되었다. 따라서 환정의 기본 정책은 세입이 되어야만 세출이 정해지는 행태로 운영되었기 때문에 근본적으로 빈민층들을 자주적인 양민으로 만들기 위한 정책적 수단이 아니었으며 재난이 발생할 때마다 하루의 끼니를 면하게 하는 정도에 그쳤다고 볼 수 있다. 반면에 영국에서는 조선의 환정과 같은 의미에서의 구휼정책은 있었으나 1601년의 구빈법, 1834년의 신구빈법 모두 Work House라는 별도의 노동시설을 두어 빈민들의 자립·자조 정신을 기르자고 하였다는 점은 앞서 살펴본 바와 같다.

따라서 조선의 상평청을 통한 구빈(救貧)복지정책은 당해 연도에 발생하는 기민(飢民)에 대한 대책이어서 가난한 자가 가난의 굴레에서 빠져나오기 힘든 정책이었다면, 영국의 구빈정책의 궁극적인 목적은 빈민들을 노동력을 가진 양민으로 만들어 자립하게 하는 데에 있었으며 이 점이 국부(國富)의 정체(停滯)와 창출(創出)에 영향을 미쳤음에 틀림없다고 본다.

V. 나오며

본문에서 살펴보았듯이, 양국 모두 구빈정책이라는 사회복지정책은 사회적 수요가 팽배했었고 이를 정책으로서 제도화되는 과정은 정책 환류라는 과정을 통하면서 수차례의 개정을 거치는 긴 시간을 요했다. 조선의 경우 조선 건국 초기부터 각종 재해와 재난에 의해 구빈(救貧) 정책의 필요성이 있어 간헐적으로 사회복지제도가 도입되다가 상평창이라는 제도로 정착되는 것은 18세기 숙종 이후의 일이다. 영국의 경우도 1601년 구빈법이 만들어지지만 1861년 지방자치청이 만들어지면서 제도화가 된다. 민간단체의 경우는 좀 더 시간이 걸려서 맹인보호라는 사회적 수요가 있어 이를 위한 자선단체가 있었지만, 정부기구로 된 것은 1868년의 왕립맹인협회(The Royal National Institute Of The Blind)였으며, 맹인보호법(Blind Persons Law)은 1920년이 되서야 만들어진다(Ralph M. Kramer, 1981).

　　조선의 사회복지정책과 영국의 사회복지정책의 제도화 과정을 비교 분석한 결과, 중요한 시사점은 사회적 수요가 성공적인 제도화로 가는 중요한 것은 사회적 수요의 투입이 아니라 정책의 활동 방법에 대하여 실제적인 정책 대상자를 위한 대변자 및 매개자 역할을 해 주는 사회적 기구의 유무라고 볼 수 있다. 본 연구에서는 매개자(gatekeeper) 가운데 대표적인 의회의 역할에 대해서 충분히 분석하지는 못했지만 영국에서 의회가 정책 수요층의 대변(speaker)적 역할을 해 주었다는 점은 분명하다. 그 밖의 큰 시사점은 우리는 지금의 시대를 흔히 NGO의 시대라고 하지만 이미 영국에서는 구빈정책에서 시작된 민간단체의 영향력은 1601년부터 시작되어 지금까지도 지속되고 있다는 점이다.

|참고문헌|

다산연구회 편역(2005), 목민심서, 서울: 창비.

이남희(2005), "지진 해일 등 재앙이 너무해", 월간중앙 2005년 2월호.

이민수(2000), 朝鮮前期社會福祉政策 硏究, 서울: 혜안.

이해영(1997), 정책학신론, 서울: 학현사.

앤드류 헤이우드(Andrew Heywood), 2003, 정치학 현대정치의 이론과 실천, 서울: 대명출판사, pp.52~53.

조현수 역(2003), 정치학 현대정치의 이론과 실천, 서울: 대명출판사.

문용식(2001), 朝鮮後期 賑政과 還穀運營, 서울: 경인문화사.

최홍규(2001), 朝鮮後期鄕村社會硏究, 서울: 혜안.

東京大學校社會保障硏究所(1987), イギリスの社会保障, pp.3~17.

Gaston V. Rimlinger(1971), Welfare Policy and Industrialization in Europe America and Russia, John Willy & Sons, Inc. pp.18-21.

Morton Gorden(1972), Comparative Political Systems, the Mcmillan company, New york.

Ralph M. Kramer(1981), Voluntary Agencies in the Welfare State, University of califonia press, p.37.

Richard Rose · 白鳥令 編輯(1990), 世界の福祉國家, 新評論.

Heywood. A.,(1997), Politics, Heywood Press.

Keith Wrightson(1982), English Society 1580-1680, Hutchinson: London.

저자소개

박병련   한국학중앙연구원 교수
한충희   계명대학교 교수
임민혁   한국학중앙연구원 연구원
김문식   단국대학교 교수
이대희   광운대학교 교수
김현영   국사편찬위원회 연구관
원윤희   서울시립대학교 교수
임승빈   명지대학교 교수

정부혁신과제 발굴을 위한
옛 제도 연구

• 초판 인쇄   2007년 11월 10일
• 초판 발행   2007년 11월 20일

• 지 은 이   박병련 · 임민혁 외
• 펴 낸 이   채종준
• 펴 낸 곳   한국학술정보㈜
             경기도 파주시 교하읍 문발리 513-5
             파주출판문화정보산업단지
             전화 031) 908-3181(대표) · 팩스 031) 908-3189
             홈페이지 http://www.kstudy.com
             e-mail(출판사업부) publish@kstudy.com
• 등   록   제일산-115호(2000. 6. 19)
• 가   격   22,000원
        ⓒ 한국학중앙연구원

ISBN 978-89-534-7891-6 93900 (Paper Book)
      978-89-534-7892-3 98900 (e-Book)